헌법의 상상력

일러두기

1. 이 책에 인용된 국회 속기록은 현대 독자의 이해를 돕기 위하여 국립국어원 표준어 규정에 맞춰 일부 수정하였습니다.

2. 본문에 사용한 기호는 다음과 같습니다.

   『 』 - 도서 및 정기간행물

   「 」 - 논문

3. 인용문 가운데 명조체는 다른 도서나 신문기사, 발표·담화문의 내용을 완전인용한 것이고 고딕체는 그 내용을 지은이가 편집·정리한 것입니다.

헌법의 상상력

어느 민주공화국의 역사

심용환 지음

유구한 역사와 전통에 빛나는 우리 대한국민은 3·1운동으로 건립된 대한민국 임시정부의 법통과 불의에 항거한 4·19민주이념을 계승하고, 조국의 민주개혁과 평화적 통일의 사명에 입각하여 정의·인도와 동포애로써 민족의 단결을 공고히 하고, 모든 사회적 폐습과 불의를 타파하며, 자율과 조화를 바탕으로 자유민주적 기본질서를 더욱 확고히 하여 정치·경제·사회·문화의 모든 영역에 있어서 각인의 기회를 균등히 하고, 능력을 최고도로 발휘하게 하며, 자유와 권리에 따르는 책임과 의무를 완수하게 하여, 안으로는 국민생활의 균등한 향상을 기하고 밖으로는 항구적인 세계평화와 인류공영에 이바지함으로써 우리들과 우리들의 자손의 안전과 자유와 행복을 영원히 확보할 것을 다짐하면서 1948년 7월 12일에 제정되고 8차에 걸쳐 개정된 헌법을 이제 국회의 의결을 거쳐 국민투표에 의하여 개정한다.

사계절

책을 쭉 읽어보니 추천사보다는 환영사를 쓰는 것이 더 좋을 것 같다. 최근 몇 년간 헌법에 관한 강의를 하면서 대한민국 헌법의 역사를 일목요연하게 정리해준 책이 없는지 여기저기 수소문해보았지만, 찾을 수 없었다. 내가 써야 하나 생각하고 있던 차에 마침 이 책이 출간된다고 하니 누구보다 반가운 마음이다. 내가 썼으면 한국 이야기는 더 자세하게 다루었겠지만 외국의 사례는 빈약했을 것이고, 정치사상이나 헌법이론까지는 소개하지 못했을 것이다. '헌법의 한국현대사' 강의를 만들려고 궁리 중인데, 강의를 개설하면 나부터 이 책을 교재로 쓸 생각이다.

그동안 수입품 장식품에 머물러 있던 우리 헌법이 이제 이 땅에 뿌리를 내리기 시작하며 시민들의 일상 속으로 파고들고 있다. 헌법을 유린해온 반헌법 행위자의 역사를 정리하고 있는 내 입장에서는 시민들에게 헌법의 역사를 이렇게 쉽게 알려주는 책이 나온 게 고마울 뿐이다.

한홍구 | 성공회대 교수, 『대한민국사』 저자

우리 헌법은 무슨 상상을 할까요? 어떤 상상을 통해 헌법이 탄생하는 것일까요? 헌법의 정식 명칭은 '대한민국 헌법'입니다. 대한민국에 존재하는 수많은 법령 가운데 헌법만이 나라 이름을 앞세운 이유는 우리나라를 구성하는 근본 가치를 담고 있기 때문입니다. 그러니 헌법은 자연스레 역사가 되고, 역사는 다시 헌법에 담깁니다.

우리 헌법이 어떤 정의와 가치를 추구했는지, 무엇을 보호하고 무엇을 이루고자 했는지에 대해서 저자는 동서양의 철학과 역사를 아우르며 정성껏 설명해줍니다. 현행 헌법은 수많은 이들의 헌신과 눈물이 담긴 민주화운동의 소중한 결실입니다. 3·1운동과 임시정부가 대한민국의 뿌리임을 분명히 하고, 오로지 국민에게만 '권력'이란 단어를 사용하여 우리가 나라의 주인임을 알립니다. 국가기관보다 국민을 앞세우고, 의무보다 권리를 앞세우며, 국회를 대통령보다 앞세우는 것도 같은 까닭입니다.

그 바탕에서 이제는 더 나은 헌법을 꿈꾸어야 할 때입니다. 이 책을 통해 국민이 진정한 나라의 주인으로 더 나은 헌법을 만드는 역사에 기꺼이 함께할 수 있기를 바랍니다. 모두가 꾸는 꿈은 이내 현실이 될 것입니다.

최강욱 | 변호사, 『무엇이 시민을 불온하게 하는가?』 저자

지금 '헌법'은 어느 때보다 스포트라이트를 받고 있습니다. 광화문에 모인 시민들도, 청와대의 대통령도, 그리고 여러 대권 후보들도 저마다의 이유로 헌법을 말합니다. 누구는 헌법적 가치를 지키자고 하고, 다른 누구는 어떠한 가치를 위해 헌법을 뜯어고치자고 합니다. 멀리 미국도 그러합니다. 뉴욕 트럼프타워 앞에 모인 시위대도, 공항에 발이 묶인 난민들도, 그리고 그곳 대통령도 헌법을 운운합니다. 난민들에 대한 입국 금지 조치를 두고 그들의 헌법에 부합하느냐 않느냐로 갑론을박합니다. 이처럼 헌법은 민주시대를 담보하면서도, 때로는 탄압의 무기가 되어 인권을 짓밟기도 합니다. 무거운 만큼 무서운 존재인 것입니다.

그렇다면 헌법은 무엇이고, 헌법적인 것과 위헌적인 것은 또 무엇일까요. 한 나라의 중대사를 논할 때 헌법이 중요 잣대로 등장하는 것은 왜일까요. 그리고 지금 우리는 헌법의 생애에 대해 왜 한번쯤 생각해봐야 할까요. 이 책은 유럽과 미국, 남미와 아시아 등 다양한 나라의 근현대사로 독자를 이끌어갑니다. 하이라이트는 그것을 대한민국의 근현대사와 비교하며 헌법을 논하는 부분입니다. 그 과정을 통해 우리 헌법의 궤적을 그리고, 현 주소를 찾아갈 수 있습니다. 결과적으로 이 책은 학교가 가르쳐주지 않았던 우리 근현대사와 헌법을 둘러싼 많은 것을 이야기합니다. 따라서 마지막 페이지를 넘겼을 때 조금 더 헌법을 알게 된 느낌이 듭니다.

김관 | 전 방송기자, 팟캐스트 〈이게, 뭐라고〉 진행자

차례

2 장

무엇이 헌법을 무너뜨렸나: 이승만 시대의 개헌

3 장

제2공화국을 기억하라: 제2공화국 헌법

4 장

전통이 만들어지다: 두 번의 쿠데타, 두 번의 개헌

5 장

박정희와 유신: 극한의 시대는 무엇을 남겼나

6장

오늘 우리 헌법: 헌법으로 상상하라, 헌법을 상상하라

개헌, 쓸모 있는 주장인가

87년 개헌 과정에서 장기집권을 제도적으로 막고자 마련된 대통령 5년 단임제는 이제 바꿀 때가 되었습니다. (중략) 대통령 5년 단임제를 임기 4년에 1회에 한해 연임할 수 있게 개정한다면 국정의 책임성과 안정성을 제고하고, 국가적 전략과제에 대한 일관성과 연속성을 확보하는 데 크게 기여할 것입니다.

2007년 1월 9일 당시 노무현 대통령의 발언입니다.

G20 정상회의만 해도 준비하는 데 1년 이상 걸리는 일인데 대통령이 어떻게 모든 걸 다 할 수 있겠느냐. (중략) 복지나 행정처럼 국내 문제가 중심인 부분은 다른 사람이 하고 대통령은 외교 등 국제적인 부분이 중심인 문제를 맡는 게 바람직하다.

2010년 11월 서울에서 열린 G20 정상회의를 준비하던 이명박 대통령의 발언입니다.

2014년 말에 여러 여론조사기관에서 실시한 개헌에 관한 여론조사 결과도 두 발언과 지근거리에 있습니다. 전반적으로 개헌 찬성 의견이 높으며(한길리서치 57.8%, 문화일보 58.7%, 시사오늘R&R 61%) 선호하는 정부 형태는 대부분 대통령중임제였습니다(한길리서치 35.9%, 문화일보 31.2%, 시사오늘R&R 42%). 국회의원을 대상으로 한 여론조사 결과는 훨씬 압도적이었습니다(92.8% 개헌 찬성, 대통령중임제 39.2%, 분권형대통령제 35.4% - 조사 CBS).

정치권 여러 곳에서 이와 비슷한 수준의 논의가 이어지고 있습니다. 이재오 전 의원은 『이제는 개헌이다』라는 책까지 쓰며 개헌 논의를 주도하고자 하였고, 야당에게는 불모의 터였던 대구에서 기어코 승리를 거머쥔 김부겸 의원의 당선 일성도 '개헌'이었습니다. 김종인 전 더불어민주당 비대위원장의 구구절절한 도움 요청을 끝내 외면한 손학규 전 의원도 2016년 5월 게이오대학교 강연에서 '개헌' 이야기를 꺼내더니, 이제는 '제7공화국'을 제안하며 활발한 활동을 벌이고 있습니다.

헌법을 개정하자는 주장은 너무나 많은 정치인들이 접었다 펼쳤다 하는 이야기이기 때문에 일견 지겹기까지 합니다. "대통령은 개헌보다 민생에 전념해주길 바란다." "지금 헌법 때문에 나라가 잘못됐는가?" 노무현 대통령이 '원포인트 개헌'을 꺼내들었을 때 당시 서울시장 이명박과 경기도지사 손학규의 발언입니다. 지금까지 헌법을 고쳐야 한다는 정치인들의 주장은 정치적 이해득실에 따른 것이었기 때문에 쉽사리 제기되고 쉽사리 반대에 부딪치며 금세 사그라졌습니다. 그 결과 1987년 개정된 현행 헌법의 개정을 둘러싼 논의는 지지부진했고 국민적 관심사가 되지도 못

14

했던 것이 사실입니다. 2016년이 되기 전까지는 말입니다.

헌법 위의 정부, 국민을 위협하다

2015년 말부터 2016년 초까지, 정확히 말하면 2016년 4·13 총선에서 야권이 승리를 거두기 전까지 국민들은 불안감에 휩싸여 있었습니다. 한국사 교과서 국정화, 노동개혁, 한일 위안부 합의, 미디어법 개정 등 삼권분립이라는 헌법적 가치를 훼손하는 대통령과 행정부의 독주가 수년간 누적되었습니다. '이명박 대통령과는 그래도 다를 것이다'라는 박근혜 정권에 대한 기대는 현실에서 묘하게 비틀어졌습니다. 헌법과 법률이 무시되기 일쑤였고 시행령을 비롯한 온갖 편법적인 수단들이, 보다 정확히 말해서 반反헌법적인 행정집행들이 넘쳐나기 시작했습니다. 대통령 주변의 주요 직책은 유신을 경험한 고령의 인사들로 채워졌고 국방부, 검찰 등 과거 엘리트 그룹에 권력이 집중되었습니다. 친박·비박·진박 논쟁이 벌어지면서 새누리당은 집권여당이라기보다는 대통령의 전위 정당으로 전락했으며 소위 뉴라이트라고 불리는 학자들이 대거 방송·문화·학술 단체의 기관장 자리를 꿰찼습니다. 어버이연합에 이어 엄마부대가 정치의 장에 동원되었고, 여당이 일베의 폭식투쟁을 공개적으로 치하하며 피자와 치킨을 제공하기도 했습니다. 온갖 말도 안 되는 논리로 한국사 교과서는 물론 한국의 교육체제 자체가 종북 좌경화되었다고 주장하던 극우 인사들이 새누리당에 입당한 뒤 국회의원 배지를 다는 장면을 우리는 지켜볼 수밖에 없었습니다.

제6공화국이 시작된 이래 단 한 번도 경험하지 못한 상황이었습니다. 문제가 생기면 대통령이 직접 사과를 하고 정부 주요 부처의 인사들이 좌천되며 끓어오른 국민여론에 반응하던 통상적인 모습이 사라지고, 책임 떠넘기기를 넘어서 뻔뻔함이 당연해져 버렸습니다.

더욱 뻔뻔하게, 더욱 호전적으로, 야당은 무시하면 그만이고 결국 공천만 보장된다면 대통령을 위해 무엇이든 할 수 있다는 분위기 속에서 권력은 대통령에 집중되었고 기가 찬 국민들은 도대체 야당은 뭘 하고 있느냐고 질책했습니다. 그러더니 결국 심각한 위기감이 감돌기 시작합니다.

대통령이 개헌을 꿈꾼다

2015년 말부터 여기저기에서 두려움이 터져 나왔고 2016년이 시작되면서 팟캐스트 등을 통해 야권의 유력 인사들이 이 문제를 공론화하기 시작했습니다. 하지만 공개적으로 개헌 분위기를 조성한 인물들은 다름 아닌 친박 인사들이었습니다.

새누리당 홍문종 의원이 "5년 단임제 대통령 제도는 이미 죽은 제도가 된 것 아니냐"며 포문을 열고 조원진, 윤상현 의원 등이 갑론을박을 이어나가는 장면을 연출하면서 정부와 여당은 2015년 말부터 2016년 초까지 개헌 논의에 군불을 지폈습니다.

2016년 4·13총선 직전의 분위기를 기억하십니까? 당시 선거는 새누리당의 과반 달성이 거의 확실하며 최소 150석에서 최대 200석까지 가능하다는 분위기였습니다. 되돌아보면 오판도 이런 오판이 없었지만, 4·13총선 전야까지 여야를 막론하고 모두가 받아들이던 광범위한 생각이었습니다. 사실 야당 의원의 다수가 개헌에 찬성하며, 설령 여당이 150석에 그치더라도 야당에 내각제 개헌을 제안하면 된다, 장관 자리의 절반 정도를 야당 몫으로 보장해주면 30명 이상 개헌에 찬성할 것이라는 등의 이야기가 흘러나왔습니다.

야권의 유력 대선 주자를 제압할 수 있는 인물을 끌어들여서 그에게 대통령 자리를 주고 박근혜를 중임 제한이 없는 총리 자리에 앉히려는 내각제 개헌 계획이었습니다. 러시아의 푸틴이나 일본의 아베가 권력을 유지하는 방식입니다.

시인 김지하, 소설가 조정래 등의 이름을 들먹이며 박근혜 대통령이 재임해야 한다는 찌라시가 돌기도 했습니다. 이원집정부제든 의원내각제든 4·13총선에서 새누리당이 승리하면 박근혜 장기집권 혹은 박근혜 영구집권이 실현될 것이라는 두려움이 국민들 사이에 가득했습니다.

주의 깊게 살펴보아야 할 선례가 있습니다. 가장 가까이에 있는 나라, 일본의 이야기입니다. 일본은 1920년대의 다이쇼데모크라시라고 불리는 민주주의적 개혁운동이 실패한 뒤 군국주의 국가가 됩니다. 당시 다이쇼데모크라시에 대항하여 각종 극우단체와 극우 사상가들이 등장합니다. 대일본국수회, 적화방지단, 건국회같이 이름부터 우리나라의 극우단체와 유사한 단체들이 만들어진 것입니다. 결국 민주주의 개혁진영이 패배하면서 정부와 군부 그리고 재벌이 유착하고 도조 히데키에 의한 독재정치가 자행됩니다. 이 시기의 일본을 두고 대부분은 파시즘국가, 전쟁광 정도로 해석합니다. 틀린 말은 아니지만 정확한 분석도 아닙니다. 문제의 본질은 건전한 정치체제가 파괴되고 견제 받지 않는 권력이 거대한 덩어리가 되면서 필연적으로 독재자가 출현했다는 것입니다.

일본의 위기는 한 번으로 끝나지 않습니다. 1980년대 이후 일본 정부는 교과서 검인정제도를 도입하여 교과서에 기술된 내용의 조정·왜곡을 시도했지만, 한국 정부의 강력한 항의와 대중국외교 개선 등을 이유로 교과서 개정을 포기합니다. 하지만 오히려 이 실패가 일본 우익을 결집시킵니다. 정치인을 비롯하여 재계와 교육계까지 포함하는 광범위한 우익 네트워크가 구성되었고, 교과서 개정을 넘어서는 보다 강력한 비전을 공유하기 시작했습니다.

헌법을 바꾸자. 개헌이 일본 우익의 핵심목표가 된 것입니다. 이후 1990년대 초반 자민당은 심각한 위기를 겪기도 하지만 결국 사민당이 먼저 무너지고 다시 민주당마저 실패하면서 일본 우익이 1980년대 초반에 세운 계획이 현실화되기 시작합니다. 평화헌법이 위협받고 있으며 미국의 비호 아래 일본 보수파가 주도하는 신냉전시대로 돌입하고 있기 때문입니다.

다시 시작된 개헌 논의, 그 목적은?

일본과 우리는 다릅니다. 2016년 4·13총선에서 여당의 궤멸적인 패배 이후 언제 그랬느냐는 듯 개헌에 대한 두려움은 사라졌습니다.

그래서 고민이 됩니다. 결국 몇몇 정치 싸움 이후 현행 헌법으로 그냥 갈 것이고, 대통령 잘 뽑고 국회의원과 지자체 선거만 잘하면 별 문제가 없는 것일까요? 대통령이나 국회의원이 본인들이 원하는 형태로 국가구조를 뜯어고치고 싶어 하는 야욕은 이제 사라진 것일까요? 아니면 헌법을 뜯어고칠 만큼의 강력한 국민적 요구가 있고 그것을 수용하기 위해서라도 이제는 전혀 다른 지점에서 헌법을 바라보며 새로운 사회상을 꿈꾸어야 하는 것일까요?

사실 개헌에 대한 일반적인 생각은 매우 단순합니다. 미국처럼 4년 중임제로 가야 책임정치도 가능해지고 정책의 연속성도 확보할 수 있다는 주장이 앵무새처럼 반복되니까 말입니다. 몇 가지 수사도 더해지긴 합니다. 현행 헌법은 1987년 6월항쟁의 결과물인데 1987년 이후 사회가 너무나 많이 바뀌었기 때문에 개헌은 불가피하다는 겁니다. 또한 엄밀히 따져서 현행 헌법은 전두환 정권과 '타협'한 결과물이기 때문에 '제왕적 대통령제'의 성격이 너무 강하다는 겁니다.

승자독식 구조로 인해 정쟁이 극심해지고 국론 분열로 인한 천문학적인 사회 갈등 비용마저 발생한다고 합니다. 삼성경제연구소에 따르면 약 300조 원이 낭비되고 있다고까지 합니다. 더구나 외교정책이나 국방정책 같은 국가운영의 핵심적인 주제까지도 정쟁의 대상이 되기 때문에 권력을 분립해야만 이 문제가 해결될 수 있다는 주장까지 있습니다.

결국 대통령 임기를 5년 단임제에서 4년 중임제로 바꾸고, 그 권력을 조정하거나 분립해야 한다는 겁니다. 의원내각제나 이원집정부제에 대한 논의도 있지만 개헌과 관련된 내용은 결국 대통령제를 어떻게 조정할 것이냐에 집중되어 있고, 어떤 식으로든 조정되어야 한다는 점에는 국민여론이 전반적으로 동의하고 있는 셈입니다.

조금 더 고민이 필요하다고 생각합니다. 5년 단임제에서 4년 중임제로 바뀐다고 정책의 연속성이 보장될까요? 오히려 선거 시기가 앞당겨지고 이를 둘러싼 정치적 이합집산의 경향이 강화될 수 있습니다. 더구나 대통령·국회의원·지자체 선거를 통합해버리면 선거비용은 절약할 수 있을지 모르지만 정책적 연속성이 단절될 가능성 또한 높아집니다. 그때그때의 사회적 이슈와 정치 공세가 표심에 영향을 줄 것이며 정쟁에 영향을 받은 표심이 4년에 한 번씩 모든 정치구조를 일괄적으로 결정해버리기 때문입니다. 오히려 특정 정당이나 정치가가 권력을 독점할 수 있는 기회가 늘어날 수도 있습니다.

실제로 1995년 김영삼 정부 이후 전면적 지방자치제가 실시되었고 국민들은 훨씬 풍요로운 정치적 선택의 기회를 누리고 있습니다. 노무현 정부와 이명박 정부는 지방선거에서 심각한 패배를 경험하면서 민심의 견제를 받았고, 오세훈 서울시장이 무상급식을 주제로 모험적인 정치 수를 던지면서 안철수와 박원순이라는 거물 정치인이 탄생할 수 있었습니다. 국회의원 선거에서 패배한 홍준표, 안상수는 경상도 지자체 선거에서 당선되면서 재기했고 안희정, 이재명 등은 지방자치단체장직을 통해 잠룡 그룹에 합류할 수 있었습니다. 2016년 4·13총선 결과 역시 대통령의 독주와 차기 대선의 판도를 바꿀 정도의 위세를 보이기도 했습니다. 지방자치제가 중요한 역할을 하고 있다는 말입니다. 현재의 정치 현상이 모두 옳다는 뜻은 아닙니다. 하지만 현재의 제도가 갖고 있는 나름의 안정성과 효율성에 대해서는 고려하지 않고, 단지 제도를 바꾸면 무조건 좋아진다는 식의 생각은 지양해야 합니다.

5년 단임제에 폐해가 있는 것은 사실이지만 효과 또한 있습니다. 단임제를 의식한 대통령은 집권 초반 강력한 리더십을 통해 정책적 승리를 이루어내고자 합니다. 김대중 정부 당시 벤처기업 지원 사업을 통한 외환위기 극복이라든지, 햇볕정책을 통한 남북 관계 개선 등은 현행 대통령제가 보여준 리더십의 전형이었습니다. 좋든 싫든 4대강 사업을 통해 온 산하를 뜯어고친 이명박 정부의 추진력 또한 대통령제였기 때문에 가능했습니다. 심지어 하나회 척결이나 금융실명제 같은 김영삼 정부 당시의 주요 개혁도 대통령제가 지닌 강점이 없었다면 추진할 수 없었을지 모릅니다. 장기집권을 원천 봉쇄한다는 측면 역시 간과해서는 안 될 것입니다.

1987년 이후 약 30년이 흐르는 동안 대한민국은 부족하나마 대한민국만의 고유한 민주주의문화를 축적했습니다. 결국 이는 5년 단임제 대통령을 중심으로 한 정치문화이기도 합니다. 그에 비해 밀물처럼 지속적으로 밀려드는 개헌 논의는 단순하기 짝이 없습니다. 그간 축적되어온 정치문화에 대한 고려, 5년 단임제 대통령제가 보여준 쓸모 있는 모습들, 그리고 국회의원 선거나 지자체 선거와의 관계 등 많은 것들이 고민되어야 함에도 불구하고 4년 중임제만을 외칠 뿐입니다. 주장은 너무나 막연하고 사회적 동의 역시 모호할 뿐입니다.

기본권이 곧 헌법이다

1919년 3·1운동을 바탕으로 대한민국임시정부가 만들어졌을 때 정해놓은 민주공화국의 정체성이 최근에 와서야 비로소 제대로 된 의미를 찾아가고 있습니다. 헌법이 있어야 할 자리에 독재자가 있었고, 헌법과 함께 자리를 잡았어야 하는 시민주권의 원리는 치열한 반독재투쟁과 여야 정쟁 속에 파묻혀버리고 말았습니다.

이제 조금 더 근본적인 고민을 해야 할 때입니다. 헌법은 국민이 만든 법이며 한 나라의 정체성을 오롯이 담고 있는 문서입니다. 우선 헌법은 국민의 기본권을 정의하고 있습니다. 인간이 누려야 할 자유권부터 노동권과 사회권까지 권리를 중심으로 체계화되어 있고, 그러한 권리를 위해 국회와 대통령, 사법부 등 인간 삶에 결정적인 영향을 주는 제도에 관한 규정이 정리되어 있습니다. 기본권이 우선이고 그것에 봉사하는 것이 권력이기 때문입니다.

동서양을 막론하고 모든 질서는 신적인 것으로부터 시작되었습니다. 그것이 수학적 질서로 구성된 메소포타미아인들의 우주관이든, 여호와 야훼에 의해 직접 주어진 십계명이든, 천명天命에 의한 음양의 조화이든, 중요한 사실은 질서와 권위 자체는 인간 밖으로부터 나왔습니다.

하지만 중세 천 년 이후 권력의 두 축은 교황과 황제로부터 절대군주와 시민에게로 옮겨졌습니다. 전지전능한 신이 그 권력을 교황 또는 황제 등의 대리자에게 위임했다는 교황무오설과 왕권신수설은 인간은 누구나 같은 권리를 가지고 태어난다는 천부인권설에 패배하였으며, 시민혁명이 일어난 순간부터 결국 모든 권위는 국민국가의 주권으로 귀결됩니다. 국민이 동의한 유일한 권위인 주권은 근대 서구 사회에서 권리장전(1689), 독립선언(1776), 인권선언(1789) 등의 문서로 정리되었으며 결국 헌법을 중심으로 한 법체계로 정착됩니다.

결코 정치사회적 변화로까지 발전하지는 못했지만, 비슷한 시기에 동아시아에서도 황종희와 정약용이 『명이대방록』(1663)과 「탕론」(19세기 초) 등을 통해 비슷한 결론에 도달했습니다.

근대 이후의 법이 근대 이전의 율령과 다른 이유는 명확합니다. 율령은 형벌과 제도를 근간으로 하는 통치자 중심의 법입니다. '율령체제'에서 황제는 율령의 집행자인 동시에 천자天子이기 때문에 율령을 초월한 존재입니다. 즉 하늘의 아들인 황제가 율령을 바탕으로 백성을 교화시키며 왕도정치를 실현하는 수단으로써 법이 존재했습니다.

이에 비해 근대 시민혁명이 낳은 오늘날의 '법체제'는 시민의 자유와 권리를 최대한 보장하는 것을 추구합니다. 르네상스부터 시작해서 종교개혁과 시민혁명, 그리고 19세기 이후 본격화되는 치열한 급진주의운동에 이르기까지 역사는 '자유롭고 평등한 권리를 보장받은 인간'이 되기 위한 투쟁이었습니다.

『헌법의 상상력』은 세계 여러 나라의 역사와 문화가 그 나라의 헌법을 만들어온 과정과 대한민국의 헌정사를 돌아보며, 텍스트 속에 갇혀 있던 최상위 법체제인 헌법을 텍스트 바깥의 생활세계로 꺼내옵니다.

지금 대한민국에서는 비로소 헌법적인 논의들이 활발하게 이루어지고 있습니다. 무상급식, 무상보육, 비정규직 철폐, 노동조건 개선 등 헌법이 지향하는 가치가 사회 전면으로 부상하고 있습니다. 대통령제를 어떻게 뜯어고칠 것인가는 참으로 의미 없는 논쟁일지 모릅니다. 보다 중요한 것은 대한민국 국민이 누려야 할 기본권 그리고 대한민국의 국가 정체성이 앞으로 어떻게 나아가야 하느냐입니다. 정치인들의 정략적 개헌 논의가 아닌 우리 안에서, 우리 스스로의 헌법 이야기가 만들어져야 할 시기가 도래한 것입니다.

1 장

헌정 시대의 개막

제헌헌법

미국 이야기

우리 헌법 이야기를 시작하기에 앞서 미국에 관한 이야기부터 해보겠습니다. 미국에 대한 우리의 이해는 파편적입니다. 미국에 대한 객관적인 초상을 갖추지 못한 상태에서 대한민국은 세계질서에 편입되기 위해 미국을 절대적인 기준과 힘으로 받아들였고, 언제나 꾸준히 영향을 받고 의식하며 생존해야 했습니다. 따라서 오늘날 대한민국의 구조를 제대로 이해하기 위해서는 미국의 사회구조와 역사에 대한 이해가 필수적입니다. 바로 거기에 우리의 과거를 이해할 수 있는 중요한 열쇠가 있기 때문입니다.

새로운 국가의 탄생

오늘날 독자적인 헌법과 의회를 갖춘 50개의 자치주와 1개의 수도주(워싱턴 D.C.)로 이루어진 미합중국The United States of America, 그러니까 미국은 독립혁명을 통해서 인류 역사상 최초로 근대적인 민주공화국을 수립한 국가입니다. 18세기 중반 영국은 프랑스와 7년전쟁(1756~1763)에서 승리하긴 했지만 재정이 악화되었고, 이를 만회하기 위해서 북아메리카 13개 식민지에 과도한 세금을 징

* **1776년 독립을 선언한 식민지 13개 주**

수했습니다. 하지만 설탕조례(1764)와 인지조례(1765)를 신설한 영국의 정책에 식민지인들은 거세게 저항했고, 당황한 영국 정부는 두 가지 세금을 철회하는 대신에 종이, 유리, 차 등의 교역품에 무거운 관세를 붙였습니다. 그 결과가 우리도 잘 알고 있는 보스턴차사건(1773)입니다.

그러자 영국은 보스턴항을 봉쇄하는 등 강경한 대응에 나섰고 식민지인들은 1차 대륙회의를 열어 영국이 1763년 이후 식민지에 취한 탄압조치를 철회할 것을 요구합니다. 마침내 1775년 보스턴 서쪽 교외의 렉싱턴에서 양쪽의 무력 충돌이 발생하면서 미국 독립전쟁이 시작되었습니다. 식민지인들은 곧바로 2차 대륙회의를 소집하여 정부를 수립하고 조지 워싱턴을 식민지군사령관에 임명했습니다. 그리고 1776년 7월 4일 토머스 제퍼슨이 기초한 독립선언을 채택하고 미국의 독립을 선포했습니다.

모든 사람은 평등하게 태어났으며 신은 그들에게 누구도 빼앗을 수 없는 몇 가지 권리를 부여했다. 여기에는 생명과 자유와 행복추구의 권리가 포함된다. 이 권리를 확보하기 위해 인민은 정부를 만들었으며, 정부의 정당한 권력은 인민의 동의에서 나온다. 정부가 이런 목적을 파괴할 때에는 인민은 언제든지 이를 변혁 내지 폐지하고, 인민의 행복과 안전을 가장 효과적으로 가져다주어야 한다는 원칙에 기초하고 이를 위한 기구를 갖춘 정부를 새로이 조직할 수 있는 권리가 있다.

시대정신은 역사의 질적인 변화를 일으킵니다. 우리가 미국 독립혁명의 결과를 '새로운 국가가 하나 출현했다'는 식으로 단순히 언급하고 넘어가지 않는 이유는, 오늘날 이 나라가 전 세계에 영향력을 발휘하고 있기 때문이기도 하지만 영국의 청교도혁명(1649)과 명예혁명(1688)을 통해 제시된 여러 가지 혁신적인 세계관이 현실화되었고 이후 프랑스혁명(1789)으로 넘어가는 중요한 가교가 되었기 때문입니다.

에스파냐와 프랑스의 지원을 받으며 민병대를 중심으로 한 독특한 군사 전략을 펼친 미국은 1781년 요크타운전투에서 승리하면서 완전한 독립을 거머쥡니다. 그리고 미국은 미합중국 헌법(1788)을 만들고, 그 가운데 제1조부터 제10조까지 수정하여 연방정부의 권력 행사를 제한하고 시민의 권리 보호를 강화한 미합중국 헌법권리장전(1791)을 발효합니다. 이로써 영국의 식민지였던 미국은 연방공화국으로 거듭났습니다. 우리는 이 지점을 보다 깊이 파고들 필요가 있습니다.

모든 곳으로부터 독립된 신세계

미국의 정치학자 루이스 하츠는 "미국인의 사명감은 기독교적 보편주의가 아니라 기이하게도 히브리적인 분리주의로 채워졌다"고 설명합니다. 하츠가 보기에 미국은 유럽의 여러 나라들과 근본적인 차이가 있습니다. 영국이나 프랑스 같은 유럽 나라들은 오랜 역사를 자랑하며 그런 만큼 확고한 전통이 있습니다. 반면 미국은 이런 전통과 유리된 신세계입니다. 유럽인들은 누릴 수 없는 '평등한 신세계'였던 것입니다.

하츠는 두 가지에 주목합니다. 1)미국에 구체제는 존재하지 않았다. 2)미국은 영국이나 프랑스와 달리 타도해야 할 대상이 없었고, 극복해야 할 전통도 없었다.

미국인들이 혁명의 과정에서 숱하게 로크를 비롯한 사회계약론자나 여러 계몽주의자들의 주장을 인용한 것으로 보아서, 그들의 혁명이 유럽 사상의 영향을 받은 것은 분명합니다. 하지만 유럽인들과는 환경 자체가 근본적으로 달랐습니다. 당시의 식민지 미국에는 수천 년의 역사적 전통, 그 속에서 켜켜이 쌓여온 신분제 관습과 문화, 그리고 어마어마한 사회적 기득권을 둘러싼 갈등이 없었습니다. 농민임에도 불구하고 귀족의 편을 드는 몽매한 왕당파와 민중의 자유와 평등을 부르짖지만 본인의 재산권이 더욱 중요한 온건파, 또는 영국식 입헌군주제를 선호하며 민중에게 주도권을 빼앗기지 않는 데 결사적인 보수파와 왕을 처단하고 혁명적 분배를 통해서 단숨에 이상을 달성하려 하는 급진파, 그리고 온갖 극단주의자들과 국경 너머에 넘쳐나는 절대주의 국왕과 군대도 없었습니다.

프랑스의 경우 대혁명 이후 오랫동안 극단적으로 좌우를 오가며 다양한 유산을 끊임없이 만들어냅니다. 온건파 지롱드를 급진파 자코뱅이 처단하고, 자코뱅의 리더 로베스피에르가 내부 경쟁자들에 의해 몰락하고, 나폴레옹은 군부쿠데타와 선거에 의한 황제취임식이라는 새로운 정치체제를 만들기도 합니다.

이에 반해 미국인들은 그들이 극복해야 할 세계, 단절해야 할 세계가 사실상 없었습니다. 영국을 몰아낸 순간 극복해야 할 구체제가 단숨에 사라졌고, 이제 오직 자유인들만이 그들의 영토에 남겨진 것입니다. 그들이 관념적으로 무엇인가를 두려워하고 정신적으로 누군가를 미워할지 모르겠지만, 이제 그들은 원하는 대로 그들의 방식으로 새로운 세계를 건설할 수 있는 결정적인 기회를 갖게 되었습니다. 자유주의와 자본주의에 근거한 근대국가로 나아갈 수 있는 기회가 '오직 그들'에게만 주어진 것입니다.

식민지의 자유인들

그렇다면 그들이 기회를 움켜쥘 만큼의 준비가 되어 있었는지, 그리고 기회를 잘 활용해서 새로운 나라를 만들었는지를 따져 보아야 할 것입니다.

결론부터 이야기하자면 상당히 의미 있는 준비가 이루어졌습니다. 18세기 후반의 미국인들은 우리가 생각하는 '식민지인'들이 아니었습니다. 그들은 얻어맞고 지배당하고 번번이 저항이 봉쇄되고 결국 억압당하는 20세기 초반 조선의 식민지인들과 달랐습니다. 영국 국왕 제임스1세는 북아메리카를 둘로 나누어서 북부는 플리머스회사, 남부는 런던회사에 운영권을 주었습니다. 영국 국왕의 명령에 따라 북아메리카의 각 지역에는 평의회가 만들어지고 국왕은 평의회 지배를 통해서 식민지를 관리했습니다. 영국 국왕이 임명한 북아메리카 각 주의 최고행정관과 평의회는 행정권과 사법권을 갖고 있었습니다. 그리고 복잡한 역사적 과정을 거친 끝에 식민지 주민에게도 '동등한 영국인의 지위', 즉 자유와 선거권 등의 권리를 부여합니다. 1619년 런던회사는 버지니아주 제임스타운에 하원을 설치했는데 식민지 자유인들이 바로 여기에 참여하게 됩니다. 통상 버지니아에서 만들어진 이 조례를 '미국 식민지에 수여된 최초의 성문헌법'이라고 부릅니다.

절대주의시대의 영국 국왕은 중상주의정책을 추진하면서 권력과 부를 거머쥐기 위해서 해외 식민지 개척을 시작했습니다. 성공과 부귀를 바라는 일단의 모험가·군인·개척가들은 에스파냐인들의 경험에 착안해서 대서양을 건너 북아메리카로 넘어왔습니다. 그 결과 광대한 식민지가 개척되었고 식민지를 일구어갈 더 많은 사람들이 필요해졌습니다.

바로 이 시점에 또 다른 사람들이 몰려들기 시작합니다. 당시 유럽은 종교개혁의 여파가 심각한 때였습니다. 특히 칼뱅파는 그 어떤 나라에서도 주류적인 지위를 차지하지 못했기 때문에, 또한 상당수가 상공업자라는 직업적 특수성 때문에 적극적으로 이주를 선택했습니다. 루이14세의 핍박을 받은 프랑스의 위그노들은 네덜란드로 몰려들었고, 영국의 청교도 역시 '필그림'이라는 별칭으로 네덜란드를 거쳐 다시 미국으로 건너갔습니다. 그들은 스스로를 '선택된 백성'이라고 믿었고 '선택된 땅'의 개척자를 자처했습니다. 대니얼 닐의 『청교도의 역사』와 『뉴잉글랜드의 역사』, 토머스 프린스의 『연대기로 쓴 뉴잉글랜드 편년사』 등에서 그들의 신앙적 확신을 단적으로 이해할 수 있습니다.

17세기에 들어서면서 행정 시스템이 정비되는데, 주마다 약간의 차이가 있지만 전반적으로 '합리적인 법적 절차'가 구성된다는 공통점을 가지고 있습니다. 볼티모어 경이 개인적으로 소유했던 메릴랜드주도 버지니아주를 모델로 삼아서 조례를 제정했고 의회도 세웁니다. 뉴잉글랜드주도 1620년경 뉴잉글랜드플리머스평의회를 구성했고, 메사추세츠주에도 18명의 보조자assistants를 둔 평의회가 만들어집니다. 코네티컷주 역시 근본규칙Fundamental Orders of Conneticut을 제정했고, 퀘이커교도였던 윌리엄 펜은 1682년에 펜실베이니아의 정부형태Frame of Government of Pennsylvania를 작성하였는데, 이것은 최초로 '수정 절차'를 규정한

법이었습니다.

북아메리카 식민지인들은 독립혁명 전에도 상당한 기간 동안 의회를 통한 식민지 통치를 경험했으며 법을 바탕으로 사회질서를 운영하는 노하우를 축적할 수 있었던 것입니다. 초기 대부분의 식민지에서는 입법부가 가장 강한 영향력을 행사했습니다. 뉴햄프셔나 메사추세츠같이 최고행정관의 권한이 강한 지역에서도 입법부가 최고행정관을 선택했으며, 펜실베이니아에서는 입법부와 식민지인들이 선출한 '최고국무회의'에서 최고행정관을 선출했습니다. 당시 거버너governor 또는 프레지던트president라고 불린 최고행정관은 통상 임기 1년의 단임직이었으므로 그 권력이 강력했을 리 만무합니다. 토머스 제퍼슨은 최고행정관을 일컬어 '관리자'라고 칭하기도 했습니다. 최고행정관은 당연히 의회해산권을 갖지 못했으며, 그의 가장 중요한 임무는 입법부에서 만든 법률을 완전히 집행하는 것이었습니다. 뉴욕주를 제외하면 북아메리카 식민지 각 주의 최고행정관은 군통수권도 가지고 있지 않았습니다.

연합에서 연방으로

미국혁명 시기 동안 지도자의 역할과 책임이 중요한 화두가 되었고, 또한 벤저민 프랭클린·조지프 리드·존 디킨슨·윌리엄 리빙스턴·토머스 존슨·조지 클린턴·패트릭 헨리·벤저민 해리슨·존 러틀리지 같은 유능한 인물이 각 주에 등장하면서 최고행정관에게 점차 막강한 행정권력이 집중되었습니다. 그 결과 미국은 특유의 '대통령중심제'를 발전시킬 수 있었습니다.

또 하나 주목해야 할 측면은 '자치의 역량'을 각각의 주가 보유했다는 점입니다. 우리는 미국혁명 당시 13개의 주가 똘똘 뭉쳐서 영국과 싸운 끝에 하나의 나라를 세웠다고 생각합니다. 연방공화국의 '연방'이라는 개념이 낯설기 때문입니다. 애초에 중앙집권적 전제주의에 익숙한 데다 현대사를 거치면서 기나긴 독재정권, 대통령과 행정부 중심의 국정운영만을 경험해왔기 때문입니다. 미국은 그렇지 않았습니다. 앞에서 이야기했듯이 각각의 식민지는 영국의 지배와 그로부터의 독립이라는 공통의 상황 속에서도 서로 다른 역사적 과정을 거치면서 성장 발전했습니다. 그 결과 주마다 독특한 전통이 형성되기도 합니다. 하지만 여러 이유로 인해서 각각의 식민지는 '연합'의 노하우를 축적하게 됩니다. 프랑스령 북아메리카 식민지(퀘백, 루이지애나 일대)라는 또 다른 경쟁 집단이 있었고, 무엇보다 인디언과의 관계가 중요했습니다. 모호크족Mohawk · 세네카족Seneca · 카유가족Cayuga · 오논다가족Onondaga · 오네이다족Oneida · 투스카로라족Tuscarora 등이 연합한 이로쿼이연맹Iroquois Congederacy처럼 프랑스와 영국 사이에서 전략적인 이득을 취하는 집단도 존재했습니다. 결국 이들을 상대하며 이익을 극대화하고 프랑스와의 식민지 전쟁에서 승리를 거두기 위해서는 효율적인 연합체제를 구축해야만 했습니다.

이미 1745년에 벤저민 프랭클린은 13개 식민지의 연방체제인 올버니연방구상Albany Plan of Union을 제안했고, 독립혁명 기간 동안 여러 한계에도 불구하고 연합체제는 강고하게 발전합니다. 이와 같은 일련의 과정을 고려해보면, 독립혁명 가운데 왜 대륙회의가 열렸는지 가늠해볼 수 있습니다. 버지니아 대표인 리처드 헨리 리가 1776년 독립선언을 제안했고 이를 수용한 대륙회의는 '5인위원회'를 창설해서 독립선언서 초안을 만듭니다. 우리에게도 널리 알려진 제퍼슨이 기초하고, 벤저민 프랭클린과 존 애덤스가 수정하여 완성된 이 선언서는 1776년 6월 28일에 대륙회의에 제출되었고 7월 4일에 채택됩니다.

그리고 같은 시기에 식민지인들은 '아메리카 국가들의 자유·주권·독립을 보장하기 위한 연합'을 제안하기도 했습니다. 1년간의 토론을 거친 끝에 1777년 11월 15일 연합헌장Articles of Confederation and Perpetual Union을 채택했고, 버지니아주를 시작으로 하여 1781년 3월 메릴랜드주가 비준을 마침으로써 효력을 발휘합니다.

초기의 연방체제는 한계가 명확했습니다. 세금징수권, 통상규제권도 없었고 연합체제에 대한 자금 지원 역시 의무사항이 아니었기 때문에 여러 혼란이 발생한 것입니다. 연합체제를 이끌던 대표 역시 대통령이 아니라 미국연합회의의장President of the United States in Congress Assembled이었습니다.

하지만 이 모호한 상황은 여러 사건으로 인해 급진전됩니다. 독립 이후 에스파냐와의 충돌이 발생한 것입니다. 미국 독립전쟁을 종결시킨 파리조약(1783.9.3)의 결과, 미국은 완전한 독립과 캐나다와 플로리다를 제외한 미시시피강 동쪽의 땅을 인정받았습니다. 북위 31도를 기준으로 에스파냐 식민지와의 경계선을 설정했던 것입니다. 그럼에도 불구하고 에스파냐는 영토의 경계가 북위 32도 28분이라고 주장하면서 미국 선박의 미시시피강 운항을 방해했습니다.

1786년에 셰이즈의 반란(미국 독립전쟁의 영웅 대니얼 셰이즈를 중심으로 과도한 빚과 세금에 분노한 가난한 농민들이 메사추세츠주에서 일으킨 무장

봉기)을 계기로 주들 간의 연합체제가 여러 사회문제를 해결할 수 없다는 것이 입증되었습니다. 결국 연합의 지도자들은 아나폴리스 회의(1786.9)를 열어 강력한 중앙정부를 구축하는 방향을 선택하게 됩니다. 1787년 5월 필라델피아에서 제헌회의Constitutional Convention가 개최되고 해밀턴의 주도 아래 미국연합의 각 국가들을 미국연방의 한 주로 편입시키는 헌법을 채택했습니다.

한 나라의 역사가 그 나라의 헌법을 만든다

상황은 언제나 변하기 마련이고 인간의 노력은 언제든지 실패할 수 있습니다. 구체제가 없었다고는 하지만 독립혁명 당시의 미국에는 여러 어려움과 변수가 존재했습니다. 하지만 당시 미국의 지도자들은 그것들을 해결해가는 데 탁월한 역량을 보여주었습니다.

우리 미국 국민은 더욱 완전한 연방을 형성하고 정의를 확립하고 국내의 안녕을 보장하고 공동의 방위를 도모하고 국민의 복지를 증진하고 우리와 우리 후손에게 자유의 축복을 확보할 목적으로 미국을 위하여 이 헌법을 제정한다.

미국 헌법의 전문입니다. 바로 이어지는 미국 헌법 제1조는 입법부를 다루고 있습니다.

제1조　①이 헌법에 의하여 부여되는 모든 입법권은 미국 연방의회에 속하며, 연방의회는 상원과 하원으로 구성한다.

제1조, 제2조, 제3조가 차례로 입법부, 행정부, 사법부로 구성되어 있으며 그중에서도 입법부에 대한 설명이 압도적인 분량을 차지합니다. 그리고 제4조는 '주와 주 및 연방과의 관계'를 규정합니다. 독립 전에 개별 식민지였던 각 주들이 이제 미국연합의 한 주가 되었으며, 제임스 매디슨과 토머스 제퍼슨은 해밀턴같이 중앙정부의 위상을 강조하는 연방파에 대항하여 각 주의 자율성과 권익을 옹호했습니다. 그렇기 때문에 지금도 주별로 독자적인 경찰력과 군대를 보유한다든지 주마다 입법 절차가 다르고, 심지어 연방대통령 선거의 투표용지는 물론 집계 방식까지 다른 것입니다. 결국 절충과 타협의 과정을 거치면서 중앙정부와 주정부가 모두 강력한 힘을 발휘하는 미국식 '연방공화국'이 완성된 것입니다.

미국 헌법은 이때 제정된 이래 지금까지 단 한 번도 개정되지 않았습니다. 다만 여러 차례 수정되었기 때문에 제7조부터는 '수정조항'들로 가득 채워져 있는 것이 특징입니다. 가장 눈에 띄는 점은 수정조항 제13조(노예 제도 폐지)와 수정조항 제15조(흑인의 참정권)입니다.

미국 헌법이 모두가 자유와 평등을 누리는 연방공화국을 천명했음에도 불구하고 노예제는 광범위했으며, 노예제도 자체와 나아가서 흑인의 정치적 권리까지 헌법의 마디마디가 논란이 될 수밖에 없었습니다. 결국 노예제는 남북전쟁이라는 위기를 조성했으며, 링컨에 의해서 일부 해소되긴 했지만 여러 후유증을 남겼으며, 1960년대 인권운동으로 이어졌고, 현재까지도 다양한 사회적 논란을 낳고 있습니다.

또한 미국은 한때 금주령(수정조항 제18조)을 내렸던 적도 있었

Thirty-Eighth Congress of the United States of America;

At the Second Session.

Begun and held at the City of Washington, on Monday, the fifth day of December, one thousand eight hundred and sixty-four.

A RESOLUTION

Submitting to the legislatures of the several States a proposition to amend the Constitution of the United States.

Resolved by the Senate and House of Representatives of the United States of America in Congress assembled, (two-thirds of both houses concurring), That the following article be proposed to the legislatures of the several States as an amendment to the Constitution of the United States, which, when ratified by three-fourths of said legislatures, shall be valid, to all intents and purposes, as a part of the said Constitution, namely: Article XIII. Section 1. Neither slavery nor involuntary servitude, except as a punishment for crime whereof the party shall have been duly convicted, shall exist within the United States, or any place subject to their jurisdiction. Section 2. Congress shall have power to enforce this article by appropriate legislation.

Schuyler Colfax
Speaker of the House of Representatives.

H. Hamlin
Vice President of the United States
and President of the Senate.

Approved February 1. 1865.

Abraham Lincoln

미국 수정헌법 제13조_노예제도 폐지

38

기 때문에 이를 고치기 위해 금주령 철폐(수정조항 제21조)를 통과
시키기도 합니다. 수정조항 제19조는 여성참정권을 보다 확실하
게 보장하기 위해 만들어진 조항입니다. 이렇게 그 나라의 헌법을
보면 그 나라의 역사가 보입니다. 정확히 말해서 그 나라의 역사
가 그 나라의 헌법을 만드는 것입니다.

평등으로의 여정

미국의 역사학자 버나드 베일린은 독립혁명 시기의 미국인들
에 대해서 "식민지인들은 보편적 이성에 관한 이론을 열심히 인
용했으며, 영국의 보통법 전통도 잘 아는 듯이 마음 놓고 원용했
다. 영국법은 혁명세대의 마음속에 계몽·합리주의와 나란히 자
리잡고 있었던 것이다"라고 설명합니다. 소요나 폭동 혹은 봉기
나 내란 수준이 아닌, 혁명을 일으킬 만한 충분한 지적·문화적 수
준을 이미 갖추고 있었다는 겁니다. 미국인들은 권력과 자유의 관
계에 대해서 명확히 인지하고 있었으며, 인권을 관통하는 본질적
인 주제가 생명과 자유뿐 아니라 재산에도 있음을 날카롭게 인식
했습니다. 또한 국가 구성의 본질인 주권과 입법권에 대한 성찰은
물론, 영국 의회에서부터 내려오는 온갖 억압적인 입법조치에 대
해서도 분명히 반응하고 저항했습니다.

19세기의 현실을 살아간 프랑스인이자 전적으로 타자의 입장
에서 미국의 민주주의를 담담하지만 객관적으로 관찰한 토크빌
의 성찰은 보다 구체적이며 냉정합니다.

17세기의 유럽에서는 제대로 알려지지도 않았고 영국에서마저 완

전히 정착되지 못한 원칙이 뉴잉글랜드의 법률에서는 모두 인정되고 기정사실화됐다. 즉 공사公事에 대한 주민의 간여, 자유로운 선거에 의한 세금 결정, 권력을 대행하는 사람들의 책임성, 개인의 자유 및 배심원제에 의한 재판 등의 원칙이 논란 없이 모두 확립됐다.

앞선 하츠의 논의에서 한 발 더 나아가서 토크빌도 식민지인들이 축적한 문화적 자산에 큰 관심을 보입니다.

대다수 유럽 국가들의 정치적 생존은 사회의 상층계급에서 시작되어 완만하고 불완전하게 사회 각 계층으로 전달된 것이었다. 그와 반대로 아메리카에서는 타운제도가 카운티보다 먼저, 카운티가 주보다 먼저, 주가 합중국보다 먼저 조직됐다. 그 독립성은 완전히 민주공화적인 진정한 정치 활동을 가능하게 했다. 각각의 타운은 자기들의 행정관을 직접 임명하고 공사公事를 스스로 심의하며 세금도 스스로 정했다.

식민지 시절 형성된 인구 2,000~3,000명 규모의 '타운'은 투표를 통해서 관료를 직접 선출하고 입법, 사법, 행정 등 공동체의 거의 모든 업무를 직접 운영합니다. 그리고 여러 타운을 포괄하는 카운티로 가면 비로소 법원·치안관·감옥이 존재하며, 이 기관들이 높은 권위를 갖고 중요한 문제들을 해결합니다. 입법권은 집중시키고 행정권을 분리시키는 경향이 있는데, 이것은 권력의 오용을 방지하는 중요한 기틀로 작용하게 됩니다.

아메리카의 평등은 종교적 이상이나 막연한 기대 혹은 혁명적 가치가 아니었습니다. 모든 사람이 동일한 수준의 사회구조를 향유했고 소유 재산도 비슷했습니다. 모두 비슷한 직업을 가지고 보편적인 교육을 받는 등 동일한 조건 속에 살았습니다. 대부분 가난한 환경에서 시작하여 노력을 통해 부유한 생활수준으로 올라가면서 그들만의 고유한 평등을 누리고 있었던 것입니다.

"민주국가는 평등을 만끽하고 있다"는 토크빌의 분석에 대해서 특별히 깊이 생각해야 합니다. 우선 개인주의individualism와 이기주의egoism를 섬세히 구분해야 합니다. 우리는 통상 집단주의와 개인주의를 대비시키기 때문에 개인주의와 이기주의의 구분이 모호해질 때가 많습니다. 인위적이며 이기적인 행동을 개인주의로 합리화하는 경우가 많고, 권리투쟁은 개인의 이득 차원으로만 집중되는 경우가 많습니다.

조금 다른 관점에서 살펴봅시다. 여기 민주국가와 귀족국가가 있습니다. 민주국가는 모든 제도가 평등하게 구성되고 운영됩니다. 이에 비해 귀족국가는 소수의 귀족이 모든 것을 독점하며 다수의 대중을 억압하고 있습니다. 미국의 민주주의란 결국 개인주의인데, 이 개인주의는 평등을 먹고 발전합니다. 사실 개인에 근거한 민주주의는 결국 물질주의를 촉발하여 민주주의의 토대를 파괴하는 방향으로 흘러갈 수도 있습니다. 이 지점에서 종교의 역할이 한층 중요해집니다. 경건하며 겸손한 종교적 윤리가 민주주의를 지탱하며, 개인의 건전한 성공을 미덕으로 삼는 사회문화가 다시금 민주주의를 지켜냅니다. 하지만 귀족국가는 그렇지 않습니다. 동료의식도 없고 자기희생도 없기 때문에 사회는 평등하지 않으며 민주주의가 발전할 수 있는 토양이 만들어지지 않습니다. 따라서 귀족국가는 이기적인 사회입니다.

개념은 정의하기 나름이지만 미국 사회에서 개인주의와 민주주의 그리고 자유와 평등은 이렇게 하나의 지평선에서 서로를 보듬으며 성장했습니다. 적어도 토크빌의 고향인 프랑스에서는 찾아보기 힘든 광경이었을 것입니다. 뿐만 아니라 오늘날 우리에게도 '민주주의와 평등'은 무척이나 낯선 개념입니다. 우리가 경험한 평등은 기껏해야 '기회의 평등' 정도인데, 이마저도 각자의 경제적 배경이나 사회적 지위를 모호하게 만드는 방편으로 활용되었을 뿐입니다. 평등이라는 이름으로 평등에 대한 관심을 무마하고 있는 형편입니다.

그런데 여기 흥미로운 기록이 있습니다. 1919년 제정된 대한민국임시정부 헌법 제3조입니다.

제3조   대한민국의 인민은 남녀, 빈부 및 계급 없이 일체 평등으로 함.

맥락이 같을 수는 없습니다. 임시정부는 공화정의 이상을 선포하는 수준이었고, 상당 부분이 언제나 막연할 뿐이었습니다. 하지만 임시정부는 이후 25년간의 독립운동사에서 제3조의 의미를 심화 발전시킵니다. 평등 없이는 민주주의도 없고, 평등 없이는 헌법도 존재할 수 없다는 사실을 정확히 인지하고 있었기 때문입니다.

1948년 7월 17일. 제헌헌법

최근 우리 사회는 여러 혼란과 위기를 겪으면서 '제헌헌
법' 이야기를 많이 합니다. 1987년 9차 개헌으로 만들어
진 현재의 민주헌법보다 제헌헌법이 훨씬 더 뛰어났다면
서 다양한 강연이 열리기도 합니다. 틀린 말은 아니지만
헌법 조문만 가져다놓고 당시를 미화시킬 필요는 없습니
다. 기본권에 관한 조항 등 헌법에 나온 내용만으로 따지
자면 과거 독재정권 시절의 헌법에도 좋은 내용이 많았기
때문입니다. 그럼에도 불구하고 제헌헌법이 각광을 받는
이유는 단지 최초의 헌법이기 때문이 아니라 우리 역사에
서 찾아보기 힘들 정도로 헌법의 의미를 고민하고, 헌법을
통해 새로운 세상을 만들고자 했던 국회의원들의 헌신적
인 열정이 있었기 때문일 것입니다.

1945년 해방, 그 후 3년

우리나라는 1945년에 일제가 패망하면서 독립했고 그로부터 3년 뒤 대한민국 정부를 수립했습니다. 1948년 5월 10일에 남한 단독 총선거를 실시해서 최초의 국회의원을 뽑았고, 이들이 7월 17일에 제헌헌법을 제정했으며, 제헌헌법에 의거해서 국회 간접선거, 즉 국민이 뽑은 국회의원이 대통령을 뽑아서 8월 15일에 대한민국 정부 수립을 선포했습니다.

여기에서 고려해야 할 사실이 하나 있습니다. 해방 이후 대한민국 정부가 수립되기까지 3년 동안 무슨 일이 있었는지입니다. 그리고 그것이 헌법에 미친 영향에 대해서도 고민해보아야 합니다. 미국 헌법이 만들진 배경에 독립혁명이 있었던 것처럼 헌법은 결국 '역사적 과정의 산물'이기 때문입니다.

> 좌우는 싸움으로 세월을 허비하고 있습니다. 제 힘만으로 싸우기에 힘이 부쳐서 이제는 미소의 알력에 기대를 부치고 있습니다. 미소전쟁이 일어나면 미국을 믿는 이는 소련의 패퇴와 거기 의하여 북벌을 꿈꾸고, 소련을 믿는 이는 미국의 패퇴와 거기 의하여 남정을 꿈꾸는 모양입니다.

1945년 해방 당시의 언론인 오기영의 기록입니다. 그만큼 해방 이후의 상황은 나날이 어려워졌습니다. 한반도는 북위 38도를 기준으로 분할되었고 북에는 소련, 남에는 미국이 각각 군정을 설치했습니다. 북한은 급속도로 좌경화되었으며 남한에서는 격렬한 좌우 대립이 일어납니다. 여기에 대해서 조금 자세히 이야기해보겠습니다.

해방 후 세 달여가 지난 1945년 12월에 모스크바 3상회의가 열렸습니다. 조선의 독립을 실행하기 위해서 미국·소련·영국의 외무장관이 모인 것입니다. 하지만 회의 결과가 전해지면서 조선의 상황은 극도로 경색됩니다. '최장 5년간의 신탁통치' 문제를 놓고 좌우가 격돌했기 때문입니다. 이때 누가 먼저랄 것도 없이 곳곳에서 모험주의가 판을 쳤습니다. 좌익은 너무나 쉽게 신탁통치 반대에서 찬성으로 돌아서면서 우익에게 깊은 불신을 심어주었습니다.

김구를 비롯한 임시정부 세력은 신탁통치 반대를 향한 국민적 열기를 임시정부 추대론으로 전환시키고자 애썼지만 이것은 사실상 불가능했습니다. 미국이 임시정부를 승인할 리도 만무했고, 더욱이 해방공간에서 임시정부는 1940년대에 보여준 좌우 통합적 성격을 상실하고 오직 김구의 한국독립당으로만 존재했기 때문입니다. 그 대표성이 뿌리 끝에서부터 무너져버린 것입니다. 그리고 결정적으로 '동아일보 오보 사건'이 벌어집니다.

한반도에 던져진 황금 사과, 신탁통치

소련이 주장하고 미국이 반대했다? 사실은 정반대였습니다. 신탁통치는 당시 미국의 점령지 통치의 일환이었습니다. 하지만 미군정은 동아일보의 오보에 침묵했습니다. 이 사건으로 인해서 우익은 '반공'이라는 새로운 정서로 결집합니다. 원래 민족주의 세력이 우익이었다면, 이제 반공주의세력이 그 자리를 대체한 것입니다. 북한에서 토지를 빼앗기고 내려온 지주들이 우익의 선봉에 서고 지위와 권력을 위협받던 친일세력이 그 이력을 세탁하기 위해 적극적으로 동참하자, 좌익은 친일파와 우익을 구분하는 것이 무의미하다고 판단합니다. 좌우 양 진영에는 상대방과 타협할 수 없다는 극단적인 분위기가 조성됐고, 심지어 해방 후 처음 맞는 1946년 3·1절 행사를 따로 치러야 할 정도였습니다.

좌우 갈등은 미국과 소련 때문인가, 아니면 우리 스스로 때문인가.

판단조차 어려울 정도로 빠르게 편 가르기가 진행됩니다. 동아일보 사장을 역임했고 대표적인 우익정당 한민당을 이끌던 송진우가 1945년 12월 30일에 암살당한 것을 시작으로 여운형(1947.7), 장덕수(1947.12), 김구(1949.6) 등의 암살이 한국전쟁이 일어나기 직전까지 계속되었습니다. 당시 미군정 경무부의 집계에 따르면 1945년 8월에서 1947년 4월까지 집계된 테러만 276건에 이르며, 100여 명이 죽고 1,000여 명이 사상을 당했다고 합니다. 극심한 정치적 혼란 속에서 우익청년단체가 우후죽순처럼 설립되었고 이들은 좌익청년단체와 대대적으로 충돌했습니다. 당시 노동자의 하루 임금이 60원을 조금 넘었던 반면 청년단에 가입하면 하루 300~500원을 벌 수 있으니, 청년단 활동을 하겠다는 사람들은 차고 넘쳤습니다.

이런 혼란 속에서 모스크바 3상회의의 결정에 따라 1946년 3월 20일 서울에서 제1차 미소공동위원회가 개최됩니다. 난항을 거듭하던 미소공동위원회는 1946년 4월 18일 공동성명 5호를 발표합니다.

정부 수립을 지지하며, 정당·사회단체와 협의해서 정부를 수립하겠다.

반탁(신탁통치 반대) 활동을 해왔던 단체(우익)와도 대화하며 신탁문제도 해결하
겠다.

전향적인 성명이 나온 것입니다. 좌익은 찬성합니다. 김규식,
김병로 등 좌우합작파 역시 찬성합니다. 하지만 김구, 조소앙, 조
완구, 김창숙, 정인보 등 중요한 우익 지도자들은 이 제안에 동의
하지 않았습니다. 그러자 미군정사령관 하지는 1946년 4월 22일
에 김구 등의 참여를 촉구하는 담화를 다시 발표했습니다.

신탁은 4국(미·영·중·소)이 동의하면 피할 수 있고, 혹시 받더라도 5년을 넘지 않
는다.

설득을 시도한 것입니다. 다음 날 이승만은 찬성을 표합니다.
그리고 1946년 4월 27일 미군정이 다시 특별성명을 통해서 신탁
반대를 위한 자유의사까지 허락하자 김창숙을 제외한 대부분의
우익진영이 여기에 동의합니다.

간신히 내부의 갈등이 수습되려는 찰나, 5월로 넘어가면서 미
소공동위원회는 휴회에 들어갔습니다. 이번에는 소련이 '반탁운
동을 한 단체는 모스크바 3상회의 결과를 받아들이지 않은 것이
기 때문에 정부 수립 과정에 참여시켜서는 안 된다'고 문제를 제
기한 것입니다. 소련은 여기에 더해 미군정사령관 하지의 특별성
명까지 문제 삼았습니다. 그리고 같은 시점 남한의 좌익세력 역시
소련과 꼭 같은 모습을 보입니다.

엄숙히 자기비판하라.

반동적 정객들을 우리 정부에 하나라도 넣지 말아야 한다.

공동성명 5호에 대한 우익 인사들의 변화를 두고 조선인민보에 실린 박헌영과 좌익의 반응입니다. 심지어 북한 지역에서도 비슷한 주장이 쏟아졌습니다. 반민족적·반인민적 반동분자를 제외시켜야 하며 우익 인사들을 임시정부에 참여시켜서는 안 된다는 주장을 거듭합니다. 결국 미소공동위원회는 휴회하게 되며 상황은 더욱 심각해집니다.

그리고 터져 나온 것이 이승만의 정읍 발언입니다. 1946년 6월 3일, 미소공동위원회가 휴회된 지 한 달도 채 되지 않은 시점에 이승만은 남한 단독정부 수립을 공식적으로 주장했습니다. 가장 유명한 독립운동가이자 남한에서 우익을 대표하는 지도자가 공개적으로 남한만의 정부를 세우겠다고 천명하고, 38선 이북의 소련이 물러나도록 여론을 조성해야 한다는, 분단의 씨앗을 뿌린 것입니다.

또한 미군정과 좌익의 대립이 본격화되기 시작합니다. 미군정 사령관 하지는 1946년 9월 2일 좌익의 허위선전과 시위선동, 인민위원회로의 정권이양 요구, 경찰 공격 행위를 용납하지 않겠다는 성명서를 발표합니다. 곧이어 조선인민보를 비롯한 좌익계열의 32개 신문사를 수색했으며 조선인민보, 현대일보, 중앙신문 등 3개 중앙지를 무기정간 처분합니다. 또한 박헌영, 이주하, 이강국 등 좌익의 주요 지도자들에 대한 체포령을 내고 이주하를 검거합니다.

박헌영 역시 여기에 강경하게 대응합니다. '신전술'을 발표하며 타협 노선을 거부하고 미군정과의 격렬한 투쟁에 들어갑니다.

미국이 제국주의적 반동적 노선으로 전환되었으므로 중국공산당, 일본공산당과의 연계를 강화하며 반미운동을 적극적으로 벌려나갈 것이다. 남한에서 북한과 같은 제도개혁을 강력하게 요구하며 남한의 북조선화를 도모해야 한다. 미국의 국제적 모략과 반동성을 민중에게 폭로하는 동시에 민중을 조직해야 한다. 우익진영에 타격을 줄 준비를 해야 하며 새로운 전술을 실행함에 있어서 막대한 곤란과 희생을 각오하고 자기희생적 투쟁을 해야 한다.

좌익과 우익의 합작 시도

해방된 지 1년도 안 된 시점에 모든 것이 극단적으로 흘러가기 시작한 것입니다. 상황을 반전시킬 수 있는 유일한 가능성은 분명했습니다. 미군정이 제시한 길, 그러니까 좌우합작을 통해서 새로운 상황을 조성하는 것뿐이었습니다. 당시 미군정은 이승만과 김구를 신뢰하지 않았습니다.

결국 조선인의 좌우합작운동을 공개적으로 반대할 명분이 없었던 미군정은 여운형과 김규식을 지원합니다. 아직 미소공동위원회는 휴회 중이었으며, 이승만의 단독정부 수립 발언은 김구와 한민당을 포함한 우익진영에 미묘한 균열을 일으키며 단기적으로는 좌우합작운동에 도움을 주는 꼴이었습니다. 또한 좌익은 언제나 모스크바 3상회의의 의결을 강조했기 때문에 반대할 명분이 없었습니다.

결국 양쪽 진영은 각각 5명을 선정하여 좌우합작위원회를 구

성하는 데 합의하였고, 우익 대표로는 김규식·원세훈·김붕준·
최동오·안재홍이, 좌익 대표로는 여운형·허헌·정노식·이강국·
성주식이 결정됩니다. 김규식과 여운형은 공동대표로 선임되었
으며, 곧이어 예비회담 공동성명(1946. 7. 22)을 발표합니다.

하지만 예비회담 공동성명 발표 5일 전에 여운형에 대한 테러
가 발생하고, 덕수궁 석조전에서 열리기로 한 제1차 정식회담에
좌익 대표 허헌이 불참하는 등 문제가 생기기 시작합니다. 그리고
예비회담 공동성명이 발표된 당일 밤, 평양에서 돌아온 박헌영이
좌우합작 반대를 명확히 합니다. 좌우의 합작 시도를 방해할 목적
으로 '합작조건 5가지'를 발표한 것입니다.

좌우합작위원회의 의사규정은 좌우합작에 관하여 개인 혹은
소속 단체의 담화 발표를 금지하고 있습니다. 가뜩이나 갈등이 심
한 상황에서 누군가가 '선제조건'을 이야기하면 상황이 더욱 복
잡해질 수 있기 때문입니다. 박헌영은 이 지점을 정확히 건드린
것입니다.

첫째, 모스크바 3상회의를 전면지지하며 미소공동위원회를 속개하라. 또
한 정부 수립에 매진하되 북조선과 직접 회담하여 활동을 통일하라.

둘째, 무상몰수·무상분배 방식으로 토지를 개혁하라. 주요 산업은 국유화
하라.

셋째, 친일파·민족반역자를 합작 과정에서 완전히 배제하라.

넷째, 국가운영을 인민위원회로 즉시 이양하도록 노력하라.

다섯째, 미군정이 주도하는 입법기관의 창설에 반대하라.

모두 미군정이나 우익이 받아들이기 힘든 조건이었습니다. 사

실상 미군정을 부정하며, 남한의 국가운영을 좌익이 주도하겠다는 전제하에 적극적인 사회주의 개혁을 요구했기 때문입니다. 더구나 제2차 좌우합작 정기회담은 우익 대표가 모두 참여했음에도 좌익 측에서 연기를 요청하는 바람에 무산되었습니다. 결국 회의가 무산된 당일 우익 역시 합작을 위한 '8대 기본대책'을 발표합니다. 토지개혁과 친일파 배제 등 좌익이 선명하게 요구하는 부분들에 대해 뚜렷한 답변을 내놓지 않고 있으며 대부분 모호하고 추상적입니다. 좌익의 입장에 동의하지 않는다는 점만큼은 분명히 한 채 말입니다.

이후 상황은 뻔합니다. 급속도의 혼란. 박헌영이 합작조건을 발표한 뒤 좌익 내에서도 심각한 분열이 일어났습니다. 좌우합작에 적극적이었던 신민당과 인민당의 입장이 각각 적극 찬성과 모호함으로 갈라진 것입니다. 이후 좌익은 심각한 내홍을 겪으면서 분열하기 시작합니다. 박헌영과 여운형의 대립은 해결되지 않았고 좌익의 입장은 통합되지 못합니다. 미군정은 더욱 강력하게 좌익을 탄압하기 시작했고 여운형은 이를 막지 못합니다. 이러한 갈등에도 불구하고 1946년 10월 7일, 세칭 '좌우합작 7원칙'이 발표되었습니다.

첫째, 좌우합작으로 민주주의 정부를 수립하라.

둘째, 미소공동위원회를 속개하라.

셋째, 유상매입·무상분배의 토지개혁을 하라. 또한 중요산업을 국유화하며 다양한 사회개혁을 추진하라.

넷째, 입법기구를 통해 친일파와 민족반역자를 심사하여 처리한다.

다섯째, 정치범을 석방하며 좌우의 테러 활동을 즉시 저지한다.

여섯째, 좌우합작위원회가 주관하여 입법기구를 만든다.

일곱째, 언론·집회·결사·출판 등 자유를 절대 보장하라.

동시에 김규식은 우익을 설득하기 위한 노력에 들어갑니다.

신탁통치 문제에 대해서는 별도로 대응하면 된다.

죄가 크지 않고, 공헌이 있는 자에 대해서 엄격한 친일의 잣대를 들이대지 않겠다.

토지개혁은 유연하게 처리해서 여러 부작용을 최소화한다.

하지만 김규식의 노력에 적극적인 반응을 보인 것은 김구의 한국독립당뿐이었습니다. 이승만의 민족통일총본부는 "아직 아무것도 말할 수 없다"며 부정적 입장을 피력했고 "당분간 침묵을 지키겠다"는 반응을 보인 이승만은 좌익의 반대를 이유로 합작의 실행 가능성에 대해 의문을 표합니다. 우익도 분열된 것입니다. 종교단체, 극우청년단체는 지지성명을 냈지만 한민당은 시종일관 단호하게 반대합니다. "돈을 주고 산 땅을 공짜로 농민들에게 나눠준다? 국가재정이 파탄날 것이다." 애초에 친일 경력자가 많았고 무엇보다 지주들이 중추였던 정당이니 이해관계로 상황을 해석했던 것입니다. 한민당의 강경한 태도에 대해 내부적인 반발도 만만치 않았습니다. 한민당 중앙감찰위원장 김병로가 좌우합작 7원칙 지지 담화를 발표한 것입니다. 결국 원세훈·박명환·송남헌·현동완·이병헌·한학수 등 16인이, 다시 김약수 외 49명의 중앙집행위원과 손영주 등 5명의 대의원 등이 대거 탈당합니다.

좌익의 경우 인민당을 제외하고는 모두 반대를 표방합니다.

미군정은 좌익을 무참하게 탄압하는 한편, 좌익에 숨어 있는 그 앞재비를 시켜 책동합니다. 좌익 중에 약한 사람들은 (중략) 앞재비들과 함께 참된 좌익에서 떨어져나갑니다. 이 참된 좌익에서 떨어져나간 사람과 우익을 합친 것이 요즘 우리더러 지지하라고 하는 '좌우합작'입니다.

이 시기에 좌익이 뿌린 삐라의 내용입니다. 박헌영에게 7원칙은 미군정의 기만전술 이상도 이하도 아니었습니다. 결국 좌우합작 운동은 실패합니다. 모든 상황을 정쟁이 압도했으며 지도자들의 관심은 오직 세력 확장이었습니다.

대재앙이 조만간 닥쳐올 것입니다

도대체 왜 그 오랜 시간을 독립운동에 매진해왔던가.
타협하지 않고 국가 건설이 가능하단 말인가.

이제 원했든 원치 않았든 방향은 정해질 수밖에 없습니다. 1947년 이후 모든 것은 좌우합작을 바랐던 이들의 기대와는 정반대로 흘러갑니다. 여운형은 암살당했고, 동유럽의 공산화 이후 미국과 소련은 극단적인 대립을 시작합니다. 2차 미소공동위원회는 사실상 하나 마나였고 미국은 한국 문제를 UN에 넘깁니다. 북한에서 우익세력은 소멸되었으며 김일성을 중심으로 정부 수립을 위한 모든 절차가 완료되었습니다.

뒤늦게 김구가 동분서주해보지만 늦어도 너무 늦었을 뿐입니다. 1949년 5월 31일 UN한국위원단과 만난 자리에서 김구는 남북한에 존재하는 두 개의 힘을 인정하되 미소의 협조와 UN의 노력을 바탕으로 양극단을 조정해가야 한다고 주장합니다.

한국을 분단해놓은 미소 양국이 자기가 점령한 지역에 각기 상반된 정권과 군대를 만들어놓고서 그대로 나가는 것은 마치 남의 동리에 싸움을 붙여놓고 슬쩍 나가버리는 것 같은 것이다. 만약 내전이 발생된다면 그 책임은 미소에 다 같이 있는 것이다.

암살되기 한 달 전의 일입니다. 여운형의 빈자리를 본인이 메꾸겠다는 심사였을까요? 지쳐 있는 김규식을 설득했고, 넘실대는 우익 반공주의와 대결하며 직접 북한을 다녀오는 등 온갖 노력을 다했던 것은 사실입니다. 하지만 김구조차도 1946년 그 유일한 희망의 해에 타협보다는 대결을 선택했습니다. 얼마나 더 절망에 빠져야 했을까요. 김구 암살 직후 김규식은 그레고리 헨더슨과 한 인터뷰에서 "평화통일에 대한 희망이나 환상보다는 유혈에 의한 해결 방법을 점점 더 확신하고 있는 것 같다"는 질문에 이렇게 답합니다.

대재앙이 다른 곳에서 저지되지 않는다면, 조만간 닥쳐올 것입니다.

그날은 바로 1949년 6월 27일. 대재앙은 고작 1년도 지나지 않아서 닥쳐오고 맙니다.

절망 속에서 핀 꽃, 제헌헌법

해방공간의 상황을 길게 설명한 이유가 있습니다. 북아메리카의 13개 식민주가 오랜 역사적 과정을 거쳐 나름대로 자립적인 역량을 갖춘 상태에서 독립혁명을 시작했고 타협의 과정을 통해서 분열을 극복했다면, 우리는 전혀 다른 역사적 과정 속에서 제헌헌법을 만들었다는 점을 강조하기 위해서입니다.

우리는 무려 36년간 억압을 당하면서 자치의 역량을 기를 수 없었습니다. 그 끝에 찾아온 해방공간은 찰나였습니다. 한반도는 두 동강이 났고, 좌우합작을 도모했거나 민족을 이념보다 우선시했던 사람들은 정부 수립 과정에서 완벽하게 배제되었습니다. 이 배제를 민족주의세력의 배제로만 이해하면 곤란합니다. 방향의 배제, 내용의 배제가 동반되었고 그만큼 최초의 헌법은 많은 것을 잃을 수밖에 없었습니다.

1948년 5월 31일, 제헌국회가 개원합니다. 제헌국회의 가장 시급한 임무는 이름에 드러난 것처럼 헌법 제정이었습니다. 제헌국회는 임시준칙에 따라서 헌법기초위원 10인을 선출합니다. 특정 정당이나 의석수를 고려하기보다는 지역별로 훌륭한 인물들을 선임하는 것으로 의견이 모였습니다. 결국 남한8도와 제주도, 서울시를 대표하는 10인을 선발했습니다. 이윤영(서울, 조선민주당), 신익희(경기, 독립촉성중앙협의회), 유홍렬(충북, 무소속), 이종린(충남, 무소속), 윤석구(전북, 무소속), 김장렬(전남, 무소속), 서상일(경북, 한민당), 허정(경남, 한민당), 최규옥(강원, 독립촉성중앙협의회), 오용국(제주, 무소속)이 그들입니다. 정당을 고려하지 않았다고는 하지만, 당시 선거의 결과가 이승만·한민당 계열과 무소속에 집중되었기 때문에 헌법기초위원 역시 그 경향을 반영했다고밖에 볼 수 없습니다. 헌법 초안은 유진오가 맡았고 국회에서는 6월 23일부터 7월 12일까지 수차례 독회 과정을 거쳐 그것을 수정·확정합니다.

이 지점에서 무엇보다 우리를 당혹스럽게 하는 부분은 '대한민국임시정부'와의 단절입니다. 김구를 비롯하여 임시정부세력의 거의 대부분이 헌법 제정에 참여하지 않았습니다. 헌법학자들 역시 제헌헌법을 이야기할 때 임시정부가 다섯 차례에 걸쳐 개헌을 하면서 발전시켜온 임시헌법을 조금도 고려하지 않습니다. 헌법학 서적들을 찾아봐도 대한민국의 제헌헌법은 독일의 '바이마르공화국 헌법'을 계승했다고만 이야기하고 있을 뿐입니다. 학교에서도 통상 우리 헌법은 영미법이 아닌 대륙법의 영향을 받았다고 가르칩니다. 물론 틀린 말은 아닙니다. 고도의 법체제를 체계화 종합화하고 실제로 법관을 양성하면서 70년간 국가를 이끌어온 과정을 고려한다면 말입니다.

하지만 당시로 돌아가보면 그렇게 단순한 과정이 아니었습니다. 우선 당시 국회의장이자 곧이어 초대 대통령이 되는 이승만이 적극적으로 임시정부의 정통성을 강조했습니다. 무엇보다 제헌국회 개회식 식사에서 "기미 3월 1일에 우리 13도 대표들이 서울에 모여서 국민대회를 열고 대한독립민주국임을 세계에 공포하고 임시정부를 건설하여 민주주의의 기초를 세운 것"이라고 명확히 이야기합니다. "3·1혁명의 위대한 독립정신을 계승하여"라는 헌법 전문 초안을 "기미 3·1운동으로 대한민국을 건립하여"로 고쳐야 한다고 요구한 것 역시 그였습니다. 사실 대한민국이 대한민국임시정부를 계승한다는 사실에 대해서는 제헌국회에서도 이견이 없었다고 봐도 무방합니다.

임시정부 정신을 계승한다는 말이지, 임시정부의 헌장이라든지 임시정부의 모든 제도를 계승한다는 말은 아닙니다. 우리가 3·1혁명의 독립정신을 계승하는 것은 말하자면 3·1혁명으로 말미암아서 그때에 임시정부가 된 것이니, 그 정신을 계승해나가는 새로운 국회로서, 말하자면 정식 국회로서 새로운 헌법을 제정하는 것이 당연한 순로입니다.

김명동 의원의 질문에 대한 헌법기초위원 서상일 의원의 답변입니다. 헌법 심의과정 초기에 이와 비슷한 얘기가 너무나 당연한 듯이 논의되고 특별한 이의도 없습니다. 그나마 유일한 것이 조봉암 의원의 지적이었습니다. 조봉암은 "지금 남조선에는 대한민국의 법통을 계승할 아무 조건도 없다"는 충칭 임시정부의 주석 김구의 말을 인용하여, 혁신적이고 진취적인 신흥 국가를 건립하자고 주장하면서 적극적으로 대한민국임시정부의 법통 계승에 반대의견을 피력합니다. 제헌국회 속기록에 남겨진 유일한 반대의견입니다. 하지만 이 말이 대한민국의 국호國號를 두고 벌어진 논쟁 중에 나온 이야기라는 점을 고려해야 합니다. 또한 조봉암 자신이 해방 이전까지 조선공산당 활동을 했으며 이후에도 비미非美·비소非蘇·자주 노선을 외치면서 혁신계의 수장 노릇까지 했다는 점을 고려한다면 그의 주장을 당시의 보편적 정서로 받아들이기는 어렵습니다.

제헌국회 속기록에는 임시정부 계승에 관한 주장이 곳곳에서 등장합니다. 서용길 의원은 임시정부 대통령이었던 이승만 박사가 국회의장으로 "계시는" 사실 자체가 임시정부의 법통을 계승한 증거라고 말합니다.

여러분, 우리는 또 과거 36년을 기억하십니까? 대한이라는 말만 하여도 쓰기만 하여도 악독한 왜적은 가두고 때리고 죽이고 하는, 갖은 잔학, 갖은 형벌을 당하지 아니하였습니까? 모다 우리 대한을 찾자는 것이올시다. 우리의 순국선열은, 우리의 애국지사는, 우리의 대한 임정은 무엇 때문이었습니까? 모다 우리 대한을 찾자는 것이올시다.

조국현 의원의 발언입니다.

이 대한을 잊어버리고는, 이준 선생 이하 여러 선열의 그 정신을 찾기 위하여 해외에서 무한한 피를 흘려가면서 이 이름을 찾으려고 했던 것이에요.

박순석 의원의 발언입니다.

하지만 이 발언들은 오늘날 우리 사회에서 벌어지는 건국절 논쟁과는 무관합니다. 당시의 논쟁은 임시정부의 정통성을 놓고 벌어진 것이 아니라 '대한민국'이라는 국호를 계승할 것인가를 두고 벌어진 것입니다. 그리고 '대한'이라는 국호를 반대하는 입장에서도 임시정부의 정통성은 당연한 것으로 인정하고 있습니다.

조국현 의원의 경우는 매우 구체적입니다. 그는 창씨개명을 했던 것이 부끄럽다고 "김가니 이가니" 모두 버리고 "고구려의 을지씨를 취하고, 백제의 흑치씨를 택하고, 신라의 대실씨를" 성으로 삼을 것이냐고 묻습니다. 또한 2차 세계대전 당시 영국 런던에 망명했던 9개국 정부가 독일에게 나라가 망했다고 해서 나라 이름을 바꾸었느냐며 격렬하게 반발합니다. 여하간 중요한 사실은 제헌헌법을 제정하던 국회의원의 보편적인 인식에 임시정부 계승은 당연한 일이었다는 점입니다.

임시정부의 계승

더욱 중요한 부분이 있습니다. 대한민국임시정부 당시 제정되었던 헌법과 대한민국의 제헌헌법은 그 구조와 내용이 극도로 유사하다는 점입니다. 우선 1919년 대한민국임시정부의 임시헌장 제1조 "대한민국은 민주공화제로 함"은 제헌헌법 제1장 제1조 "대한민국은 민주공화국이다"로 그대로 계승됩니다. 민주공화국이라는 표현은 세계 헌법사에서 매우 생경한 단어입니다. 유럽에서는 1920년 체코슬로바키아와 오스트리아에서 처음 용례가 나타나고 중국의 중화민국 헌법초안에는 1925년에 나타납니다. 사실 1919년 임시정부의 임시헌장은 중국의 헌법에 영향을 많이 받았습니다. '총리'나 '국회' 같은 단어라든지 제3조부터 제6조까지의 평등권·자유권·참정권 등을 순서대로 규정하는 것은 중화민국 절강성약법(1911), 중화민국 헌법초안(1913), 중화민국 약법(1914)과 순서까지 같습니다. 쑨원이 주도한 신해혁명에 영향을 많이 받았음을 의미합니다.

이에 비해 '민주공화'라는 단어는 상당히 자생적입니다. 대한유학생회학보(1907), 대한협회회보(1908), 서북학회월보(1909) 등에서 처음 나타나며 주로 군주정이나 전제정치에 대한 반대로서, 다시 귀족공화제와 반대되는 용어로서 등장합니다. 갑신정변부터 독립협회까지 이어온 '입헌군주제적 개혁'에 반발하며 대표자를 직접 뽑는 공화제로 나아가고 있던 당시 민족적 현실이 임시헌장에 반영되었고 그것이 다시 제헌헌법에 영향을 미쳤다고 볼 수 있습니나.

1944년, 그러니까 충칭에 정착한 대한민국임시정부가 일본과 격렬하게 투쟁하던 막바지에 발표된 임시헌장(제5차 개정)은 제헌헌법과 구조 자체가 동일합니다. 헌법 전문에서 3·1운동의 계승을 분명히 했고, 총강은 민주공화국·인민주권이 같은 순서로 명시되어 있습니다. 다음으로 인민의 권리와 의무·입법부·행정부·사법부·경제·회계·지방자치·헌법 개정 순서로 이어지는데 제헌헌법 역시 용어의 차이만 있을 뿐이지 이 순서를 그대로 따릅니다. 또한 충칭 임시정부 시절부터 반영된 조소앙의 삼균주의, 그러니까 민족구성원 간의 평등한 생활을 강조하는 전통이 온전하지는 않더라도 상당 부분 제헌헌법에 계승됩니다.

> 정치적 민주주의 하는 이상에는 왜 경제를 민주주의 안 해요? (중략) 소위 전체주의라는 공산주의체제와 모든 그 무제한 자본주의를 취하지 않고 우리는 어떻게 하면, 말하자면 국가권력으로서 철두철미 민족주의로 나가야 되겠습니다. 그리고 경제 면에 들어가서는 사회주의로 나가야 되겠습니다. 이것은 다시 말하면 민족사회주의입니다. (중략) 우리는 이 공산주의와 자유주의를 선택하는 역할을 안 하고 조선 처지에 맞는 민족사회주의로 건설해나가는 것이 입국의 이념이 아니면 완전독립을 보장하기 위하여는 지극히 곤란한 것입니다.

충칭 임시정부 산하 광복군총사령관이었던 이청천 의원의 주장입니다. 그는 첫째, 사회주의로 나아가야 한다고 주장합니다. 물론 공산주의국가를 만들자는 말이 아니라 사회주의가 제시하는 이상이 타당하니까 달성해야 한다는 말입니다. 둘째, 이념에 종속되지 않고 우리 처지에 맞는 국가를 건설해야 한다고 주장합니다. 즉 민족을 기반으로 소련이나 미국 같은 나라를 그대로 모방하는 것이 아니라 독자적인 대안사회를 만들자고 주장하는 것입니다. 셋째, 전체주의와 자본주의를 동시에 비판합니다. 경제와 사회를 건설하는 데 특정한 이념에 경도되어서는 안 된다고 주장한 것입니다. 당시 국가경제를 어떻게 이끌 것인가를 두고 벌어진 의원들의 설전이 이 정도 수준이었습니다.

헌법에 무엇을 담고자 했는가

헌법의 조문을 이해하기 위해서는 무엇보다 당시 국회의 속기록을 자세히 확인해볼 필요가 있습니다. 어떤 조문이 어떻게 고쳐졌는지, 그래서 어떤 형식의 헌법이 되었는지보다 당시 제헌의원들이 대한민국을 설계하기 위해서 어떤 고민을 했는지를 이해한다면 제헌헌법의 정수를 느낄 수 있을 것이라 생각합니다.

1947년 6월 23일부터 7월 12일까지 열린 헌법기초위원회의 보고 및 헌법안 독회에서 가장 많이 다룬 내용은 '국호를 무엇으로 할 것이냐'였습니다. 앞에서 이야기했듯 대한민국의 정통성에 관한 논쟁이었다는 점을 감안해야 합니다.

국호 다음으로 고민한 주제는 놀랍게도 '노동문제'였습니다. 우선 전제가 있습니다. 헌법기초위원이었던 서상일 의원은 제1독회에서 헌법의 초안을 설명하면서 두 가지 노선을 대립시킵니다. '독재주의 공산국가를 건설하느냐, 민주주의 민족국가를 건설하느냐'입니다. 당연히 후자가 정부 수립의 목표일 것입니다. 그렇다면 어떻게 민주주의 민족국가를 건설하려 했을까요. 서상일 의원은 헌법 제2장 국민의 권리의무 제8조 "사회적 특수계급의 제도는 일체 인정되지 아니하며 여하한 형태로도 이를 창설하지 못한다"는 조문을 환기시키며 제6장 경제의 제84조를 설명합니다.

> 대한민국의 경제질서는 모든 국민에게 생활의 기본적 수요를 충족할 수 있게 하는 사회정의의 실현과 균형 있는 국민경제의 발전을 기함을 기본으로 한다. 각인의 경제상 자유는 이 한계 내에서 보장한다.

이어서 헌법기초위원회의 전문위원 유진오는 우리 헌법의 목적은 정치적 민주주의와 경제적·사회적 민주주의의 조화를 꾀하는 것이고, 자유와 평등이라는 두 가지 가치가 모순될 때 국가권력이 이것을 조화시키는 국가체제를 생각했다고 보충 설명합니다. 또한 종래에는 "재산권이 오로지 신성하고 불가침하다"고 규정되었으나 이는 문제가 있기 때문에 재산권의 한계(제15조)를 법률로 정하고자 하였다고도 합니다. 다른 한편에서 "기회 균등의 원칙"(전문)을 분명히 하고 있기 때문에 공산주의식의 배분 발상은 아니지만, 그저 기회만 균등하게 두면 된다는 식의 생각도 아니었습니다. 또한 "여자와 소년의 근로는 특별한 보호를 받는다"(제17조), "노령, 질병, 기타 근로능력의 상실로 인하여 생활유지의 능력이 없는 자는 국가에서 보호한다"(제19조) 등의 조항에 대해서도 매우 꼼꼼하게 답변합니다.

이런 논의가 이견 없이 도모될 수 있었던 이유는 당시의 사회적 상황 때문이었습니다. 이미 1920년대 이후 자본주의의 여러 폐해에 대한 문제의식이 전 지구적인 차원에서 논의되기 시작했고, 사회주의가 발흥하면서 더욱 극렬화됩니다. 조소앙은 1930년

62

대 중반부터 삼균주의를 주장하며 민족경제의 근간은 균등에 있다고 강조했고, 이것은 1940년대 충칭 임시정부의 대한민국 건국강령에 그대로 반영됩니다. 정치의 균등이나 교육의 균등 같은 경우야 오늘날에도 그다지 문제가 될 것이 없는 고민이지만, 독립 이후의 사회를 설계하면서 "주요 산업의 국유화"(제87조)를 통해 경제의 균등을 도모하겠다는 주장까지 헌법 조문에 담았으니 매우 급진적인 사고를 하고 있었던 셈입니다.

농지개혁, 삼림 국유화, 적산(일본인 소유의 재산) 처리를 두고도 열띤 공방이 벌어집니다. 하지만 지주의 소유권을 보장해주고 재산권을 지켜줘야 하기 때문에 개혁을 하지 말자거나 대강 하자는 식의 주장은 찾기 힘듭니다. 전반적으로 균등사회를 향한 열망이 강했고, 구조적인 고민에 대한 의견들이 오갔습니다. 따라서 지주제를 혁파하여 농민들에게 토지를 분배하자는 합의가 농지개혁법(1949)으로 구체화될 수 있었고, 산림의 국유화와 적산 처리 역시 같은 방향으로 처리됩니다. 최근 우리 사회의 경제 담론과는 상반된 흐름이었다고 봐도 무방할 정도입니다.

기업가와 노동자의 동등한 권리를 논하다

제헌국회에서 논의한 내용 가운데 가장 흥미로운 주제는 이익균점권입니다. 김영동 의원이 일제의 패망 이유를 노동자에 대한 처우 문제에서 찾았을 정도로, 제헌국회에서 노동문제는 큰 화두가 되었습니다. 문시환 의원 역시 조선의 근로자를 임금노예로 취급해온 결과 수많은 문제가 생겼다고 지적합니다.

다시 헌법의 조문을 살펴볼까요? 제2장 국민의 권리의무 제

18조는 "영리를 목적으로 하는 사기업에 있어서는 근로자는 법률의 정하는 바에 의하여 이익의 분배에 균점할 권리가 있다"고 규정합니다. 제헌국회에서는 이 문장을 제거하는 것이 아니라 이 문장을 어느 범위까지 적용시킬 것인지에 대한 논쟁이 있었습니다. 한쪽은 노동자의 경영 참여를 주장했고, 다른 쪽은 기업 이윤의 공유를 주장했습니다. 노동자의 경영 참여에 대해서는 문시환 의원이 가장 적극적이었습니다. 독일 헌법 156조와 이탈리아 헌법 155조에 근거가 있고 공산주의나 사회주의를 본받는 것도 아니기 때문에, "자본가는 크게 양보하는 태도를 취해" 노동자의 적극적인 경영 참여를 이끌어서 산업부흥을 일구자는 것이 핵심 주장이었습니다. 장홍염 의원도 생산력 고취의 일환으로 문시환 의원의 입장에 적극 동조합니다. 장홍염 의원의 경우에는 경영에 참여시킨 후 이익배당까지 하면 노동자의 생활 보장도 된다면서 경영 참여와 이윤 공유를 함께 이루어야 한다고 주장합니다. 문시환 의원의 주장은 대한노총계열 의원들에게 지지를 받으면서 뜨거운 감자가 됩니다. 상공회의소는 이를 비판하는 문건을 국회에 제출했고 김준연, 김도연 의원이 반대의견을 피력하기도 합니다.

　당시의 논쟁은 오늘날 우리가 통상 생각하는 형태로 흘러가지 않기 때문에 이해하기 어려운 면이 있습니다. 기업 이윤의 공유를 주장하면서 노동자의 경영 참여를 반대하는 의원들도 노동자의 배제나 착취보다는 무용성을 지적하는 정도였습니다. 또한 논쟁의 본질이 노동권을 존중하기 위한 것이기도 했지만, 민족경제 자체를 민주적으로 부흥시키기 위한 방안이었다는 점 역시 간과할 수 없습니다. 당시의 시대 분위기를 고려해본다면 적극적으로 기업가의 입장을 옹호하는 발언을 하는 데 어려움도 있었을 것이고, 또 당시만 하더라도 지주가 사회의 주도 세력이었고 기업가나 노동자의 규모 자체가 지금보다 훨씬 작았다는 점도 고려해야 합니다. 그럼에도 불구하고 노동자의 경영 참여와 이익 공유 발상은 참으로 의미가 깊습니다.

노동자의 권리에 대해서도 구체적인 이야기를 많이 합니다. 제헌헌법 제2장 국민의 권리의무 제18조는 "근로자의 단결, 단체교섭과 단체행동의 자유는 법률의 범위 내에서 보장된다"입니다. 오늘날 이것을 노동3권이라고 부르는데, 제헌헌법을 보면 '파업권'의 설명이 모호합니다. 유진오는 헌법 제18조의 단체행동의 자유가 "파업의 자유까지도 포함하는 것"이라고 말하며, 조봉암 의원 역시 같은 논지의 발언을 이어갑니다. 그리고 "법률의 범위 내에서 보장된다"는 구절은, 정부가 법률을 근거로 노동자의 행동을 봉쇄하기 위해 부가된 문장이 아닙니다. 유진오는 선진국가의 예를 보면 단번에 파업으로 들어가는 것이 아니고 여러 조정 절차를 거친 후 최종수단으로 파업을 결정하기 때문에, 그 과정을 법률이 보장해야 한다는 의미로 문장을 다듬었다고 분명히 밝혔습니다.

전체적으로 보았을 때 제헌국회는 노동자의 권리에 대해서 상당히 우호적임을 확인할 수 있습니다. 다만 거의 유일하게 국회의장 이승만이 동맹파업을 공산주의와 연결시켜서 부정적인 의견을 피력합니다. 영국에서 동맹파업할 권리를 제한하고 있고, 동맹파업을 허용하던 미국 또한 최근에 여러 폐해가 생겼는데 그 이유가 "공산당 사람들이 세계를 공산화하기 위해서"라고 분석하면서 부정적 의견을 피력한 것입니다.

이를 두고 격렬한 비판이 이어졌고 앞에서 이야기했던 이청천

의원의 민족사회주의 발언도 나오게 된 것입니다. 이런 모습 때문에 최근 일각에서는 제헌헌법의 급진성과 진보성을 격찬하면서 제헌헌법으로 돌아가야 한다는 주장을 하곤 합니다. 하지만 냉정하게 따졌을 때 딱 이 정도 수준이었을 뿐입니다. 당시 우리나라 경제는 일제 패망 이후 극단적인 위기에 몰려 있었고, 이로부터 시간이 한참 지난 뒤에야 본격적으로 산업화와 노동문제가 대두됩니다. 많은 국회의원들이 이슈를 지속적으로 제기하긴 하지만 구체적으로 들어가거나 창의적인 방편을 찾지 못했으며 노동문제, 산업 생산력 증강의 문제, 국가가 주도하는 시장경제의 문제에 대해 명쾌한 방향성을 만들어내지도 못했습니다.

대통령중심제 대 의원내각제

마지막으로 주목해서 볼 부분은 권력 분립의 문제입니다. 사실 자유민주주의국가에서 선택지는 명확합니다. 삼권분립은 기본이니, 최종적으로 권력을 1인에게 몰아줄 것인가, 다수가 과두정을 할 것인가로 나누어질 수밖에 없습니다. 쉽게 말해서 대통령중심제인가 의원내각제인가의 문제입니다. 우리나라는 이후 두 제도의 장점을 취하고자 혹은 독재자의 정치적 계산에 따라서 두 제도를 혼합하기 위한 노력을 계속해왔습니다. 제헌국회도 마찬가지였습니다.

사실 이 부분은 헌법에서 가장 민감한 사안이 될 수밖에 없습니다. 국민들의 입장에서야 자유·평등·노동·복지 같은 이슈가 중요하겠지만, 모든 정치인은 경쟁을 통해서 권력을 확보해야 하는 입장에 놓입니다. 따라서 어떤 정치체제를 만드느냐가 우선적인 관심사일 수밖에 없습니다. 결과부터 이야기한다면 이승만이 정치적 승리를 거두면서 제헌헌법은 대통령중심제로 확정됩니다. 당시 이승만에 견줄 인물이 있었던 것도 아니었고, 가장 강력한 정당으로 평가받는 한민당도 이승만의 경쟁자라기보다는 동반자 성격이 강했다는 점 역시 고려해야 할 것입니다.

애초에 제헌헌법의 원안은 의원내각제였다고 합니다. 대통령은 상징적인 존재로 두고 실권은 국무총리가 담당하고, 내각은 국회가 통제하는 구조를 만들고자 한 것입니다. 이런 형태는 우리에게 참으로 낯섭니다. 통상 국민이 국회의원과 대통령을 각각 뽑고, 국회의원은 법률을 만들고 대통령은 장관을 임명하여 내각을 구성해서 행정부를 이끄는 것에 익숙하기 때문입니다. 하지만 제헌헌법 원안을 보면 구조가 상당히 복잡합니다. 우선 국회의원이 대통령을 뽑습니다. 대통령은 행정부의 수반으로 국무위원을 임명하지만, 국무총리와 국무위원으로 구성된 내각회의는 과반수 이상의 찬성으로 의결됩니다. 만약 가부동수가 나오면 의장인 국무총리가 최종결정을 하는 구조였습니다. 총리의 힘이 매우 강했던 것입니다. 이 밖에도 양원제를 비롯하여 상당히 복잡한 제도를 통해서 나름의 권력 분립과 세력 분할을 도모하고 있는 것이 특징입니다.

제헌국회에서도 활발한 토론이 이루어집니다. 진헌식 의원은 "늘 보고 듣고 하는 것이 내각책임제"이기 때문에 "그 제도를 채용하는 것이 정치적 상도"라며 대통령제와 원안의 복잡성을 지적합니다. 신성균 의원은 대통령중심제로 갈 것이면 국민이 직접 투표를 해야 한다고 주장하고 만약 원안으로 한다면 "탄핵의 길"을 위한 여러 방편을 만들 것을 강조하기도 합니다. 대통령이 국무위

원 전원을 임명하는 깃에 대해서도 매우 비판적인 태도를 보입니
다. 오기열 의원은 "대통령의 권한은 거대하며 국가의 기본적인
능력을 가지"고 있다고 하면서 "독재정권이 될 수 있는 어마어마
한 권한"을 대통령에게 주는 것에 대해서 심각하게 우려합니다.

한발 더 나아가 조봉암 의원은 미국 헌법을 예로 들면서 국회
의 권한을 헌법에 보다 더 구체적으로 명문화할 것을 요구했습니
다. 개념적으로 본다면 의원내각제와 대통령중심제를 어떻게 절
충할 것인가를 두고 논란이 벌어진 것이고, 현실적으로 본다면 독
보적인 지위에 있는 이승만을 어떻게 통제할 것인지가 화두였다
고 보면 됩니다. 하지만 이 논쟁을 면밀히 따져보면 당시 국회의
원들의 주장은 상당히 추상적이며 모호하기 짝이 없습니다. 정치
체제는 애초에 개념 설정으로 해결될 문제가 아니기 때문입니다.
멀쩡하게 있는 법을 지키지 않을 수도 있고, 다양한 방법으로 왜
곡을 할 수도 있고, 대통령이 법을 악용할 수도 있고, 의회가 타락
할 수도 있는 문제입니다. 그리고 실제로 이런 일들이 이후 우리
역사에서 지긋지긋할 정도로 적나라하게 나타납니다.

이렇게 제헌헌법은 매우 중요한 가능성과 한계를 동시에 안
고 대한민국 역사의 전면에 등장합니다. 그리고 헌법 제정에 앞장
섰던 사람들에 의해서 조만간 갈기갈기 유린되는 비극을 겪게 됩
니다.

"국가는 본성이다"

✕ 키케로의『국가론』과『법률론』

사실상 인간은 홀로 떠도는 종류가 아니라, 모든 것의 풍부함을 부여
받았어도 사회 속에서 사는 것이 자연에 의해서 강제되도록 태어난
것입니다.『국가론』중에서

법률에 공정公正의 힘을 부여하고 우리는 선택選擇의 힘을 강조하는
것인데, 실은 둘 다 법률의 고유한 특성이기도 하지. (중략) 무릇 법률
이란 자연본성의 위력이고, 현명한 인간의 지성이자 이성이며, 정의
와 불의의 척도네.『법률론』중에서

의무로서의 국가

이제는 너무나 자연스럽고 당연한 이야기를 고대 로마 후기의
정치가 키케로는 그의 저서『국가론』에서 진지하게 이야기합니
다. "사람이 공동체를 만드는 것은 당연하며 필연적인 본성이다."
이 말을 들으니 여러 사상가들이 떠오릅니다. "인간은 정치적 동물이다"라는 아리스토텔레스의 유명한 격언을 좀 더 원어에 가깝게 번역하면 '정치적'이라는 단어를 '폴리스적'으로 바꾸어야 합니다. 모든 인간은 폴리스에서 살아갈 수밖에 없는 존재라는 것입니다. 키케로의 주장과 상통합니다. 국가를 강조한다면 헤겔을 떠올릴 수도 있습니다. 그에게 변증법을 통해서 도달할 수 있는 최고의 수준은 결국 국가였습니다. 인간의 존재가치는 국가를 통해서 구현되며, 역사의 이상을 향해 전진하는 절대정신 역시 국가를 통해 구체화될 수 있다는 주장입니다. 국가 자체를 강조하면 국가주의, 자칫하면 극단적인 전체주의로 나아갈 수 있으며, 역사와 주체를 강조하면 마르크스식의 계급적이고 급진주의적이며 진보적인 세계관으로 변화할 수 있는 주장이기도 합니다.

여하간 중요한 사실은 공동체가 작은 단위의 폴리스든 대단위의 근대국가든, 그것은 선택의 대상이 아니라 마땅히 받아들여야 하는 자연스러운 과정이자 인간이 추구해야 할 의무라는 점입니다.

동양적, 그리고 서양적 세계관의 형성

중국을 중심으로 한 동아시아는 그 어떤 문명권보다도 이른 시점에 신화적 세계관을 벗어났고 통치체계를 매우 고도화된 형태로 발전시켰습니다. 군주에게 막강한 정치적·사회적 책무와 도덕적 책무를 동시에 부과했으며 신하는 군주를 보필하여 대동사회大同社會를 이루기 위해 노력해야 합니다. 대동사회는 동아시아인들이 생각한 완전한 수준의 이상사회였습니다. 하지만 현실에서 이를 이룬다는 것은 불가능합니다. 따라서 현실에서 실현 가

능한 이상사회, 즉 소강사회小康社會를 이루는 것이 신하의 책무이
자 실천 목표였습니다. 적어도 소강사회, 실현 가능한 현실적 목
표를 향해 분투하는 사회의 실현이라도 추구해야 하는 것이 도리
입니다. 그리고 이를 중심으로 온갖 체계적인 예법과 사회질서를
구축해나갑니다.

서양이 강제로 문을 열고 들어오기까지 이 체제의 본질이 의
심되거나 재편된 적은 없습니다. 중심에 군주가 있고 신하가 보필
을 하며 백성이 충성을 다하는 동아시아의 사회구조는 정치와 도
덕이 오롯이 군주와 신하에게 집중되어 있는 모습입니다.

이에 비해 고대 그리스와 로마를 기억하는 키케로는 훨씬 유
연한 사고를 보입니다. 그리스는 수많은 작은 도시국가들로 구성
된 세계였습니다. 페르시아와 싸우면서 아테네와 스파르타가 급
부상했고 두 도시국가를 중심으로 격렬한 동맹전쟁을 벌이기도
했습니다. 다시 북방에서 알렉산드로스가 내려와서 폴리스를 통
합하고 오리엔트에서 북인도와 중앙아시아 일대를 통합하는 제
국을 열었습니다.

이전까지 그리스인들에게는 이탈리아 남부에서 터키반도 해
안가 정도가 세상의 전부였고 그들의 지식이란 기껏해야 이집트
와 흑해 일대의 스키타이에 관한 것뿐이었습니다. 그런데 알렉산
드로스에 의해 아케메네스조 페르시아가 멸망하면서 동부 지중
해부터 근동까지가 '하나의 세계'로 연결된 것입니다. 알렉산드
로스가 원정을 마치고 돌아오는 길에 갑자기 사망하면서 이후 하
나의 세계는 끊임없이 분열·대립하며 복잡다단한 양상을 보입
니다. 중요한 사실은 지역과 종족, 인종과 문화를 뛰어넘는 '보편
적인 범주'가 만들어졌다는 점입니다. 우리는 이 시기를 일컬어

헬레니즘시대라고 합니다. 이 시대에 유럽인들의 사고에 처음으로 '세계universe'라는 개념이 등장합니다. 또한 소크라테스부터 시작되어 플라톤, 아리스토텔레스로 이어진 지적 전통을 넘어서는 '세계시민'이나 '개인주의' 같은 다소 상호모순적인 세계관이 분출되기도 합니다.

그리고 로마시대가 시작됩니다. 이탈리아반도의 자그마한 도시국가로 시작된 이 나라는 100년이 넘는 투쟁 끝에 결국 북아프리카와 서부 지중해 그리고 스페인 일대를 장악하고 있던 카르타고를 무너뜨리고 곧이어 지중해 전체를 자신들의 호수로 만들어버립니다. 로마는 먼저 고도의 공화정체제를 발전시켰고, 카이사르로 대표되는 군사독재자들이 등장하더니 키케로의 치열한 반대에도 불구하고 결국 옥타비아누스 시기에 황제가 다스리는 제국이 됩니다.

동아시아가 사실상 거의 같은 범주에서 역사의 격변을 경험했다면 고대 유럽인들은 공간적으로도 거대한 변화를 지속적으로 경험한 것입니다. 더구나 정치체제 역시 급격하게 바뀝니다. 왕정, 귀족정, 참주정, 민주정, 공화정, 원수정, 황제정이 지속적으로 등장하고 변화하며 사라집니다. 참주정은 요즘으로 말하면 독재정권과 비슷한데, 키케로는 국가론에서 이것의 본질을 흥미롭게 분석합니다.

최대의 자유에서 참주가 탄생하며 가장 부당하고 가혹한 노예상태가 생깁니다.

스키피오의 입을 빌린 키케로는 인민에게 부여된 자유가 왜곡되고 낭비될 때 필연적으로 독재자가 등장한다고 주장합니다. 독재자의 비상한 의지, 혹은 귀족과 평민의 갈등이 해결되지 않는 답답한 정치 상황 같은 것보다 무책임한 시민의식이 독재의 더 중요한 토양이 된다는 것입니다. 오랜 독재를 경험한 우리의 역사, 그리고 파시즘에서 포퓰리즘까지 강렬한 대중 광기의 위협을 빈번히 경험하고 있는 현대사에서 특별히 기억해야 할 부분입니다.

법률적 인간의 출현

하지만 보다 중요한 사실이 있습니다. 키케로가 '정치체제' 자체를 상대화시켰다는 점입니다. 국가와 국가운영 방식을 구분하고, 국가와 권력을 구분하며, 권력의 사용과 남용을 구분합니다. 인민의 유형을 나누고, 법률의 효용과 왜곡을 검토합니다.

오늘 우리는 매우 고도화된 근대국가 속에서 훨씬 복잡한 사회적 인과관계와 마주하며 살아가고 있습니다. 그렇기 때문에 어떤 의미에서는 너무나 쉽게 '대안체제'가 이야기되고, 또한 어떤 의미에서는 너무나 쉽게 모든 것들이 '무력화'되고 맙니다. 그럼에도 불구하고 국가는 여전히 인간의 본성이며 사유의 대상이고, 실천을 통해 만들어가는 과정입니다. 어떤 국가를 만들어 나갈 것인가는 누구 한 사람의 선택이 아니라는 점, 동시에 우리가 집단적 의지를 발휘할 때 우리의 의지대로 달라질 수 있다는 점에 대해 깊이 숙고해야 합니다.

동시에 키케로는 '법의 자연성'에 대해서도 논증합니다. 키케로가 보기에 세계는 일체성을 띠고 있습니다.

신은 세상을 만들었고, 세상의 본성도 만들었다.

본성이란 무엇인가? 지성이다.

대자연은 인간에게 명민한 지성을 주었고 지성을 발휘해가는 과정에서 인간은

덕을 쌓을 수 있다. 그보다 위대한 과정이 어디에 있겠는가.

결국 인간은 이런 본성을 바탕으로 정의를 실현해갈 사명을 부여받습니다. 개인적인 덕과 사회적 정의를 구분해서 생각할 필요는 없습니다. 그리고 이러한 도덕성의 복판에서 인간은 법률에 의지하여 정의를 이루어갈 수 있는 가능성을 얻습니다. 인간의 본성이 덕과 정의를 추구하는 이상 규범이 만들어지는 것은 필연적입니다. 규범은 무엇인가를 제한하고 통제하는 것이 아니라 덕과 정의를 이루어갈 수 있는 방편이 되기 때문입니다. 덕과 정의가 대가를 추구하지 않듯이, 효용성에만 의지한 법률은 위반하라고 있는 것일 뿐입니다. 인간이 국가라는 공동체를 만드는 것이 본성이듯, 법률에 의지하여 멋진 세상을 만들어가는 것 역시 지극히 자연스러운 일입니다.

법률은 정당한 것들과 부당한 것들을 분별합니다. 법률이 결여되면 그것은 도저히 국가라고 부를 수 없습니다. 따라서 인간은 법률적 인간이 되어야 하며 이를 통해 신체보다 우월한 마음을 정결하게 함으로써 신들 앞에 정갈하게 나아갈 수 있는 가능성을 얻게 되는 것입니다.

오늘 우리의 입장에서는 키케로의 『법률론』을 반대로 성찰해야 할 것입니다. 우리 사회에서 헌법과 법률은 그토록 신성한가? 법은 정의를 이루는 수단인가? 국가는 법에 의해 운영되고 있으며, 끊임없이 부당함과 정의가 구분되고 있는가? 우리가 생각할

수 있는 도덕과 정의는 사회적 기준인 법과 얼마나 일치하고 있는
가? 현대인은 도덕과 정의를 추구하고 있는가? 민주주의는 얼마
나 법률을 통해 구현되고 있는가? 우리가 법 앞에 던져야 하는 질
문은 이토록 다양합니다.

사상은 현실을 앞설 수 없다

　미국의 민주주의가 의회와 입법권이 대통령과 행정부를 통제
하는 데서 시작되었듯 키케로 역시 우리의 상식에 이의를 제기합
니다. 관료가 법률을 집행하는 것이 아니라 법률이 관료를 감독하
고, 그 법률의 감독 아래에서 관료가 국민을 관리한다고 보기 때
문입니다. 결국 '법률은 말없는 정무직'이 됩니다. 우리가 생각할
수 있는 권력자들은 실제로는 법의 집행자에 불과하며 법의 대리
인에 불과합니다. 법은 누군가가 만드는 것이 아니라 자연의 본성
한가운데 있으며, 인간의 보편적 이성 가운데에서 탄생하기 때문
에 누구의 것이 될 수도 없습니다. 만약 누군가가 본인의 의지를
통해 본인의 이해관계를 관철시키기 위해서 법을 선택한다면 그
것은 법이 아닐뿐더러 자연과 인간의 본성에 대한 반역이기도 합
니다.

　주권(통치권)과 정무직(관료), 헌법(법률)과 집행자(행정부)는 세
상을 존속케 하는 필수적인 요소입니다. 이것들 없이 문명이 유지
된 적은 없습니다. 이 세계는 매우 연약합니다. 임금이 있고, 복종
이 있고, 군림이 있고, 기만과 야욕이 있기 때문입니다. 하지만 세
상은 오직 한 방향으로 향해야 합니다. 통치자는 통치권에 스스로
복종해야 하며, 정무직은 '슬기로움과 성실함'으로 '원만한 통솔'

을 해야 합니다. 올바른 법을 통해서 말입니다.

키케로는 추상적이지 않습니다. 국가를 운영하기 위한 구체적인 법률을 기술하고 있으며 평민을 보호하는 호민관의 역할과 국가를 수호해야 하는 원로원의 책무에 대해서도 가감 없이 서술하고 있습니다. 하지만 개념은 현실을 앞설 수 없고, 구체적인 조문 역시 현실에서 관철되지 않는 한 무용할 뿐입니다.

호민관 제도는 결코 격변하는 사회에서 평민들의 지위를 지켜주지 못했고, 원로원은 끝내 귀족들의 이해관계에서 자유롭지 못했습니다. 공화정을 지키려고 부단히도 애를 썼던 키케로 역시 2차 삼두정치를 이끈 군인정치가 안토니우스에 의해서 죽고 맙니다.

역사적 경험이 그 수준에 맞는 헌법을 만듭니다. 동시에 현실은 언제나 헌법을 배반하려고 하며, 헌법만으로 현실을 통제할 수는 없습니다. 결국 헌법을 수호하기 위해서라도 그에 걸맞은 현실을 만들어가야만 합니다. 그것이 헌법을 실천하는 길이기도 합니다.

2장

무엇이 헌법을 무너뜨렸나
이승만 시대의 개헌

독일 이야기

이번 장은 독일 이야기로 시작해보겠습니다. 보통 독일하면 '히틀러'를 떠올립니다. 실제로 서점에 가보더라도 히틀러 관련 서적만 빼곡하게 꽂혀 있습니다. 그런데 바로 이 지점에서 진지한 고민을 해볼 필요가 있습니다. 어떤 이유로 히틀러가 독일의 권력을 장악할 수 있었는지, 그 역사적 배경에 관해서 말입니다. 두 차례의 세계대전의 중심에 서게 되는 바이마르공화국의 역사를 보고 있으면 바이마르 헌법이 과연 무슨 의미가 있는가라는 생각만 듭니다. 정치는 헌법을 망각하거나 무시했고 정당은 헌법과 무관한 정치적 선택으로 일관하거나 지독히 무능했습니다. 헌법이 현실에 발붙이지 못했을 때 역사는 끔찍한 단계로 나아갈 수밖에 없습니다.

바이마르공화국과 히틀러의 출현

결과보다 원인이 중요합니다. 하루아침에 뒤바뀐 세계는 존재하지 않고, 어떤 권력의지도 다수의 동의 없이는 행사가 불가능합니다. 더구나 히틀러는 당당하게 총선에서 승리를 거머쥐었고, 기존의 보수정당과 현직 대통령의 지명에 의해서 합법적으로 총리 자리에 오른 인물입니다. 많은 사람들이 그가 '수권법'을 제정하는 등, 기존의 바이마르 민주헌법을 정지시키고 독재를 했다는 식으로 단순하게 생각하지만 이러한 폭압적인 조처는 권력을 손아귀에 쥔 다음의 일이라는 점을 기억해야만 합니다.

중요한 문제가 하나 더 있습니다. 우리는 쉽사리 '바이마르 헌법'에 관한 이야기를 합니다. 대다수의 헌법학자들은 제헌헌법이 바이마르 헌법의 영향을 받았다고 가르치고, 바이마르 헌법은 매우 이상적인 헌법으로 인정을 받는 실정입니다. 하지만 바이마르 헌법이 어떤 내용을 담고 있기 때문에 이상적인지에 대한 이해는 거의 없습니다.

1차 세계대전에서 패배한 독일은 바이마르공화국이라는 이름을 갖게 됩니다. 이 과정에서 당시 다수당이었던 사민당의 당수 에버트는 헌법학자 휴고 프로이스를 통해 헌법 기초안을 마련합니다. 프로이스는 국민주권·국민평등·의회주의·법치주의에 기초한 헌법 초안을 완성합니다. 이후 연방위원회와 중앙정부의 협의를 거쳐 '국가 권력에 관한 임시법'을 발효하고, 이는 공식적으로 투표와 대통령 서명을 거친 후 발표됩니다(1919.8.11).

헌법의 내용을 살펴보면 오늘의 입장에서는 그다지 특별하지 않습니다. 1차 세계대전 이전의 독일은 '제국', 즉 황제가 통치하

는 국가였기 때문에 군주정에서 공화정으로의 이행이 중요한 문
제였습니다. 또한 오랫동안 영방국가, 즉 각 주의 독자성이 강했
기 때문에 이를 묶어내고 통합하는 것이 주요 관심사였습니다.
20세 이상의 성인 남녀 모두에게 투표권을 주었다는 것은 당시
유럽 국가들의 보편적인 흐름에 동참했다는 것을 의미합니다. 바
야흐로 '보통선거권'의 시대가 시작된 것입니다. 이제 국민이 여
타 조건에 구애받지 않고 대표를 직접 선출하는 시대가 도래했다
는 의미에서 국민주권이 진일보했다고 볼 수 있으며, 반대로 포퓰
리즘을 비롯하여 통제되지 않고 남용되는 민심으로 인해 극단주
의라는 새로운 위험이 등장한 시기라고도 할 수 있습니다.

군이 독특한 측면을 찾자면 바이마르공화국 대통령의 임기는
7년입니다. 국민에 의해 직접 선출되지만 '대리황제'라고 부를
만큼 강력한 권한을 가지고 있습니다. 총리 선출을 비롯하여 내각
구성과 의회 해산 그리고 국민투표를 실시할 권한까지 가지고 있
었으니 말입니다. 더구나 대통령은 헌법 제48조에 의해 긴급명령
권까지 부여받았는데, 원래 이것은 특별하고 심각한 위기상황에
대한 대비로 마련된 것이었습니다. 하지만 결정적인 순간에 극단
적으로 오용되면서 히틀러 시대로 들어가는 중요한 열쇠가 되고
맙니다.

많은 헌법학자들이 칭찬하듯 바이마르 헌법은 내용상으로 본
다면 현대법과 가장 유사하다고 합니다. 하지만 역사학의 상식으
로 보자면 바이마르공화국만큼 허약한 나라 또한 찾기 힘듭니다.

결국 종이 위에 쓰인 글자가 효력을 발휘하려면 종이 밖의 현
실이 이를 보증해야 합니다. 독일이 어떤 역사적 과정을 거쳤는
지, 그리고 무엇을 이루었고 무엇을 잃었는지에 대한 거시적인 시

각이 따라줄 때 비로소 바이마르공화국의 붕괴와 히틀러 시대의 도래에 대해 제대로 이해할 수 있습니다. 그리고 이는 1948년에 미국의 영향력 아래 시작한 자유민주주의 공화국 대한민국이 5년도 안 되는 시점에 헌법을 두 번이나 바꿀 수밖에 없었던 역사를 이해하는 데도 결정적인 단서가 될 것입니다.

불안정한 제국의 역사

독일은 오토1세가 신성로마제국의 황제로 즉위(936)한 이래로 상당히 독특한 역사를 거치게 됩니다. 신성로마제국은 오늘날 독일과 오스트리아뿐 아니라 서쪽으로는 네덜란드, 벨기에와 프랑스 일부, 남쪽으로는 이탈리아 북부, 동쪽으로는 폴란드부터 크로아티아 일대를 아우르는 광범위한 제국이었습니다. 하지만 단일한 제국으로 강력한 영향력을 발휘한 시간은 매우 짧습니다. 프로이센, 오스트리아는 신성로마제국 안에 존재하는 제후국가입니다. 하지만 봉건제후의 권력은 언제나 강했고, 심지어 황제가 없는 대공위시대가 20년 가까이 이어지기도 합니다(1254~1273). 이 문제는 1356년 카를4세가 내린 '황금문서'에 의해서 7명의 선거권을 가진 대제후들이 절차에 따라 황제를 추대하는 방식으로 정리됩니다. 황제의 지위가 극단적으로 낮아질 수밖에 없으며 제국 안의 가장 유력한 제후가 황제가 되는 전통이 만들어지게 된 것입니다.

이후 종교개혁이 신성로마제국에서부터 시작되면서, 제국은 루터파와 가톨릭 그리고 다양한 종파가 존재하는 크리스트교 분열의 온상이 됩니다. 종교적 단일성이 해체되면서 30년전쟁

(1618~1648)이라는 가장 치열하며 잔혹했던 종교전쟁을 겪기도 합니다. 그 결과 제국은 극단적으로 나약한 영방국가가 되어버립니다. 봉건제후들은 편하게 국왕 행세를 하며 프랑스, 영국 같은 주권국가들과 외교관계를 수립하면서 사실상 독립국가가 되고만 것입니다. 이처럼 근대 독일은 실제로는 분열된 영방국가 형태이지만 신성로마제국이라는 광대한 영토와 그 제국의 신민이라는 개념을 공유하며 1,000년 이상의 게르만적 전통이 공존하는 상태로 모호한 출발점에 서게 됩니다.

영국, 프랑스와 같은 근대국가가 되어야만 한다!
그렇다면 어떤 근대국가가 되어야 하는가?
오스트리아와 프로이센을 중심으로 강력한 제국이 되어야 한다.

결론부터 이야기하면, 근대 독일의 역사는 크게 두 번의 혼돈과 두 번의 전성기를 경험합니다. 비스마르크에 의해서 독일 제2제국이 만들어지기 전의 혼돈기, 그리고 히틀러에 의해 자칭 제3제국이 만들어지기 전의 혼돈기가 있습니다. 첫 번째 혼돈, 그러니까 비스마르크 시대 이전의 독일은 자유주의에 근거한 의회민주주의의 구조를 창출해내지 못합니다. 그리고 두 번째 혼돈, 바이마르공화국 시대의 독일은 '정당정치'의 실패를 맛봅니다. 두 차례 혼돈은 의미 있는 성과를 내지 못했고 독일은 내실 없이 강한 국력만 축적되는 구조로 성장하면서 두 번이나 세계대전의 중심에 선 전쟁국가로 돌변하게 됩니다.

제1혼돈기

1848년 2월 프랑스에서 시작된 강력한 혁명의 열기가 독일에
도 불어닥칩니다. 자유주의자인 출판업자 프리드리히 바서만은
바덴 국회에서 미국과 유사한 독일연방을 주창했고 바덴·뷔르템
베르크·헤센 등의 지역에서는 출판의 자유·헌법 개혁·배심원제
도·독일 전체를 포괄하는 단일한 의회 등에 대한 요구가 쏟아져
나오기 시작합니다. 독일 전 지역에서 군중들이 모여들어 기존 정
부의 해체를 요구했고, 장인과 직공들은 산업혁명에 반발하며 공
장과 기계를 파괴했습니다. 농민들은 여전히 남아 있는 봉건영주
에게 저항하며 약탈과 방화를 시도합니다. 급진주의자들은 혁명
을 꿈꾸었고, 프리드리히 헤커·구스타프 폰 슈트루베 등은 프로
이센 왕을 황제로 추대하여 제국의 부흥을 꿈꾸기도 하였습니다.
하지만 당시 상황을 주도한 것은 자유주의자들이었고 그들은 프
랑크푸르트 파울교회에 모입니다. 프랑크푸르트 국민회의가 본
격적으로 시작된 것입니다. 이때 독일연방을 상징하는 국기로 검
정색·적색·금색의 깃발이 만들어졌습니다.

보수진영의 힘은 극도로 위축되었고, 급진주의자들 역시 국민
회의에서의 영향력은 제한적이었습니다. 일부 급진주의자들은
국민의회에서 탈퇴하여 자신들이 원하는 공화국을 세우기 위해
서 폭동을 일으키기도 합니다. 곧바로 보수진영도 전세를 가다듬
었습니다. '십자가신문'으로 불렸던 신프로이센신문Neue Preussische
Zeitung 같은 극우파 신문과 군부가 움직이기 시작합니다.

프랑크푸르트 국민회의는 이 혼란을 수습하지 못합니다. 정부
가 선포되고 기대가 넘실댔지만 정책을 수행할 권력을 확보하지

못했고, 재정도 없었으며, 군대는 관망하고 있었고, 제대로 된 헌법 또한 마련하지 못했습니다. 심각한 것은 주요 사안에 대해서조차 합의를 도출하지 못했다는 점입니다. 지주나 가톨릭 등이 주도하는 보수단체들이 정당을 결성하여 국민회의에 영향력을 미치기 시작했고, 폴란드·보헤미아·이탈리아 북부 등에서는 심각한 민족적·인종적 갈등이 일어나기도 합니다. 설상가상으로 유럽의 강국은 국민회의 정부를 인정하지 않았습니다. 프랑스는 독일이 통일되는 것을 원하지 않았고, 차르가 이끄는 러시아는 또 하나의 공화국이 들어서는 것을 원하지 않았습니다. 영국은 언제나 관망만 했으며, 기껏해야 스웨덴·네덜란드·벨기에·스위스 그리고 미국 등이 지지할 뿐이었습니다.

무엇보다 본질적인 문제들이 있었습니다. 신성로마제국의 범주 안에서 가장 강력한 나라는 프로이센과 오스트리아였습니다. 새로운 독일 공화국을 만들어내는 것 역시 프로이센과 오스트리아를 중심으로 진행할 수밖에 없었습니다. 문제는 프로이센과 오스트리아가 경쟁관계였다는 것입니다. 이탈리아 문제를 두고 대립하였고 이후 프랑스 문제를 두고 대립하게 될 것이며, 오스트리아는 헝가리 등을 병합하면서 스스로 게르만적인 전통에서 벗어나는 경향까지 지니게 됩니다.

대독일주의, 프로이센과 오스트리아를 모두 포함한 독일 국가를 건설할 것인가 아니면 오스트리아를 배제하고 프로이센 중심의 독일 공화국을 건설할 것인가는 초미의 논쟁이 되고 맙니다. 오스트리아를 포함한다면 사실상 합스부르크왕가를 해체해야 하는데, 이는 불가능에 가까운 작업이었습니다. 더구나 오스트리아를 끌어들이면 민족적 전통마저 흐트러질 수 있고, 무엇보다 자유주의적인 개혁 자체가 불가능해집니다. 그렇다면 소독일주의를 선택할 것인가? 프로이센은 비스마르크를 비롯하여 보수주의자들의 소굴이었으며, 그럼에도 불구하고 국민회의가 프로이센 왕에게 왕관을 씌우려 하자 프리드리히 빌헬름4세는 이를 거부합니다.

결국 혁명은 실패합니다. 지역의 국왕들은 다시 권력을 움켜쥐었고, 귀족들은 기득권을 유지했으며, 보수주의자들은 다시금 주도권을 확보합니다. 급진주의는 소멸되었고, 보다 온건하게 많은 것들을 포괄하며 합리적인 방향으로 나아가기를 원했던 자유주의자들의 상당수는 정치적 열망을 포기하고 개인의 영달을 추구하는 방향으로 선회하게 됩니다.

파멸을 향해 달리는 열차

그리고 비스마르크의 시대가 시작됩니다. 그는 보수파를 결집시켰고 이탈리아의 통일운동을 지원하면서 오스트리아를 무력화시켰으며 프로이센을 중심으로 주변의 작은 나라들을 통합합니다. 나폴레옹3세가 이끄는 프랑스와의 전투에서 대승을 거두고 프로이센의 왕 빌헬름1세는 베르사유궁전에서 황제가 됩니다(1871). 독일 제2제국이 선포된 것이며 오늘날 우리가 생각하는 독일 지도가 처음으로 만들어진 순간입니다.

독일 민족의 성공은 민주적 이상의 빛바랜 광채보다 통일의 사상과 성공의 경험으로부터 더 강한 인상을 받았던 자유주의자 다수를 비스마르크 지지자로 만들었다. 민족적 이데올로기 앞에서 일어난 시민적 자의식의 이 내적 붕괴는 독일 민주주의 발전을 결정적으로 단

빌헬름1세의 독일제국 황제 즉위식

＊ 독일제국의 영토(1871~1918)

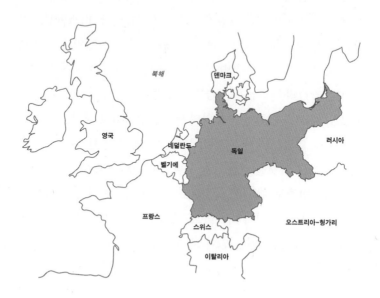

북해

덴마크

영국

네덜란드

벨기에

독일

러시아

프랑스

스위스

오스트리아~헝가리

이탈리아

2장 무엇이 헌법을 무너뜨렸나: 이승만 시대의 개헌

88

절시켰다.

독일의 정치학자 칼 디트리히 브라허는 귀중한 성찰을 우리에게 제공합니다. 대한민국 국민인 우리에게는 사실 민족주의적인 정서와 자유민주주의가 구분되지 않습니다. 유구한 역사를 자랑하며, 오랜 시간을 식민지 치하에서 보냈기 때문에 우선 '민족'이라는 공동체적 기반에 대한 의문이 없습니다. 그리고 3·1운동 이래 '민주공화정'이라는 가치가 지금까지 의심 없이 이어졌습니다. 더구나 해방 이후 미국에 의해 이식된 '제도적 자유민주주의'는 독재정권도 함부로 건드릴 수 없는 기준이었으며, 동시에 민주화운동이 추구했던 가치였기 때문에 여러모로 우리 사회의 유일무이한 정신적·제도적 기반이 되었습니다.

브라허는 독일의 역사가 우리와 분명히 달랐다는 점을 지적합니다. 강력한 국가가 되었지만 민주주의는 발전하지 못했고, 국가 운영에 있어서 의회의 역할은 부수적이었습니다. 비스마르크가 만든 독일 제2제국에는 25개의 연방회원국, 즉 4개의 왕국, 6개의 대공작령, 5개의 공작령, 7개의 공국, 3개의 자유도시가 있었습니다. 각각의 나라들은 세금과 군대를 비롯한 일부 권리를 보유하고 있었습니다. 황제는 상원의장직을 겸임했고 상원과 하원을 소집할 수 있었으며 수상과 각 부의 장관을 임명할 수도 있었습니다. 그리고 이것들 가운데 부수적으로 의회제도와 선거제도가 있었으니 민주주의의 위상은 결코 높다고 할 수 없었습니다. 또한 황제의 신임 아래서 비스마르크는 절대적 권한을 행사했으며, "헌법에도 틈이 있다"는 말이 보수주의자들 사이에 만연한 시대였습니다.

봉건적 사회구조와 강력한 관료제에 기초한 '민주적 장식물로 치장한 군주적 국가'는 이제 시민을 안전하게 길들일 줄 알았다. '전문가들'에게 맡겨진 좋은 행정이 최상의 내정이라는 것이다.

몰트케가 프랑스군을 꺾으면서 독일 국민들은 군사적 승리에 환호하였으며, 국가는 나날이 부강해졌고, 지식인들은 민주주의적인 가치보다는 민족주의적인 열정에 사로잡힌 시대. 이 강력함은 비스마르크 실각 이후 심각한 문제를 일으킵니다. 비스마르크는 해외 식민지 진출 과정에서 발생하는 재정 누수 현상을 끔찍하게 싫어했으며 유럽 대륙에서의 패권 추구보다는 현상 유지를 선호했습니다. 하지만 빌헬름 2세가 즉위하고 비스마르크가 실각하면서 제국의 강력한 힘은 곧바로 제국주의적인 에너지로 분출됩니다. 3B정책(베를린·비잔티움·바그다드를 연결하는 소아시아와 중동 팽창정책)을 추진하여 주변국들과 충돌을 일으켰고, 모로코 앞에서 두 차례 무력시위를 벌이면서 프랑스와의 대립이 최고조에 이릅니다. 그리고 1차 세계대전이 터졌고 패배하게 됩니다.

제2혼돈기

"바이마르공화국에서는 자유주의적 중간이 심각하게 결여되었고 나치즘은 이 계층들의 정치적 무지향성을 자기 목적을 위해 능숙하게 이용하였다"는 브라허의 주장을 곰곰이 생각해볼 필요가 있습니다. 1차 세계대전 이후 바이마르공화국을 거쳐 히틀러 시대가 도래하고, 2차 세계대전으로 이어지는 기간에 대한 이해는 매우 공식적입니다. 즉 바이마르공화국은 무능하고 무력했고,

특히 대공황 이후 심각한 경제위기를 맞습니다. 이때 나치당을 비롯한 파시즘세력이 흥기했고 결국 극우전체주의자들이 권력을 장악하면서 나라가 망가지고 말았다는 것입니다. 물론 틀린 말은 아닙니다. 하지만 생각해보면 인과관계에 문제가 많습니다.

왜 새롭게 수립된 공화국은 무능하고 무력할 수밖에 없었는가.

사민당을 비롯한 좌파 세력도 엄청났는데, 경제위기 가운데 어떻게 극우파가 권력을 잡을 수 있었는가.

그리고 왜 이렇게 쉽게 무너졌는가.

브라허는 끝내 자리 잡지 못한 독일 민주주의의 연약함, 구조의 취약성을 집요하게 논증하고자 합니다. 물론 바이마르공화국은 패전국가라는 멍에가 크게 작용한 나라입니다. 기존 영토의 14퍼센트를 벨기에·프랑스·폴란드 등에 내줘야 했습니다. 그로 인해 인구의 10퍼센트, 철광석의 절반, 석탄 매장량의 4분의 1을 잃었습니다. 모든 해외 식민지를 잃었고, 해외에 투자한 자금이나 법적인 특권도 모두 상실했습니다. 무엇보다 전쟁배상금 문제가 심각했습니다. 10년 동안 석탄 생산량의 60퍼센트, 상선 90퍼센트, 심지어 기차·철도·젖소의 절반, 화학제품과 의약품의 4분의 1을 양도해야 했습니다. 애초에 불가능한 수준의 가혹한 조치였습니다.

연합국은 금이나 달러로 배상금을 요구했기 때문에 독일 중앙은행의 금고는 텅텅 비게 되었으며, 이를 해결하기 위해서 은행이 정부 보증으로 융자를 받았기 때문에 물가가 심각한 수준으로 치솟게 됩니다. 프랑스는 루르 지방을 점령하는 등 무력행사를 주저하지 않았으며, 심지어 1930년대 초반에는 오스트리아에 투자된 자본을 회수하면서 오스트리아 주요 은행 그레디탄슈탈트가 문을 닫았고, 대공황까지 겹치면서 독일 최대 은행인 다나트마저 무너지게 됩니다. 이후 사실상 독일의 모든 은행은 문을 닫게 됩니다. 미국은 독일의 배상금을 삭감하는 도스안Dawes Plan(1924), 영안Young Plan(1929) 등을 통해서 평화체제를 유지하려고 시도했지만 단지 그때그때만 효과가 있었을 뿐입니다.

문제는 독일이 이처럼 심각한 위기에 어떻게 대응했느냐는 점입니다. 독일 군부는 1차 세계대전에 분명한 책임이 있습니다. 고위 장성들은 전쟁에서 쉽게 승리할 것이라는 낙관적 견해에 사로잡혀 있었고, 전쟁을 통해 더욱 넓은 영토를 확보하여 국민들의 민주적 욕구를 무마시킬 수 있다고 믿었습니다. 힌덴부르크와 루덴도르프 등의 최고위 장군들은 여러 애국적인 봉사법안Vaternische Hilfsdienst을 통과시키며 국가운영에도 강력한 영향력을 행사했습니다. 황제 역시 이들에게 주요한 권한을 넘겨줍니다. 하지만 그들은 전쟁 패배의 책임을 지려고 하지 않았으며 "독일 군대는 등 뒤에서 칼에 찔렸다"면서 마치 킬 군항에서 일어난 수병 반란이 아니었다면 전쟁에서 승리했다는 식의 태도를 취합니다. 그리고 정전협정을 주도하는 여러 정당들을 공격하면서 민주주의에 대한 혐오를 공공연하게 드러냅니다. 군부를 대표하던 힌덴부르크는 이후 보수파가 지원하는 가운데 바이마르공화국의 두 번째 대통령이 되며 헌법 제48조 비상대권을 활용하여 히틀러를 수상에 임명합니다. 우리나라를 비롯하여 제3세계에서 흔히 목격되는 군부쿠데타와는 분명 다른 모습이지만 군부의 사회적 영향력, 군부와 보수주의자들의 결탁, 무엇보다도 군대 운영의 특성상 강조

되는 전문가 중심의 사고방식이 미치는 사회적 영향력 등은 여러
모로 의미심장합니다.

독일 정당의 기회와 한계

신중한 정치개혁이나 통찰, 정당들의 단호함이 아니라 공론장
의 갑작스런 각성과 절대주의의 군사적 붕괴가 결국 숨통을 터주
었다.

전쟁에서의 패배, 그리고 기존 황제·보수파·군부의 몰락은
바이마르'공화국'이라는 기회를 선사합니다. 마치 프랑크푸르트
국민회의가 1848년 전 유럽의 혁명적 상황에 영향을 받아서 만
들어진 '비상시국'이었듯이 말입니다. 브라허의 입장에서 본다면
민주주의의 기회가 갑자기 외부적으로 주어졌던 것입니다.

어찌됐건 중요한 사실은 기회가 왔다는 점이며, 복잡다단한
국면에서 자유주의세력과 정당들은 확실한 리더십을 바탕으로
새로운 독일을 만들어야 했습니다. 하지만 상황은 결코 녹록치 않
았습니다. 우선 정당은 언제나 '특정 계층들과 집단으로 조직이
한정'되는 것이 본질입니다. 그렇기 때문에 정당 간에는 격렬한
경쟁이 일어날 수밖에 없으며 경쟁에서 승리하기 위해서는 복잡
한 정치공학적 사고를 할 수밖에 없습니다. 당장 급한 것을 이루
어내기까지 이래저래 허비되는 시간이 많은 것입니다. 더구나 민
의를 대변하는 절차와 방식은 정당의 성격과 분포에 크게 좌우됩
니다.

당시의 독일 정당구조에서 가장 강력한 정당은 중앙당Zentrum
이었습니다. 중앙당은 가톨릭정당이었으며 독일 북부를 장악하
고 있는 프로이센과 개신교에 대한 저항이 가장 중요한 의제였습
니다. 바이마르공화국 당시에는 루트비히 카스가 지도자로 활약
하면서 독일국가인민당과의 공조체제를 모색하는 등 상당히 우
익적인 경향을 띄게 됩니다.

독일사회민주당에서 갈라져 나온 독일공산당은 무장폭동을
시도하다가 구스타프 노스케가 이끄는 군대와 격렬한 시가전을
벌인 끝에 패배합니다(1919). 반란의 지도자이자 급진좌파 카를
리프크네이트와 로자 룩셈부르크가 살해당하면서 일찌감치 급진
좌파의 가능성은 소멸되지만, 이들의 무장폭동의 대상이 보수주
의를 넘어 사회민주주의까지 겨냥하고 있었기 때문에 파급효과
는 컸습니다. 극우파나 보수파에게는 경각심과 함께 좌파 척결의
명분을 주었고, 사회민주주의자들은 행동에 심각한 제약을 느낄
수밖에 없었습니다.

그리고 사회민주당, 줄여서 사민당이 있었습니다. 사회주의에
기초하여 계급혁명을 추구하면서도 방법론적으로 평화적인 수
단, 즉 의회에 진출하여 민주적인 개혁을 통해 이상사회를 건설하
는 것이 당시 사민당의 방향성이었습니다. 혁명을 지향하면서 동
시에 평화적인 수단을 옹호했고, 출발 당시에는 노동자정당을 표
방했지만 이후 지식인·사무직노동자·공무원 등 다양한 계층을
수용하면서 대중정당으로 거듭났습니다. 하지만 사민당은 독일
정당사에서 가장 중요한 지위를 점유하고 제1정당으로의 지위를
얻어내는 데 어려움이 없었음에도 불구하고 역사의 분기점에서
중요한 역할을 수행해내지 못합니다. 사회주의적인 이상을 추구

했음에도 불구하고 독일의 식민지 보유를 찬성했고, 1차 세계대
전도 수용합니다. 한편에서는 여전히 계급에 기초한 세계관을 유
지했고 특히 농업에 적대적이었기 때문에 농민들을 적극적으로
끌어들이지 못하는 한계를 보입니다. 현실에 순응했다는 측면에
서는 극좌파의 반발을 불러일으켰으며, 무수히 많은 농민들을 포
섭하지 못했다는 점에서는 나치당이 성장할 수 있는 풍토를 만들
어준 것입니다. 실제로 독일뿐 아니라 전 유럽의 파시즘정당들은
농촌에서 열렬한 지지를 확보했고, 나치 역시 농촌을 확실한 지지
기반으로 만드는 데 성공합니다.

　더구나 사회주의정당의 독특한 이론투쟁은 사민당을 더욱 이
성적인 정당, 실천 없이 논쟁만 하는 정당으로 만들어버리고 맙니
다. 베르사유조약에 따라 사민당정부가 군비를 축소하자 군부는
뤼트비츠, 헤르만 에르하르트, 볼프강 카프 등을 중심으로 반란을
일으킵니다. 정부는 베를린을 버리고 떠났지만 관료들은 반란에
동의하지 않는다며 자신들의 업무를 굳건히 수행했고, 노동자들
이 총파업을 하면서 이들을 막아냅니다. 반대로 루르 지방에서는
공산당의 지원 아래 5만여 명의 적군이 창설되어 반란을 일으킵
니다. 정부는 이를 막기 위해 뤼트비츠 등이 일으킨 반란에 참여
했던 자유군단을 동원하여 3,000여 명의 사상자를 낸 끝에 간신
히 진압합니다. 1920년 3, 4월에 벌어진 일입니다. 간신히 문제
가 해결되자 앞에서 이야기한 프랑스의 루르 점령 사태가 터졌고,
이것을 해결하자 이번에는 독일 남부의 바바리아 지방정부가 중
앙정부와의 협의 없이 비상사태를 선포하며 독자 행보에 나섭니
다. 이 과정에서 비로소 좌파와 극우파의 충돌이 본격화되었으며
히틀러와 나치당이 역사에 얼굴을 내밀기 시작합니다.

보수와 파쇼의 동상이몽

1924년 이후 여러 정치적인 문제들이 조금씩 수습되고 도스안과 영안에 이어 유럽 국가들의 집단 안보조약인 로카르노협약 (1926)이 맺어지며 여러모로 안정기가 찾아옵니다. 하지만 인플레이션 문제는 여전했고 긴축정책으로 공무원 일자리의 4분의 1이 줄어들게 됩니다. 수출산업은 회복되었지만 노동자들의 임금문제는 해결되지 못했고, 조만간 대공황의 여파가 몰려들 것이고, 나치를 중심으로 한 극우파시스트세력이 어마어마한 힘으로 발호하게 될 것입니다.

1930년대 기준으로 사민당 당원의 단지 8퍼센트만이 25세 이하였다고 하니, 사실상 청년 이하 층에서 사민당은 매력 없는 정당이 되어버린 것입니다. 젊은이들의 열정에 호소하지 못하는 정당, 그리고 1차 세계대전에 참전했던 제대 군인들을 포섭하지 못한 정당은 덩치는 크지만 큰 규모 때문에 자기 모순적인 행보만을 반복할 뿐이었습니다. 심지어 1928년 헤르만 뮐러가 새 총리로 임명될 때는 사민당이 결사적으로 반대합니다. 뮐러를 비롯하여 내각의 주요 인사들이 사민당인데 사민당이 반대하는 기이한 현상이 발생한 것입니다. 국민들의 간절한 정치적 요구를 제대로 수용하여 정책으로 만들어내는 기술에 능하지 못하며, 의회 의석수 확보에는 어느 정도 능력을 발휘하지만 그 이상도 이하도 아닌 상태. 심지어 연립정권을 제대로 유지하지 못해 히틀러와 나치당을 막을 수 있는 유일한 방어벽을 스스로 무너뜨린 정당. 이것이 당시의 다수당이자 그나마 가장 합리적이며 개혁적인 정당이라는 사민당의 현실이었습니다.

히틀러를 수상에 임명한 것은 돌이킬 수 없는 과오입니다. 당신은 우리의 위대한 조국을 이 세대의 가장 선동적인 정치가에게 넘겨주고 말았습니다. 그 비열한 인간은 우리나라를 깊은 수렁 속으로 빠뜨릴 것이고, 우리에게 상상도 할 수 없는 끔찍한 고통을 안겨주리라는 것을 나는 너무나 잘 알고 있습니다. 다음 세대는 당신의 이 잘못된 행위로 인해 당신의 무덤 앞에서 당신을 저주할 것입니다.

루덴도르프 장군이 힌덴부르크 대통령에게 보낸 편지의 내용입니다. 1930년대로 들어오면서 상황은 최악을 향해 달려갑니다. 제복을 입은 나치 당원들은 집회를 열고, 자유군단을 비롯한 기존의 극우세력과 함께 행진하기 시작합니다. 좌익과 우익의 대립은 극에 달했고 권력은 다시 우파·보수주의자들의 손에 들어갑니다. 우파정당의 지도자이자 기업가들과 은행가들의 지지를 받던 파펜은 히틀러를 공동정부의 수상으로 임명하는 아이디어를 힌덴부르크 대통령에게 제안합니다. 온건한 보수주의가 극우 파시즘을 통제할 수 있다는 발상이었습니다. 이미 나치당의 세력은 매우 커졌고, 보수파 홀로 정권을 유지할 수 없는 상황에서 좌파를 견제하며 보수파가 주도하는 정부를 만들고자 극우파를 끌어들이는 이 정치공학적인 계산을 힌덴부르크 대통령은 수용하고 맙니다. 그리고 보란 듯이 기존의 우파·보수주의자들을 무력화시키며 히틀러는 자신의 세계를 만들어가기 시작합니다.

바이마르공화국의 역사를 보고 있으면 바이마르 헌법이 과연 무슨 의미가 있는가라는 생각만 듭니다. 그만큼 현실은 심각한 지경을 위태롭게 거닐었고 헌법이 지향하는 바는 현실에 투영되기 어려웠으며, 정치는 헌법을 망각하거나 헌법을 무시했고 정당은 헌법과 무관한 정치적 선택으로 일관하거나 지독히도 무능했습니다.

1950년. 대한민국이라는 신생 정부가 만들어지고 고작 2년 만에 끔찍한 전쟁이 일어납니다. 그리고 전쟁이 마무리되기도 전에, 전쟁의 상흔이 치유되기도 전에, 우리의 헌법은 너무나 쉽게 두 차례나 수정되고 맙니다. 마치 바이마르공화국이 무너지던 장면처럼 대한민국의 역사도 끔찍한 단계로 나아간 것입니다.

1952년 7월 7일. 발췌개헌
1954년 11월 29일. 사사오입개헌

이승만 정권에서 헌법은 두 번이나 바뀝니다. 1952년에는
발췌개헌을 통해 대통령직선제가 관철되었고, 1954년에
는 사사오입개헌을 통해 이승만 대통령에 한해서 대통령
중임 제한이 철폐됩니다. 한국전쟁이 한창이던 1952년 임
시수도 부산에서 정치파동을 일으키면서 억지로 행한 첫
번째 개헌. 재적의원 203명의 3분의 2는 136명이 아니라
135명이라는 사사오입의 논리를 펴면서 한 번 부결된 안
을 되돌려놓은 두 번째 개헌. 이 두 번의 개헌에서 이승만
은 법률이 만들어놓은 공적 절차를 무참히 무너뜨리고 맙
니다.

누더기가 된 헌법

제헌국회의 국회의원 임기는 2년이었습니다. 따라서 1950년
6·25전쟁 발발 직전인 5월 30일 두 번째 국회의원 선거가 실시
되었고 반이승만 성향의 국회의원들이 대거 당선됩니다. 1948년
정부 수립은 워낙 갈등이 심했고 김구와 김규식을 중심으로 한 상
당수의 정치 지도자들이 선거에 참여하지 않았습니다. 하지만 남
북이 분단된 상태에서 열린 두 번째 국회의원 선거에서는 훨씬 다
양한 계열의 지도자들이 국회의원이 됩니다.

조직적인 방해에도 불구하고 전국 최다 득표로 당선된 조소앙
이 상징적인 예입니다. 충칭 임시정부의 이론가이자 삼균주의를
바탕으로 대한민국 건국강령에 막강한 사상적 영향력을 행사했
던 그가 초대 경무국장으로서 경찰 기반이 막강한 조병옥을 꺾고
성북구에서 당당히 국회의원이 된 것입니다. 대통령을 국회의원
이 뽑는 제헌헌법 기준으로 보자면 이승만의 재선은 상당히 어려
운 처지에 놓이게 됩니다. 그렇기 때문에 이승만은 한국전쟁이 한
창이던 1952년 임시수도 부산에서 정치파동을 일으키면서 억지
로 헌법을 개정합니다. 국회의원들이 타고 있던 버스를 헌병대가
납치한다든지, 관제 데모대를 동원하여 '대통령직선제'를 관철시
킨 것입니다.

사사오입의 과정은 더욱 가관입니다. 헌법개정안 제55조 "대
통령과 부통령의 임기는 4년으로 한다. 단, 재선에 의하여 1차 중
임할 수 있다"라는 조항을 만들고 "이 헌법 공포 당시의 대통령에
대하여 제55조 제1항 단서의 제한을 적용하지 아니한다"라는 부
칙을 넣습니다. 다른 사람은 대통령을 최대 두 번까지 할 수 있지

만 이승만은 무제한으로 할 수 있는 꼼수 조항을 만든 것입니다. 이 안은 국회에서는 상당한 논란을 겪었는데, 본회의 투표 결과는 상황을 더욱 기묘하게 만듭니다.

재석 202인, 가에 135표, 부 60표, 기권 7표로 부결되었습니다.

1954년 11월 27일 제90차 회의

그런데 다음 날 인하공과대학장 이원철 박사와 서울대학교 문리과대학 최윤식 교수 등이 재적의원 203명의 3분의 2는 136명이 아니라 135명이라는 사사오입의 논리를 펴면서 부결된 안을 합리화시킵니다. 그리고 이틀 뒤 11월 29일 오전 10시에 야당이 모두 빠진 상태에서 상황을 합리화하는 여러 발언들을 늘어놓고 만장일치로 가결시킵니다. 한 번 부결된 안건은 회기 내에 재심의하지 않는다는 '일사부재의의 원칙'을 위반했음은 물론이고 억지스러운 수학 논리를 통해 적법한 절차까지 무시한 충격적인 사건이 일어난 것입니다.

여러 의원께서 나와 수학 법리론적으로써 증명하는 것을 보아서 천하에 어데 갖다놓는다 할지라도 이 주장은 틀림없다는 것은 여러분께서 뉘우쳐 알았다고 생각합니다. 그래서 여기에 하나 동의하려고 하는 것은 최 부의장이 그저께 선언한 것은 잘못된 선언이요, 오늘 아침에 정정 선언한 것은 참다운 선언인 줄 우리는 알았으니(후략)

1954년 11월 29일 제91차 회의

이를 통해 이승만은 세 번째 선거에 나올 수 있었고 대통령이 됩니다. 그리고 네 번째 선거에서 심각한 부정선거를 저지른 끝에 4·19혁명을 통해 무너지고 맙니다. 고작 대통령 한두 번 더 하려고 나라의 근간을 흔들었던 것입니다.

발췌개헌의 배경

'두 차례의 개헌과 이승만 독재로의 귀결'이라는 공식은 참으로 익숙한 고정관념입니다. 하지만 바이마르공화국의 몰락이 단순히 히틀러의 등장과 극우파시즘의 창궐 때문이 아니듯 대한민국 헌법 개정의 과정 역시 매우 복잡했으며 오직 이승만 개인의 권력의지 때문만은 아니었습니다.

대통령중심제는 대통령의 신임을 받기 위한 음모가 판을 칠 것이며 정당이 대통령에게 종속되고 만다. 대통령제는 사실상 군주제에 가깝고 내각책임제가 훨씬 민주주의의 원칙에 가깝다.

내각책임제 개헌을 밀어붙였던 야당 민주당의 주장입니다.

내각책임제는 정권 야욕을 조장한다. 파벌 문제가 심각해지고 결국 일당독재를 초래하고 만다.

시종일관 대통령중심제를 주장한 이승만의 주장입니다.

상황은 생각보다 격렬했고 상호적이었습니다. 앞에서 이야기했듯 제헌국회에서도 한민당은 원내 최대 세력이었습니다. 내각책임제 국가를 만들고 싶었지만 이승만의 저항 때문에 대통령중심제를 받아들였습니다. 사실 이유가 더 있었습니다. 이승만을 대통령으로 추대하고 국무총리와 국무위원의 과반수를 확보하자는 계산이었던 것입니다. 당시 한민당의 지도자는 김성수. 하지만 이승만은 김성수 대신 이윤영을 선택합니다. 결국 이윤영의 국무총리 인준은 한민당의 반발로 부결됩니다. 그러나 2차 지명도 김성수가 아닌 이범석이었습니다. 결국 김성수는 12부 4처 중에 6석을 한민당에 배정할 것을 요구하며 담판에 임했지만 결과는 단 한 명의 한민당 의원도 국무위원이 되지 못합니다. 물론 한민당원 김도연과 이인 등이 재무장관과 법무장관에 임명되었으나 정무적 타협이라기보다는 순수하게 개인 자격으로 발탁된 것이었으니 시작부터 이승만과 한민당은 대립하게 됩니다.

이 갈등은 시작에 불과합니다. 국회의장·국회부의장 선거에서 한민당은 패했고, 반민족행위자 처벌법, 농지개혁법 등의 중요한 입법 과정에서 미온적 태도를 보이면서 대중적인 인기 또한 떨어지고 맙니다. 결국 한민당은 신익희가 이끌던 대한국민당, 지청천이 이끌던 대동청년당과 결합하여 민주국민당, 즉 민국당을 결성합니다(1949).

그리고 1950년 1월 27일 민국당의 주도로 '내각책임제' 개헌안이 국회에 제출됩니다. 개헌을 최초로 주장한 세력은 놀랍게도 이승만이 아니라 민국당이었던 것입니다. 이후 격렬한 정쟁이 진행됩니다. 이승만은 '정당무용론'을 주장했고 1951년이 되자 본인이 생각하는 신당 구상을 밝힙니다.

당파주의는 나쁘다. 일민주의에 근거한 보편 정당을 창당하겠다.

해방공간에서부터 초월적 지도자상을 강조해온 이승만의 일면이 다시 한 번 드러난 순간입니다. 보통 독립촉성중앙협의회, 줄여서 '독촉'을 이승만의 정당이라고 하지만 사실은 당시 좌익계열의 정당까지 참여했던 여러 정당들의 연합체였습니다. '일민주의'에 대해서는 어렵게 생각할 필요가 없습니다. 거창한 사상이나 이념체계라고 볼 수 없기 때문입니다. 일민주의를 군이 설명한다면 세계의 모든 사람이 공평하게 함께 잘살며, 한민족 또한 서로 아끼며 한마음이 되어서 남북통일과 완전한 자주독립으로 나아가야 한다는 주장입니다. 당시에는 빈번히 인용되었고, 안호상 같은 이들에 의해서 교육제도에도 스며들었던 내용이기도 합니다. 하지만 구체성이 결여되어 있으며 결국 이승만 개인숭배로 이어지는 주장일 뿐입니다.

어찌하든지 간에 이승만은 한민당 같은 특정 집단의 이해관계를 반영하는 사당私黨이 아니라 전 민족적 이해관계를 통합하고 포괄하는 공당公黨의 창설을 표방합니다. 그리고 신당 구상과 함께 '양원제와 대통령직선제'를 골자로 하는 개헌안을 제출합니다. 헌법을 뜯어고치자! 주장 자체가 정쟁의 도구가 된 순간입니다.

당시 이승만의 개인적 카리스마는 압도적이었습니다. 전국 각지에서는 국민운동이 시작되었으며 원내와 원외에서는 별도로 신당을 창설하는 작업이 진행됩니다. 그렇게 해서 만들어진 정당이 바로 자유당입니다.

당시는 6·25전쟁 중이었고 민국당 외에도 반이승만세력이 국회에서 확고한 세력을 장악한 시기였습니다. 결국 정부에서 제출한 개헌안은 163명의 의원이 참여, 143명의 의원이 반대하면서 부결되고 맙니다(1952.1.18). 그리고 민국당의 반격이 이어집니다. 정치자금을 적극적으로 지원하여 무소속구락부와 민우회 등을 포섭하여 개헌 가능 선인 124명의 동의를 받아냅니다. 이번에는 민국당이 중심이 되어 국회에 내각책임제 개헌안을 제출한 것입니다(1952.4.17).

그런데 한 달 뒤 이승만은 잔여 공비를 소탕한다는 명목으로 계엄령을 선포했습니다(1952.5.25). 관제 데모대는 물론 백골단과 땃벌떼 등의 폭력단체들까지 동원한 부산정치파동을 통해서 강제로 헌법을 뜯어고치려고 한 것입니다.

대통령을 직선으로 뽑는다. 하지만 국무총리에게 국무위원 선임에 대한 일정 권한(제청에 의한 임명과 면직)을 주겠다. 또한 국무위원에 대해 국회가 간섭할 수 있는 권한(불신임권)도 주겠다.

국회와 정부가 제시한 개헌안을 각각 발췌해서 혼합한 타협안이 만들어졌습니다. 물론 대통령직선제가 담겨 있는 만큼 이승만의 의지가 그대로 투영된 방안이기도 합니다. 국회의원들은 연행되어 이틀간 감금되었고 결국 투항, 기립표결을 강요당하여 166명의 의원 가운데 163명이 찬성하는 것으로 개헌안이 통과됩니다(1952.7.4). 헌법이 만들어진 지 불과 4년 만에 고쳐진 것입니다.

또 한 번의 헌법 개정

1952년 8월 5일에 실시된 두 번째 대통령 선거에서 이승만은 74.6퍼센트의 압도적인 득표로 재선에 성공합니다. 조봉암과 이시영이 나서서 모두 10퍼센트 초반의 득표를 했으나 이들은 무소속이었습니다. 후보조차 못낸 민국당의 처절한 패배가 확증되는 순간이었습니다. 이후의 과정은 더욱 정치적입니다. 자유당 창당과 발췌개헌에서 중요한 역할을 담당했던 이범석과 그의 세력이 커지는 것에 부담을 느낀 이승만은 부통령 후보로 이범석이 아닌 함태영을 지명했습니다. 그리고 사사오입개헌이 진행되는 1954년까지 이범석과 그가 이끌던 민족청년단, 이른바 족청계 인사들은 자유당에서 모두 제거됩니다.

애초에 원내에서 만들어진 자유당이 개헌에 부정적이었기 때문에 이승만은 이범석이 이끌던 족청계를 원외 자유당으로 선택해서 원내 자유당을 붕괴시켰습니다. 여기에 다시 이범석을 무너뜨리면서 그는 '초국적인 지도자'의 지위를 확보합니다. 이후 자유당의 지도자가 된 이기붕은 이승만에게 고분고분했으며, 경찰과 관료 조직은 이승만의 가장 충성스러운 기관으로 활동하며 모든 것을 통제하기 시작합니다.

1954년은 이승만의 정치적 승리의 절정기일지도 모릅니다. 3대 국회의원 선거에서 자유당은 114명이나 당선되면서 압도적인 여당이 되었고, 민국당은 고작 15명이 당선되며 파국에 가까운 상황으로 밀려났기 때문입니다. 여기에 더해 선거법 위반 혐의 등을 무기로 적극적으로 무소속 의원들의 지지를 확보한 이승만은 다시 한 번 개헌을 시도합니다.

제44조   중 '국무총리'를 삭제한다.
제46조   제1항 중 '국무총리'를 삭제하고 (후략)
제52조   중 '국무총리가'를 '법률이 정하는 순위에 따라 국무위원이'로 한다.

제53조   제8항 중 '국무총리 또는'을 삭제한다.

제55조   (중략) 대통령이 궐위된 때에는 부통령이 대통령이 되고
        잔임 기간 중 재임한다.

제60조   중 '국무총리와'를 삭제한다.

제68조   중 '국무총리 기타의'를 삭제한다.

제69조   국무위원은 대통령이 임명한다.

제70조   대통령은 국무회의를 소집하고 그 의장이 된다. 대통령
        이 필요하다고 인정할 때에는 (중략) 국무회의의 의장의
        직무를 대행하게 할 수 있다.

1954년 11월 18일 제82차 회의 당시 헌법개정안 내용 중

국무총리제를 폐지하는 것을 중심으로 내각책임제 요소를 헌
법에서 모조리 없애버리려는 시도였습니다. 또한 제55조를 개정
하여 대통령 유고시 부통령이 이를 계승하게 한 것은, 당시 이승
만의 나이가 고령이었다는 점을 고려한다면 자유당의 장기집권
을 위한 포석으로 해석할 수 있습니다. 당시 국회 속기록을 봐도
그렇고, 많은 헌법학자들이 지적한 것처럼 사사오입개헌의 결과
로 우리 헌법은 '미국식 대통령제'에 가까워집니다. 당시에는 '대
통령책임제'라는 용어로 부르기도 했습니다. 하지만 이것은 형태
의 유사성에 불과할 뿐이며, 실제로는 본격적인 독재정치를 위한
제도의 완성으로 보는 것이 타당합니다.

이승만 사후를 설계하라

연이은 무리한 개헌은 반이승만세력을 새롭게 결집시킵니다.

또한 사사오입개헌은 자유당 내부에도 적지 않은 상처를 남겼습니다. 손권배·김영삼·김재곤·김재황·김홍식·민관식·성원경·신정호·신태권·이태용·한동석·황남팔·도진희 등 총 14명의 의원이 자유당을 탈당한 것입니다. 자유당 탈당파, 그리고 장면 등의 홍사단 인사는 기존의 민국당 및 여러 무소속 의원들과 연합하여 호헌동지회를 결성, 이후 민주당이 발족하게 됩니다. 60여 명의 의원이 뭉친 민주당은 반이승만투쟁에서 중요한 역할을 담당함과 동시에, 정치학자들이 지적하듯 본격적인 정당정치가 시작됩니다. 물론 아래로부터 조직화되어 민의를 직접 반영하는 서구식 대중정당으로 보기는 어렵지만 말입니다.

이러한 흐름 가운데 세 번째 대통령 선거가 열렸고, 민주당의 신익희 그리고 혁신진영의 조봉암이 출마했습니다. 신익희와 조봉암의 후보 단일화와 공조 작업이 추진되었지만 신익희가 급서하면서 무산되고 맙니다. 무소속의 조봉암은 200만 표 이상을 얻는 기염을 토하였고 이승만은 56퍼센트만을 득표하며 3선에 성공합니다. 여러모로 무리하게 진행된 개헌의 결과입니다. 이제 본격적으로 이승만의 위세가 꺾이기 시작한 것입니다.

바로 이 시점에 새로운 형태의 개헌 논의가 시작됩니다. 더구나 개헌의 진원은 여당인 자유당이었습니다. 3대 대통령 선거가 끝난 1956년부터 이승만 정권이 몰락하는 1960년까지 수차례에 걸쳐서 사실상 매년 개헌 논의가 시도된 것입니다.

직접적인 촉발은 부통령에 민주당 장면이 당선되었기 때문입니다. 3대 대통령 선거에서 신익희와 조봉암의 공세가 만만치 않았고 특히 조봉암 돌풍은 제1야당이었던 민주당에도 위기감을 불러일으킵니다. 신익희가 급서한 뒤 민주당은 오히려 자유당과 타협합니다. 그 결과가 장면의 부통령 당선입니다. 이승만 입장에서 야 세 번째 재선에 성공한 것이지만 자유당의 입장에서는 만약 이 승만에게 문제가 생길 경우 권력을 통째로 민주당에 넘겨야 하는 위기감이 돌게 됩니다. 그리고 무엇보다 자유당에는 민주당 못지 않게, 아니 민주당보다 더욱 심각할 정도로 이승만을 대체할 정치 지도자가 없었습니다. 스스로 권력을 창출할 능력이 결여되었던 것입니다.

자유당은 3대 대통령 선거가 끝나자마자 개헌 이야기를 꺼냅니다. 자유당 각 도의 대표들은 의원부총회를 맞이하여 5개 항의 건의안을 들고 경무대를 방문합니다.

자유당이 살 길은 바로 내각책임제다.

이승만은 면전에서 이를 거절했고 그로 인해 "더 이상의 맹종은 감수할 수 없다"면서 의원부총회가 성토장으로 변모하고 맙니다. 이기붕이 주도하는 자유당 내에서 비주류가 시도한 행동인데 김수선과 신도성 등은 구체적인 개헌 내용까지 제시했습니다. 김수선은 사라진 국무총리의 권한을 재건·확대하는 것을, 신도성은 부통령의 대통령 계승 조항 삭제를 주장했습니다. 사실상 눈앞의 현실만 보면서 당리당략 차원에서 제시한 개헌안에 불과합니다. 실제로 이후 이기붕계와 반이기붕계의 치열한 정쟁이 벌어졌으며, 개헌안 시도가 실패하자 당과 경찰의 사주를 받은 김상붕이 부통령 장면 암살까지 시도했습니다. 헌법을 왜 고쳐야 하는지에 대한 근본적인 성찰은 애초에 거세되었다고 봐도 무방할 정도입니다.

1957년에 또다시 개헌론이 등장합니다. 3대 국회의 마지막

회기였기 때문에 적극적이었다고 볼 수 있습니다. 개헌 표결을 위한 국회법 개정도 시도했고, 정우회와 무소속 의원 등 군소 인물들에 대한 포섭 작업도 함께 들어갑니다. 흥미로운 것은 독일의 바이마르 헌법이 개헌과 관련해 언급되었다는 점입니다.

국무총리는 대통령이 임명한다.
대통령 유고시 국무총리가 권한을 대행한다.

무엇보다 위의 두 가지 내용이 가장 관심을 끌었습니다. 이승만은 이제 여든이 넘었기 때문에 '유고'는 매우 현실적인 사태였습니다. 자유당의 입장에서는 선거가 아닌 합법적 방법으로 권력을 계승하는 가장 좋은 방법이 국무총리직이었으니, 굳이 바이마르 헌법까지 인용하면서 개헌을 주장한 것입니다. 1957년의 시도 역시 이전과 비슷한 인물들에 의해 비슷한 과정을 거치면서 중단되었지만, 당내 일파가 집단적인 행동을 보인 것이 아니라 자유당 당무회 차원에서 공식적으로 추진되었다는 점에서는 중요한 의미를 갖습니다.

두 차례의 뜻밖의 선택

다시 한 해를 넘겨 1958년이 되면 또 다른 절박한 이유로 개헌 논의가 시작됩니다. 본격적으로 이승만과 자유당이 붕괴되기 시작했기 때문입니다. 4대 국회의원 선거인 5·2총선(1958)에서 자유당은 간신히 과반을 넘겨 126석을 얻었지만 목표했던 개헌선에는 한참을 못 미치는 수준이었고, 무엇보다 민주당이 79석을 차지하며 강력한 야당 지위를 구축합니다.

이승만 정권이 할 수 있는 선택은 독재권력을 강화하는 방법 밖에 없었습니다. 강력한 정치적 경쟁자였던 조봉암을 간첩으로 몰아서 처형했고, 그가 주도한 혁신계 진보당은 해체됩니다. 신국 가보안법을 통과시키며 2·4파동을 일으켰고 경향신문을 폐간하는 등 1950년대 후반은 온통 우울한 일들로 넘쳐납니다.

더구나 당시 이승만의 후계자인 이기붕도 날이 갈수록 건강이 악화되고 있었기 때문에 개헌 논의를 마냥 무시할 수도 없는 입장이었습니다. 그리고 1959년이 밝아오자 뜻밖의 선택을 합니다. 1월 10일 민주당 지도자 조병옥이 극비리에 이기붕이 입원하고 있던 병원으로 찾아온 것입니다. 이기붕은 '내각제 개헌과 여야 화합의 방안'을 털어놓으며 둘 사이에 흉금 없는 대화가 오갑니다.

내각책임제로 개헌을 한다.

이승만의 후계자는 이기붕이 아닌 야당 당수 조병옥이 된다.

즉 개헌을 통해 부통령제를 폐지하고, 이승만이 직접 조병옥을 국무총리에 지명하는 형태로 권력을 이양하겠다는 내용입니다. 또한 이 과정을 통해 자유당과 민주당은 합당에 준하는 새로운 정당 통합의 과정을 거치겠다는 것이었습니다.

이후 자유당 박충식 의원의 별장에서 이재학과 조병옥이 만났고, 이재학과 유진산이 비밀리에 접촉하는 가운데 양당은 개헌 논의를 이어갑니다. 그리고 이 논의는 4월 초에 공식화됩니다.

국무총리제를 부활하며 부통령제를 폐지한다.

대통령은 간접선거로 뽑는다.

대통령과 국회는 서로를 불신임하거나 해산할 수 없다.

심지어 프랑스의 '드골 헌법'을 참작했다고까지 주장하는데, 개헌을 빙자하여 야합도 이런 야합이 없습니다. 이승만이 곧 죽을 테니 여당과 야당이 연합해서 거대 정당을 만들고 계파의 수장들이 돌아가면서 대통령과 국무총리를 하겠다는 발상일 뿐입니다.

하지만 상황은 그들의 생각대로 흘러가지 않습니다. 이기붕 일파가 자유당을 완전히 장악하지 못한 상태에서 반이기붕세력의 반발이 지속되었고, 무엇보다 민주당 내에서의 반발이 격렬했습니다. 보통 조병옥계를 민주당 구파라고 부릅니다. 민주당 구파에 대항하여 장면으로 대표되는 민주당 신파가 격렬하게 반발한 것입니다. 그리고 결정적으로 대통령 이승만이 반대하면서 개헌 시도는 무력화되고 맙니다. 끝까지 대통령제를 고수한 이승만의 독특한 신념과 독재를 향한 열정이 역설적이게도 개헌 위기를 막았다고 볼 수 있습니다.

헌법은 율령이 아니다

국회에서의 모든 정략은 국회법이 규정한 절차를 통과해야 합니다. 이에 따라 개헌안은 '헌법 심의'라는 공적 과정을 거쳐야 합니다. 이를 통해 국민의 대표인 국회의원들이 개헌의 필요성을 납득해야 하며, 또한 다양한 정파적 이해관계를 충족시켜야만 합니다. 이 공적 과정은 언론을 통해 국민들에게 전달되어야 하고 국민은 이를 두고 다양한 의견을 개진하며 여론을 형성해야 합니다. 그리고 그 여론이 다시 공적 과정에 직접 영향을 주어서 특정한 당파나 권력자의 정략이 아닌 국민적인 이익으로 거듭나야 합니다.

하지만 1952년과 1954년에 벌어진 두 번의 개헌은 법률이 만들어놓은 공적 절차가 이승만의 압도적인 카리스마와 그것을 뒷받침하는 강력한 행정력으로 인해 무참하게 무너지는 시기였습니다. 더욱 속상한 것은 기록으로 남은 공적 절차를 아무리 면밀하게 살펴봐도 제헌헌법 당시 보여주었던 의미 있는 노력들을 찾기 힘들다는 점입니다.

첫째, 기본권 논쟁이 없었습니다. 헌법은 율령이 아닙니다. 황제라는 절대 권력자가 신민들을 통치하기 위해 형벌과 각종 굴종의 예법을 정해놓은 것이 아니라는 말입니다. 헌법이 존재하는 이유는 국민 개개인 그리고 국가공동체 전체의 권리를 보장하기 위해서입니다. 만약 헌법을 고쳐야 한다면 기본권을 비롯한 각종 사회적 권리를 신장하고 발전시키는 방향으로 논의가 진행되어야만 합니다. 하지만 현실은 그렇지 않았습니다.

1. 양원제도의 채택

양원제도의 장단에 관하여는 아직 논의가 구구하지만 양원제도가 국회의 경솔 부당한 의결과 과오를 피할 수 있다는 점, 다수당의 전제專制를 방지할 수 있다는 점, 정부와 국회의 충돌을 완화시킬 수 있다는 점, 상원에 비교적 노련하고 원만한 인물을 선출할 수 있다는 점 등의 장점을 가지고 있는데 착안하여 미, 영을 선두로 대다수의 민주국가는 양원제도를 채택하고 있다.

2. 대통령·부통령 직접선거제도의 채택

국민주권을 근본 원칙으로 하는 민주국가에 있어서는 모든 공무원은 주권자인 국민의 공복이며 언제든지 국민에 대하여 책임을 지는 것이다. 대통령 역시 공무원의 한 사람일 뿐만 아니라 행정부의 수반이며 국가를 대표하는 중책을 가지는 것이므로 다른 공무원보다 일층 더 주권자인 국민의 의사가 그에게 직접적으로 반영, 침투되어야할 것이며 부통령 역시 그러하여야 할 것이다.

1952년 '헌법 개정 재의 이유서' 중의 한 부분입니다. 틀린 말들은 아닙니다. 하지만 당시의 역사가, 아니 바이마르공화국의 역사가 명확하게 보여준 것처럼 좋은 제도가 좋은 현실을 만드는 것은 아닙니다. 오히려 헌법의 가치를 현실에 투사하며 현실을 이상에 맞추어서 만들어가는 것이 국회의 의무이며 법을 만드는 궁극의 목적일 것입니다.

하지만 당시 국회는 수차례 헌법 심의 과정에서 추상적인 논의만 반복할 뿐이었습니다. 발췌개헌 당시에는 양원제를 최초로 도입하고자 합니다. 제헌국회는 단원제 국회였고, 영국과 미국은 물론 일본도 양원제를 취하고 있기 때문에 토론 가능한 논의였던 것은 분명합니다. 하지만 위에 나오는 수준을 벗어나지 못하며 마치 학교에서 학생이 양원제에 관해 토론하듯 매우 추상적인 법적 원칙만을 앵무새처럼 나열하고 있습니다. 사사오입개헌 당시에는 대통령책임제와 국민투표제를 두고 비슷한 양상이 벌어집니다. 물론 의미 있는 발언이 아예 없었던 것은 아닙니다.

나는 이 대통령 직접선거제라는 것은 민주주의를 지향하는 최고의 목표로서는 우리가 조금도 이것을 거부할 이유가 없습니다마는, 아직 대한민국의 건국 4년에 이것을 가지고는 아직 대통령 직접선거제를 채택한다는 것은 민주주의의 미명 아래에서 어떠한 독재세력을 조성시킬 염려가 있다는 것을 우려 아니할 수가 없는 바이올시다.

민국당의 서범석 의원의 발언입니다. 발췌개헌 논의 초기에 나온 주장이기 때문에 상당히 의미 있는 발언이며 문제의 본질을 정확히 꿰뚫어본 발언이기도 합니다. 하지만 대부분의 대화는 다시 양원제를 비롯한 헌법 조문에 대한 추상적인 설전으로 채워지고 맙니다. 박성하 의원은 보다 구체적인 문제들을 지적합니다. 국민의 수준이 직선제를 감당할 수 있겠는가, 또한 정당체계가 제대로 잡히지 않은 상태에서 민의가 정상적으로 반영이 되겠는가, 무엇보다 현재 경제가 매우 어려운데 국회의원의 수를 무작정 늘리면 국가재정도 문제일 것이고, 적절한 생계를 보장해주지 않으면 국회의원에게도 문제가 생길 수 있다는 등 매우 유효한 문제제기를 합니다.

자유당 김정실 의원은 보다 신랄한 공세를 벌입니다. 전쟁을 하고, 남북통일을 이루고, 경제부흥을 이루는 데 개헌이 도대체 무슨 상관이 있는지 물었습니다.

민국당 변광호 의원도 전쟁 중이라는 점을 상기시키면서 개헌을 비판하지만 주제를 슬며시 내각책임제로 돌려버립니다. 이처럼 정략적인 목적은 언제나 건전하고 의미 있는 논의를 봉쇄하는 주요한 도구가 됩니다. 그리고 모든 논의는 '제도를 어떻게 바꾸어서 어떻게 권력을 배분할 것인가'로 집중됩니다. 제헌국회 당시의 모습과 극적으로 대비됩니다.

근로자를 위한 경제조항이 시장경제에 반하는가?

둘째, 헌법 개정 논의에서 민생 이야기가 없었던 것은 아닙니다. 하지만 역시 구체성과 방향성이 결여되어 있습니다. 의외로 사사오입개헌 논의 초기의 주요 관심사는 민생이었습니다.

국민 간에는 이 경제조항은 형식은 대단히 좋다. 그리고 그 다음에 우리 사회의 실천 경험을 가지지 아니하고 추상적인 정의감이 높은 사람이 볼 적에는 이 규정은 대단히 정의감의 만족을 충족시켜 주는 것이다. 그렇지만 현실에는 맞지 않는 규정이다.

법제처장 신태익의 발언입니다. 제헌헌법에 담겨 있는 여러 경제조항의 가치를 긍정하면서도 그것이 실효성이 떨어지며 현실에서는 오히려 문제가 된다는 것을 지적하면서 개헌의 당위성을 설명하는 부분입니다.

이 사업가들은 이 규정과는 반대 방향으로 달려가는 주로 자유경제주의, 경제의 자유 노선을 따라가는 이러한 경향이 이 법과는 배치되는 그러한 경향으로 지금 달려가고 있습니다. (중략) 외국의 자본이라든지 기타 등등의 자기네들이 이용하려고 하더라도 이러한 헌법체제로서는 외국 사람으로서는 불안과 위구심을 가져서 만만히 투자를 안 할 것이다.

신태익은 헌법의 경제조항들이 자유시장경제와도 맞지 않으며 동시에 외국인 투자를 도모하는 데도 걸림돌이 된다고 주장합니다. 이 문제를 놓고 여러 국회의원들의 설전이 오가기도 했습니다. 당시 국민경제는 성장동력 자체가 없는 상황이었고 어떻게든 자본을 유치해서 변화를 도모해야 한다는 것에 의견이 모아졌기 때문에 외국인 투자까지 거론한 것입니다.

따라서 논쟁의 핵심은 '경제발전을 위해서 헌법 조문까지 뜯어 고칠 필요가 있느냐'로 옮겨갑니다. 엄상섭 의원은 '천연자원은 국가의 소유에 속하는 것'에 관한 중화민국 헌법 제143조 제2항을, 다시 이탈리아 헌법 제43조와 이집트 헌법 제137조 제2항을 인용하면서 국가 독점의 필요성을 설명합니다. 이에 대해 국무총리 백두진은 신태익과 같은 논조로 "우리가 공업화하고", "경제적 기반을 가지"기 위해서는 외국자본의 도입이 불가피하다고 주장합니다. 다만 이것이 곧 헌법 조항을 고칠 문제인가에 대해서는 유보적인 태도를 보입니다. 일본의 예를 들면서 법률 제정으로도 가능하다고 이야기합니다. 하지만 안타깝게도 논의는 이 정도의 공방만 반복할 뿐입니다.

사실 이 문제는 헌법이나 법률의 문제라기보다는 정부정책의 문제일 수 있습니다. 그리고 우선 정부가 실효성 있는 태도를 보였을 때 그에 맞추어서 헌법과 법률을 고쳐도 될 문제입니다. 하지만 국회는 제헌헌법에서 명기한 경제조항들이 사회주의적이냐 사회민주주의적이냐 등을 두고 다툼을 벌일 뿐, 실효적인 정책을 제안하거나 논의를 효과적으로 종결하려는 모습을 보이지 못합니다. 제헌국회가 가졌던 한계, 경제에 대한 고답적이고 추상적인 태도가 오히려 심각해진 것입니다.

오직 한 사람을 위한 개헌

셋째, 개헌의 목적과 구체적으로 싸우지 못합니다. 돌아보면 발췌개헌과 사사오입개헌의 목적은 너무나 명확합니다. 싸움 상대인 대통령은 국민들 사이에서 신망이 높으며, 온갖 행정력을 보유했습니다. 더구나 지속적으로 왜곡된 논리를 설파합니다.

초대 대통령이며 또 이 전쟁을 통해서 또 그 전후戰後의 이 지극히 곤란한 때를 극복하고 이 나라를 이 정도로 끌고 온 것은 결국 그분이 아니면 아니 되었다고 하는 것을 제 자신뿐 아니라 우리 전 국민이 느끼고 있을 것입니다. (중략) 이런 때를 당해서 만일 2년 후에 국민이 이분을 다시 대통령으로 모시겠다는 이러한 의욕이 나왔을 적에 그 길을 터놓지 아니하고는 우리 국회는 국민 앞에 심판을 받을 날이 있을 것을 생각하는 것입니다.

이재학 의원의 주장입니다. 초대 대통령이라는 점, 6·25전쟁을 극복했다는 점을 들면서 국회의 도리를 강조하는 주장입니다.

저 미국의 루스벨트씨 4선 후에 재선 이상은 못 한다, 잔임기간이 2년 이상일 때에는 한 번밖에 못 한다는 (헌법 조항을) 트루먼씨에 대해서는 이 제한을 가하지 않는다고 했습니다. 이것이 위헌입니까? 당시의 미국 법학자들은 위헌을 했습니까?

황성수 의원은 거듭 미국의 예를 들지만 논리적이기보다는 주먹구구식입니다. 대강 반박하고 어찌됐건 개헌은 해야 한다는 것을 두고 이것저것 말을 만들 뿐입니다. 하지만 이에 대한 야당의 반박은 정교하지 못합니다. 원인은 명확합니다. 야당이 오랫동안 내각책임제라는 다른 방향성을 꾸준히 제안한 상태였기 때문입니다. 여당은 내각책임제의 한계를 조목조목 비판하면서 개헌을 관철시키고자 했고, 야당은 내각책임제의 당위성을 설명하고 국민투표제를 비롯한 여러 현안들에 대해 일일이 답변하면서 부가적으로 독재의 위험성을 비판할 뿐입니다. 국회 속기록을 보면 독재의 위험성을 두고 집요하게 문제를 제기한 내용을 찾아보기 힘들 정도입니다. 개헌의 목적을 정확히 간파하고 치열하게 싸웠다는 흔적을 찾기가 너무나도 어렵습니다.

헌법의 의미는 현실에서 나와야 한다

마지막으로 대통령 이승만에 대한 인식입니다. 예의상 대통령에 대해 좋게 이야기할 수는 있겠지만 당시의 발언들을 검토해보면 대통령 이승만을 대하는 국회의원들의 태도에 심각한 문제가 있다는 것을 쉽게 느낄 수 있습니다.

여러분이 다 아시는 바와 같이 우리 대통령께서는 그의 거의 전 생애를 민주주의의 발상지이고 가장 모범국인 미주에서 지내셨습니다. 미주에서 공부를 해서 최고 학위를 받으시고 또 미주에서 거의 일생을 혁명운동 독립운동에 공헌한 어른이십니다. 그 어른은 철두철미한 민주주의자입니다. 그 어른이 헌법에 의지해서 국회에서 당선이 되었고 또 헌법을 수호하겠다고 맹세한 어른입니다. 그 어른은 헌법에 의지해서 앞으로도 행동할 것입니다.

국무총리 서리 허정의 발언입니다. 허정은 4·19혁명 이후 과
도정부의 수반이 되었던 인물입니다.

우리로서 이 대통령보고 앞으로 2년을 채우시는 데도 수고스러울거
니와 이다음에 쉬시라고 하는 이런 말씀 드릴 사람이 있다고 하면 우
리는 그분에게 대해 가지고서는 국가를 사랑하지 않는 사람, 국민이
알아야 할 사람으로서 여길 것인가 이것입니다.

윤제술 의원의 발언입니다. 비슷한 발언을 국회 속기록에서
수도 없이 찾을 수 있습니다. 이승만에 대한 미화와 우상화 작업
이 도를 넘은 수준입니다. 물론 당시가 여전히 유교문화가 강하고
민주주의가 정착되기에는 매우 이른 시점이고, 무엇보다 이승만
본인에 의한 자기 신성화 과정이 수년간 누적된 상태였기는 하지
만 이런 말이 국회에서 거리낌 없이 난무하는 것은 아무리 생각해
도 지나칩니다. 이것이 당시 국회의 수준, 국회의원의 수준이었습
니다.

이처럼 대한민국 초기 10년은 헌법의 가치 자체가 쓸려 내려
가는 참혹한 시간이었습니다. 4·19혁명을 통해 비로소 근본적인
변화에 대한 가능성이 주어집니다. 혁명이 헌법에 근원적인 가능
성을 불어넣은 것입니다.

"이성은 역사를 이끌 수 없다"

라인홀드 니버의 『도덕적 인간과 비도덕적 사회』

집단들 간의 관계는 윤리적이라기보다는 정치적이다. 이들 관계는 각 집단의 필요에 따라 주장에 대한 합리적이고 도덕적인 평가가 아닌 힘의 비례에 따라 결정된다. (중략) 정치적 갈등은 위기의 순간에 봉착하기 전에는 실제 힘을 사용하기보다 위협에 의해 진행되기 일쑤이다. 따라서 피상적인 분석으로는 도덕적·합리적 요소가 주도하는 것처럼 보이며 실제 갈등에서 나타나고 있는 강제력과 힘의 은밀한 내용에 대해 무심하기가 쉽다. 『도덕적 인간과 비도덕적 사회』 중에서

근대이성의 대두

위의 글은 놀랍게도 디트로이트에서 오랫동안 헌신적인 목회 활동을 해왔으며 사회문제에 대해서도 책임 있는 자세를 견지한 20세기 대표적인 기독교 신학자이자, 『도덕적 인간과 비도덕적 사회』라는 사회학의 명저를 쓴 사상가인 라인홀드 니버의 생각입니다.

니버는 인간의 이성을 신뢰하지 않습니다. 물론 이성의 장점은 분명합니다. 유럽의 근대화 과정을 보면 합리주의, 자유주의, 계몽주의 등 이성에 근거한 역사 발전 그 자체였습니다. 자연과학의 발전 역시 이성의 발전 때문이었고, 산업혁명과 자본주의적 발전 과정을 수량화, 통계화한 것 역시 이성의 능력이었습니다. 니버는 이를 부정하지 않습니다. 하지만 이성은 마냥 수학적 사고로 피라미드를 설계하고, 통계지표로 무역량을 계산하는 수준에 멈추지 않는다는 점입니다.

이성은 인간성 '한가운데' 있습니다. 본능·본성·기질·욕구는 이성과 떨어져 있지 않습니다. 모든 인간은 강렬한 생의 목표를 가지고 한평생을 살아갑니다. 따라서 인생의 의미를 두고 매우 진지한 성찰을 할 수도 있고, 죽음 앞에 허무할 수밖에 없는 삶을 뛰어넘으려는 어리석은 시도에 몰두하기도 합니다. 이것이 근대 이전 사회에서부터 내려온 인간의 본질입니다. 진시황과 한무제가 불사를 꿈꾼 것도, 현대인들이 웰빙라이프를 추구하는 것도 본질적인 측면에서 다를 바가 없습니다.

그런데 근대사회로 들어오면서 중요한 변화가 생깁니다. 이런 인간 일반의 문제를 이성적 사고와 이성적 행위가 통제하고 조정할 수 있다는 믿음이 생겼다는 점입니다.

인간은 이성적 사고를 바탕으로 합리적인 삶을 영위할 수 있다.

인간은 이성적 사고를 바탕으로 합리적인 교육·정치·경제 제도를 만들어서 합리적인 생활세계를 만들 수 있다.

그렇기 때문에 근대적인 인간은 비로소 '신의 섭리'라든지 '자연성' 같은 절대불가결한 전제나 관습, 전통에서 벗어나서 자신들의 것을 개인적인 것에서부터 공동체적인 것까지 재조직하기 시작합니다. 심지어 교회와 신학에서도 올바른 가르침과 좋은 도덕을 통해서 세상을 아름답게 치유할 수 있다고 믿는 경향이 나타납니다. 이를 통칭하여 자유주의신학이라고 합니다.

공동체의 함정

니버가 보기에는 이 정도 수준의 '합리적인 신념'은 근대적인 인간들이 만들어낸 '소박한 믿음'에 불과했습니다.

이성은 보다 능동적이다.
이성은 정치사회적 욕구를 합리화시켜주며 오히려 강력하고 파괴적인 정치사회적 과정의 선봉장이 될 수 있다.

니버가 보기에 인간에게 합리적인 부분은 있을지 모르지만 '합리적인 사회'는 존재할 수 없습니다. 인간성 자체가 그렇지 않다는 겁니다. 이성이 욕구를 제어하며 기질과 본성을 통제하는 게 아니라, 오히려 욕구를 강화하고 기질을 합리화하며 본성을 극단적으로 이끌어내기 때문입니다.

애국심을 통해 개인의 이타심이 국가의 이기심으로 변화된다는 것은 역설적 현상이다. 국가에 대한 충성심은 다른 분파적 이익과 비교해보았을 때 이타심의 최고 형태라고 볼 수 있다. 따라서 이는 모든 이타적 충동의 기초가 되는 것이다. 개인은 애국심의 정열을 가지고 있을 때 자신의 국가에 대한 비판적 태도를 견지하기 어렵고 대부분 완전히 망각하게 된다.

더구나 인간은 개인으로 존재하지 않습니다. 집단 속에서 존재하며 니버가 특별히 고뇌하듯 집단과 집단의 '관계 사이에' 존재합니다. 따라서 이 집단성 속에서, 그리고 집단과 집단의 관계 가운데서 인간성이 왜곡되고 합리적 이성이 극단적으로 악용될 수 있습니다. 모든 집단은 집단의 이상을 추구하기 때문입니다.

집단이 국가인 경우에는 국가적 이상을 강조하며 '애국심'을 고취시킵니다. 사람들은 특정 집단에 속해 있다는 이유로 자부심 뿐 아니라 자만심까지 지니게 됩니다. 소속감이라는 것은 보통 다른 집단과의 비교를 통해 강화되기 때문에 자부심과 자만심의 경계를 구분 짓기란 사실상 불가능합니다. 그리고 여기서 흥미로운 모습이 나타납니다. 집단에 대한 우상화에 이성이 들러붙으면서 집단 스스로가 신격화된다든지 집단에 대한 헌신만이 위대함으로 입증되는, 새로운 형태의 이성적 사고와 새로운 형태의 집단윤리가 생겨납니다. 국가는 신과 같은 지위에 오를 수 있고 소속감은 상당히 왜곡된 형태로 사회 구성원들의 실존적 불안을 채워줄 수 있습니다.

어떻게 정의를 세울 것인가

니버가 보기에 이런 과정은 인간세계에서 나타나는 지극히 자연스러운 과정이며, 결코 완전하게 개선되거나 해결될 수 없습니다. 아무리 양심과 이성을 고양한다고 해도 참된 정의는 정착될 수 없습니다. 될 수 없으니 포기하자는 식의 주장을 하는 것이 아닙니다. 이것이 우리의 현실이라는 것을 인정하고 어떻게 이 원초적인 혼돈 가운데서 정의를 세울 수 있는가를 고민해야 한다는 것이 니버가 생각하는 현실주의적인 인간관 혹은 현실주의적인 정치사회관입니다.

> 폭력이 정의로운 사회체계를 이루고 이를 보전해나갈 수 있다면 폭력과 혁명을 배제해야 할 윤리적 근거는 없다. (중략) 정치가 윤리의 우위에 설 수밖에 없는 운명적 상황을 고려하여 강제력을 사회 단합의 불가피한 수단으로 받아들인다면 비폭력적 강제와 폭력적 강제, 정부의 강제와 혁명세력의 강제를 절대적 기준에 따라 구분하는 것은 불가능하다. 구분을 한다면 그 기준은 결과에 근거해야 한다. 따라서 핵심 질문은 폭력을 통해서 정의를 세울 수 있는 정치적 가능성은 어느 정도인가이다.

간과해서는 안 될 것은 니버가 목회자이며 신학자였다는 점입니다. 그는 절대선, 사랑과 평화, 도덕과 윤리, 공동체를 향한 하나님의 비전 등 절대적 가치들을 결코 부정하지 않습니다. 오히려 그것들을 적극적으로 추구하고자 합니다. 하지만 그런 이상주의적 태도와 절대주의적인 희망은 결국 '비합리성을 장착한 이성'이 주도하는 현실 세상의 복판에서 관철되어야만 합니다. 숭고한 희망을 가슴에 담지하고 있지만 결국 희망은 현실 가운데 '그나마 가장 나은' 형태로 구성될 수 있을 뿐입니다.

어떻게 하면 현실에 이상을 관철시킬 수 있는가.

현실적인 힘들의 균형이다. 적절한 조화만이 현실에서 어느 정도의 이상을 관철
시킬 수 있다.

결국 니버가 선택할 수 있는 정치사회적인 도구는 '민주주의'
입니다. 제도와 절차에 공명성이 투영되어 있으며, 인간의 치열한
욕망을 적절하게 반영하면서도 효과적으로 통제할 수 있는 가장
유연하며 효과적인 장치가 민주주의이기 때문입니다. 치열하게
경쟁하되 피의 숙청을 막을 수 있고, 권력을 누리되 독재를 할 수
없는 견제와 균형의 제도로서 민주주의보다 효과적인 제도는 없
기 때문입니다.

일차적으로 니버는 막연한 도덕주의자들을 격렬하게 비판합
니다. 성경 말씀을 문자 그대로 믿으면서 오직 교회 활동에만 집
중하며 개인적으로 도덕성을 추구하는 태도는 사회정의를 이루
어가는 데 도움이 되지 못할뿐더러 오히려 다양하게 오용될 수 있
기 때문입니다.

니버가 보기에 나치즘 같은 국가주의는 기독교 안에서 독재의
기제를 찾아 오용한 사례일 뿐입니다. 신 대신 국가를 신성화하며
그 밖의 다른 모든 것들을 도구화했다는 것입니다. 같은 견지에서
공산주의에 대해서도 비판적입니다. 혁명의 성공 가능성은 매우
낮고, 성공하더라도 정의로운 사회를 만드는 것은 별도의 과제입
니다. 결국 사회는 다양한 계층에 의해서 운영되며 그 과정이 매
우 복잡한데, 이를 혁명·이데올로기·공산당 등의 단순한 정신과
조직으로 해결하려고 하는 경향이 있기 때문입니다.

현실을 관통하는 상상력의 힘

니버는 본인의 생각을 전개하면서 로마 말기의 교부 아우구스티누스의 '의로운 전쟁'을 활용하기도 합니다. 사실 의로운 전쟁은 성립될 수 없는 개념입니다. 어떤 폭력과 살인도 의롭다고 말할 수 없기 때문입니다. 하지만 현실이 그렇지 않습니다. 아우구스티누스가 살았던 로마 말기는 거대한 혼란기였습니다. 게르만족이 쳐들어오는 상황에서 로마제국은 무능했습니다. 각 도시들은 자구책을 마련하여 이민족의 침공에서 스스로를 구했어야 합니다.

우리는 안중근 의사가 권총으로 이토 히로부미를 처단하거나 윤봉길 의사가 홍커우 공원에서 폭탄을 던진 일을 폭력적이었다고 비판하지 못합니다. 현실은 상대적이며 선한 목적을 이루기 위해, 아니 최소한의 생존의 터를 마련하기 위해서라도 불의한 선택을 할 수밖에 없는 상황이 있습니다. 니버의 결론도 상대주의적인 관점에서 쉽사리 이것도 좋고 저것도 좋다는 식으로 빠지기보다는 상황의 한가운데서 정의를 이루고자 하는 신학자의 고통스러운 사유의 결과였을 것입니다.

그런데 전제가 하나 있습니다. 바이마르공화국과 1950년대 대한민국에서 살펴보았듯이 민주주의라는 것도 충분히 확보된 역사적 경험 위에서나 구동 가능하다는 점입니다. 모두가 민주주의에 대한 경험이 일천하고, 모두가 민주주의의 기본적인 원칙과 절차를 지키지 않을 때 민주주의가 얼마나 무력한지를 우리는 역사를 통해 뼈저리게 경험했습니다.

니버의 생각은 어쩔 수 없이 미국 중심적, 유럽 중심적인 사고라는 비판에서 자유롭지 못합니다. 실제로 미국은 세계의 평화라는 미명하에 동맹국가의 독재정권을 묵인·옹호하는 숱한 과오를 저질렀습니다. 또한 여전히 많은 사람들이 '그땐 어쩔 수 없었다'는 식의 논리로 이승만 이래의 독재정권을 옹호하기도 합니다. 하지만 이러한 어려움에도 불구하고 우리는 1960년 4·19혁명을 통해 상황을 극적으로 반전시킵니다. 우리 스스로 새로운 가능성을 만들어냅니다. 니버가 기대한 것처럼 가능성을 현실의 복잡다단함 가운데 관철시킨 것입니다. 덧없던 1960년 한 해를 주목해야만 하는 이유이기도 합니다.

3장

제2공화국을 기억하라

제2공화국 헌법

일본 이야기

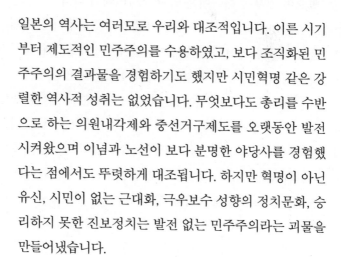

일본의 역사는 여러모로 우리와 대조적입니다. 이른 시기부터 제도적인 민주주의를 수용하였고, 보다 조직화된 민주주의의 결과물을 경험하기도 했지만 시민혁명 같은 강렬한 역사적 성취는 없었습니다. 무엇보다도 총리를 수반으로 하는 의원내각제와 중선거구제도를 오랫동안 발전시켜왔으며 이념과 노선이 보다 분명한 야당사를 경험했다는 점에서도 뚜렷하게 대조됩니다. 하지만 혁명이 아닌 유신, 시민이 없는 근대화, 극우보수 성향의 정치문화, 승리하지 못한 진보정치는 발전 없는 민주주의라는 괴물을 만들어냈습니다.

새 헌법을 만들어라

일본 민주주의의 역사는 2차 세계대전 이후 다시 시작됩니다. 메이지유신은 소수의 지사들에 의해 주도되었으며 이토 히로부미가 주도한 메이지헌법 역시 당시 발흥하고 있던 자유민권운동에 대항하면서 만들어진 제국의 헌법이었습니다. 자유민권운동이 그랬듯 1920년대 다이쇼데모크라시라는 조숙한 민주주의 역시 1930년대 군부와 극우파의 발호에 의해 무력화됩니다.

그리고 1940년대 익찬의회翼贊議會가 구성됩니다. 오늘날 중의원 수준의 의회인데 1942년 4월 30일 '익찬선거'를 통해 당선된 의원들로 구성되었습니다. 약 2달 전 귀족원 의원 18명을 포함한 33명이 익찬정치체제협의회(약칭 익협)를 결성하여 후보를 추천하였으며 정부는 이들에게 임시 군사비에서 각각 5,000엔의 선거자금을 지원하는 등 노골적인 지원 공세를 펼칩니다. 익협의 추천을 받지 못한 후보에 대해서는 경찰과 헌병대를 동원한 선거운동 방해공작을 펼친 끝에 결국 81.8퍼센트, 381명의 당선자를 냅니다. 사실 85명의 비추천 당선자 역시 대부분 우익진영의 인사들입니다. 동방회東方會의 나카노 세이고·기무라 다케오, 황도회皇道會의 히라노 리키조, 국수대중당國粹大衆黨의 사사카와 료이치, 건국회建國會의 아카오 빈 등인데 정당의 이름만 보더라도 당시의 분위기를 느낄 수 있습니다. 패전까지 어용 의회로 존재했던 익찬의회에는 의외의 인물들도 있습니다. 니시오 스에히로·미즈타니 조자부로·고노 미쓰·미야케 쇼이치·가와마타 세이온 등인데, 이들은 전후 사회당 건설을 주도했습니다.

1945년 8월 15일 제국주의 일본은 패망하고 스즈키 간타로

도쿄 일본뉴스 빌딩에 게양되는 성조기(1945.9.5)

내각은 총사퇴합니다. 보름 뒤 연합군 최고사령관 맥아더가 가나
가와현 아쓰기에 있는 해군항공대 기지에 도착했으며, 미 제11공
정사단 운송기 150대가 4,200명의 부대원을 싣고 도착하면서 미
군정의 통치가 시작됩니다. 미군정은 1948년까지 20만 명 이상
의 인사를 공직과 재계에서 축출했습니다. 동시에 국가 신토神道
체제를 해체합니다. 6,000명의 군인을 재판대에 세웠으며 그중
900명을 사형에 처합니다. 점령 2달 만에 표현·출판·집회의 자
유가 허락되었고 노동조합과 농민조합을 결성할 수 있는 권리 역
시 보장됩니다. 여성의 정치적 권리도 보장되며 농지개혁을 통해
소작제도를 해체합니다.

　새로운 체제, 영구적인 국가구조를 만들기 위해서는 무엇보다

도쿄 전범재판(1948). 28명의 A급 전범 가운데 7명은 사형, 16명은 종신형, 2명은 징역형을 선고받았다.

신헌법 제정이 필요했습니다. 따라서 1946년 2월 3일 '맥아더 3원칙'이 하달되었습니다.

1. 천황은 국가의 최고위의 지위에 있다. 황위는 세습된다. 천황의 직무 및 권능은 헌법에 기초하여 행사되며, 헌법에 제시된 국민의 기본적 의사에 부응하는 것으로 한다.

2. 국권의 발동인 전쟁은 폐지한다. 일본은 분쟁 해결을 위한 수단으로서의 전쟁, 나아가 자신의 안전을 지키기 위한 수단으로서의 전쟁도 방기한다. 일본은 그 방위와 보호를 바야흐로 세계를 움직이고 있는 숭고한 이상에 맡긴다. 일본이 육해공군을 가지는 권능은 장래에도 고려되지 않으며, 교정권이 일본군에게 부여되지도 않는다.

3. 일본의 보건제도는 폐지된다. 예산의 형태는 영국의 제도를
    모델로 삼는다.

미군정과 맥아더는 신헌법에 자유주의적 요소를 강하게 투영하기 위해 적극적인 활동을 벌입니다. 맥아더는 3원칙이 발표되기 전, 1945년 10월 4일 당시 부총리 격인 국무상 고노에 후미마로를 접견하여 헌법 개정을 요구합니다. 이에 따라 고노에 후미마로는 내대신어용內大臣御用에 임명되었고 사사키 소이치를 초빙하여 신헌법 초안 작업을 맡깁니다. 비슷한 시기인 11월 11일 맥아더는 수상 시데하라에게 '헌법의 자유주의화' 지시를 명령합니다. 이에 따라 국무상 마쓰모토 조지는 헌법문제조사회를 설치합니다. 하지만 이들은 신헌법을 제정하는 것에 매우 소극적이었습니다. 끝까지 천황 중심의 제국주의체제를 지키고 싶었던 것입니다.

천황을 어떻게 할 것인가?

신헌법을 위한 준비는 다방면에서 이루어졌습니다. 미군정 산하 민정국의 법률과장 라우렐 중령이 기존의 일본 헌법을 연구하면서 신헌법 제정에 참여했습니다. 이 밖에도 다양한 계열에서 신헌법 혹은 헌법개정안이 발표됩니다. 일본공산당은 주권이 천황이 아닌 인민에게 있어야 한다는 '신헌법 골자'를 발표합니다(1945.11.11). 헌법연구회는 '헌법 초안 요강'에서 천황은 국민의 위임에 의해 오로지 국가적 의례만을 담당해야 함을 분명히 하며 각종 자유주의적인 헌법안을 구체화합니다(1945.12.27). 다카노 이와사부로는 "천황제 대신 대통령을 원수로 하는 공화제를

채용한다"는 더욱 급진적인 '개정헌법사안 요강'을 발표합니다
(1945.12.28).

보수적인 주장 역시 다양한 형태로 피력되었습니다. 국무
상 마쓰모토가 만든 헌법문제조사위원회의 '헌법 개정 요강'
(1946.2.8), 이른바 마쓰모토 갑안松本 甲案이 대표적입니다.

천황은 지극히 존엄한 존재로, 이는 침해할 수 없다. 천황은 군을 통수한다. 귀족
원을 '참의원'으로 바꾼다.

또한 일본 자유당의 '헌법 개정 요강'(1946.1.21)은 통치권의
주체를 일본 국민으로 하되 천황을 통치권의 '총람자'로 규정하
여 사실상 천황이 국민 전체의 의사를 대표함을 피력합니다. 이
상황에서 '맥아더 3원칙'이 발표되었으며 이후 미군정은 보다 주
도적으로 신헌법 제정 작업을 이끕니다.

신헌법 제정 과정은 생각보다 복잡하며 격렬한 투쟁의 장이었
습니다. 공산당을 비롯한 급진주의자들의 의견은 영향력이 약했
던 상황에서, 결국 보수주의자들과 미군정 그리고 미군정과 미국
무부, 마지막으로 주변국의 입장까지 복잡하게 얽혀 있었습니다.

극우 사상가 기타 잇키의 친동생이자 파시즘의 예찬자인 기타
레이키치는 헌법 개정에 정면으로 반발합니다. 그는 의회에서 일
본의 국체가 천황이냐 국민이냐를 다그쳐 묻습니다. 주권재민 원
칙이 스며들었다는 소식에 격분하여 천황주권을 분명히 하려는
시도였습니다.

도대체 주권이 국민의 손에 있는 것인가? 천황에게 있는 것인가? 이

것을 여기에서 얼버무리지 말고 확실하게 말해주기 바란다.

그러자 수상 요시다는 모호한 발언으로 상황을 무마합니다.

황실의 존재는 일본 국민, 자연히 발생한 일본 국체 그 자체라고 생각합니다. 황실과 국민 사이에 아무런 구별이 없으며, 이른바 군신일여君臣一如입니다. 군신일가君臣一家입니다. 국체는 신헌법에 의해서도 조금도 변경되지 않을 것입니다.

일본 공산당의 노사카 산조는 요시다의 발언에 반발하여 본회의에서 "종래의 천황 중심의 기본적인 정치기구는 신헌법에서는 근본적으로 변경되었다. 종래의 천황 중심의 정치기구를 우리나라의 국체라고 생각하는 사람이 있지만, 이것은 정체forms of government이지 국체forms of state는 아니라고 믿는다"고 발언했습니다.

이후에도 천황의 존치와 법적 지위를 두고 다양한 형태의 공방이 오갑니다. 무엇보다 미국 정부와 주일 미군정의 입장이 큰 차이를 보입니다. 맥아더가 고노에에게 헌법 초안 작성을 지시한 것을 두고 본국에서는 전범에게 이 일을 맡길 수 없다는 비판이 대두되었으며, 무엇보다 천황의 존치 자체를 두고 의견 대립이 심했습니다. 결국 맥아더는 본국 국무부의 입장을 능수능란하게 무력화시키며 '인간선언'을 통해서 천황의 위상을 격하시키는 동시에 천황을 '상징'으로 존치시킵니다. 천황을 일본 재건의 구심점으로 삼긴 하되, 전후 일본을 자유민주주의국가로 견인하겠다는 맥아더식 타협과 선택이었다고 볼 수 있습니다.

이른바 '평화헌법'의 향방

군대 보유 문제도 심각한 논쟁거리가 됩니다. 헌법 제9조를 둘러싼 논쟁인데 이 부분에서는 무엇보다 극동위원회의 발언이 중요합니다. 극동위원회는 연합군 최고 정책기관으로 주로 일본 문제를 담당했습니다. 당연히 미국과 소련, 영국이 주도했으며 중국, 프랑스, 미얀마, 파키스탄까지 13개 국가가 참여했습니다.

일반적으로 경찰력은 군대armed force라고 부르지 않습니다. 만약 일본이 여기에서 선언하고 있는 것 이외의 군대를 보유하는 것이 허용된다면 위험하며, 그것은 일본이 무언가 구실을 내세워, 예를 들면 자위라는 구실로 군대를 가질 가능성이 있다는 것을 의미합니다.

중국 대표 탄의 발언입니다. 캐나다 대표인 랠프 콜린스 위원장과 오스트레일리아 대표 제임스 플림솔은 헌법 제9조를 개정하여 '문민조항'을 삽입해야 한다고 주장합니다. 결국 헌법 제9조에 전쟁과 군비의 포기, 즉 맥아더의 의지가 반영된 조항이 삽입됩니다.

일본 국민은 정의와 질서를 기조로 하는 국제평화를 성실히 희구하고, 국권의 발동에 의거한 전쟁 및 무력에 의한 위협 또는 무력의 행사는 국제분쟁을 해결하는 수단으로서는 영구히 이를 포기한다. 이러한 목적을 성취하기 위하여 육해공군 및 그 이외의 어떠한 전력도 보유하지 않는다. 국가의 교전권 역시 인정치 않는다.

1946년 4월 17일 헌법 개정 초안이 공표되었으며 6월에는 요시다 내각이 의회에 제출, 다시 8월 말에는 연합군 총사령부의 적극적 개입에 의해 가결됩니다. 귀족원과 중의원을 거쳐서 11월 3일에 공포, 1947년 5월 3일에 시행됩니다. 신헌법에 의한 새로운 일본의 역사가 시작된 것입니다.

일본은 여러 정치적 고려와 타협의 결과로 새로운 헌법을 갖게 되었습니다. 2차 세계대전의 책임을 물어 군대를 가질 수 없고 전쟁을 할 수 없게 된 이 헌법을 가리켜 '평화헌법'이라고 부릅니다. 당시 마이니치신문의 여론조사에 따르면 일본 국민의 70퍼센트가 전쟁 포기를 찬성했다고 합니다. 물론 전후라는 특수한 상황과 급진적인 사회 분위기가 반영된 결과이긴 하지만 새로운 변화가 시작된 것만큼은 분명합니다.

하지만 1947년 이후 냉전이 본격화되었고, 1948년이 되자 미 육군성은 '일본에 대한 한정적 군비Limited Military Armament for Japan'를 계획합니다. 육군장관 케네스 로얄은 "일본을 반공의 방벽으로 만들겠다"는 연설까지 합니다. 냉전이라는 거대한 변동 앞에서 미국은 본인들이 취한 정책을 무시하며, 전범을 복귀시키고 공산당을 추방하는 등 자기모순적인 행동을 합니다. 그리고 '헌법의 틈'을 둘러싼 애매모호한 태도가 넘실대기 시작했지만, 놀랍게도 일본 헌법은 제정된 이래로 현재까지 단 한 번도 수정되지 않았습니다.

일본 사회당의 전후 노선투쟁

신헌법의 복판에 일본의 대표 야당 사회당이 있습니다. 사회당은 공산당과 함께 전후 일본 정당사의 대표적인 야당입니다. 사회당은 사회민주주의정당이며, 공산당은 소련과 직접 관계를 맺는 공산주의정당입니다. 이 중에서도 일본 야당사의 주역은 단연코 사회당입니다. 사회당은 1946년 4월 실시된 전후 최초의 총선거에서 93석을 획득하며 자유당(141석), 진보당(94석)에 이어 제3당의 자리를 차지했습니다. 자유당과 진보당은 모두 보수정당입니다. 두 당은 연립정권을 이루어 '요시다 내각'으로 상징되는 보수정치를 견인했으며 이후 복잡한 과정을 거쳐 일본의 대표 보수정당인 자민당으로 거듭납니다.

신헌법이 통과되고 혁명적이며 급진적인 사회 분위기가 고조되었고 이에 발맞추어 사회당은 1947년 선거에서 기어코 제1당이 됩니다. 중선거구제로 치른 1947년의 선거는 중의원·참의원 선거는 물론 지사와 시정촌市町村 단체장 등을 함께 뽑은 역사상 가장 의미 깊은 선거였습니다. 이 선거를 통해 천황을 보조하던 '협찬'기관이 비로소 독립적인 입법기관 '국회'가 된 것입니다. 중의원은 참의원보다 우월한 제1원의 지위를 부여받기도 합니다. 사회당이 1당이 되기는 했지만 의석수는 144석, 총 466석 중 31퍼센트에 불과했고 공산당을 합쳐봤자 148석입니다. 여하간 1당의 지위에 올랐기 때문에 가타야마 내각이 성립됩니다. 하지만 가타야마 내각은 오래가지 못했으며, 이후 보수정당이 정치를 주도하고 야당이 개헌선을 저지하는 일본 특유의 보수정치, '55년 체제'가 시작됩니다.

일본의 정통 야당인 사회당은 오늘 우리가 생각하는 대한민국의 야당과 전혀 다릅니다. 첫째, 당은 노동조합이나 농민조합에 의지하는 형태로 구성되어 있습니다. 니시오 스에히로 등 창당의

전후 일본 최초의 총선거(1946.4.10)

주역이 모두 노동운동과 농민운동의 지도자들이었으며 당 조직 자체가 이들에 기반하고 있습니다. 둘째, 어찌됐건 사회당은 사회주의정당입니다. 기타야마 내각은 '자본주의에서 사회주의로의 이행'을 공식적으로 표방했으며 '주요산업의 국유화'는 중요한 사회적 의제가 되기도 했습니다. 셋째, 사회당은 '호헌·평화주의세력'으로 발전합니다. 전쟁을 포기하는 헌법 제9조를 지키며 반핵운동을 비롯한 다양한 시민사회적 의제를 담당하는 정당 활동을 치열하게 벌입니다. 마지막으로 중선거구제를 바탕으로 구성된 정당입니다. 인물 중심에, 정강에도 뚜렷한 차이가 없고, 반공적인 태도를 공유하며, 사회적 이슈보다는 정치적 이해관계에 따라 이합집산을 거듭해온 대한민국의 야당과는 확연히 다른 정체성입니다. 우리 야당은 40년을 독재정권과 싸워야 했기 때문에 정체성 자체가 '반독재투쟁과 민주화운동'에 초점이 맞추어져 있으며, 그 밖의 이슈는 민주화 쟁취 이후의 과제로 미루어놓았다는 점에서도 일본의 야당과 많이 다릅니다.

사회당은 내부적으로 좌파와 우파로 나뉘어 있었습니다. 우파는 상대적으로 농촌에 기반을 두고 온건한 사회민주주의적인 노선을 주창했고, 좌파는 상대적으로 노동운동에 기초를 두고 급진주의적인 태도를 견지했다고 보면 됩니다. 이런 배경에서 1949년 '모리토·이나무라 논쟁'이 벌어집니다.

계급정당이란 노동자계급의 정당을 뜻하므로, 사회당은 그런 의미에서는 계급정당이 아니다. 모든 근로대중에게 문호를 연 국민정당이다.

모리토의 주장입니다. 이에 반발하여 이나무라는 사회당이 노동자계급의 정당이며 전 국민을 포괄하는 국민정당이 아니라고 반발합니다. 이 논쟁은 쉽게 결론나지 않습니다. 1954년의 강령에서 우파는 폭력혁명과 일당독재를 명확히 부정합니다. 또한 사회주의정권을 수립하는 방법으로 의회주의를 엄수하며 일본 국민의 사적 소유를 인정함은 물론 자유로운 정치 비판과 정권교체 또한 인정합니다. 이에 비해 좌파는 사회주의혁명이 일어날 것을 예견하며 의회에서 절대다수를 확보하고 일당독재를 추진하여 사회주의적 이상을 달성해야 한다고 역설합니다.

단순하게 이상주의적인 강령만 주장한 것이 아닙니다. 실제로 사회당은 일본노동조합총평의회日本勞動組合總評議會(이하 총평)에 의존적이었습니다. 전체신노동조합·일교조·전일본자치단체노동조합협의회 등 총평 산하 단체에 참여한 멤버들이 사회당의 주요 당원이었습니다.

> 당원 5만의 사회당이 총선거에서 1,200만 표까지 얻은 것은 총평 노조들이 표를 모아주었기 때문이다. (중략) 노조의 지원 없이는 당선될 수 없었다. 또한 총평은 사회당 정치자금의 대부분을 부담했다.

정치학자 마스미 준노스케의 지적입니다. 1958년에서 1979년 사이의 사회당 의원 가운데 총평 출신이 중의원 43퍼센트, 참의원 66퍼센트에 이르는 수준이었으니 이 또한 우리 역사에서 찾아보기 힘든 구조입니다. 또한 1960년대 미일 안전보장조약 개정에 반대한 안보투쟁 이후 사회당은 호헌평화주의로 경도됩니다.

중립·비동맹·비무장의 정치이념을 견지해야 한다.
미일 안보조약을 미일 우호조약으로 바꾸어야 한다.
자위대는 전수방위專守防衛의 범위를 넘어서는 안 된다. 즉, 상대국을 먼저 공격할 수 없으며 침공해온 적을 일본 영토 안에서만 격퇴해야 한다.
한반도정책은 남북한의 자주적 평화통일에 기여해야 한다.
원자력발전소의 경우 에너지 공급정책을 고려하되 단계적으로 철폐해나가야 한다.

전반적인 흐름으로 보았을 때 사회당은 지속적으로 실패합니다. 1958년 166석으로 다시 한 번 정점에 오르지만, 1969년 90석으로 하락한 이후 1980년대가 도래하기까지 100석 수준을 오갔을 뿐입니다. 더 큰 문제는 득표율입니다. 사회당이 획득한 표는 32.9퍼센트에서 19.3퍼센트까지 지속적으로 떨어졌습니다. 하지만 일본의 경우 선거구가 중선거구였기 때문에 사회당은 제1야당의 지위를 유지할 수 있었고 여러 군소 진보정당들도 살아남을 수 있었습니다.

고도성장과 사회주의정당의 후퇴

사회당을 어떻게 볼 것인가는 입장에 따라 달라질 수 있습니다. 위험한 좌익정당 혹은 정체성이 분명하지 못한 계급정당으로 분류할 수도 있을 것입니다. 혹은 호헌평화주의의 탈을 쓴 사회주의정당으로 비판할 수도 있습니다. 어찌됐건 사회당이 제1야당의 지위를 구축할 수 있었던 배경에는 호헌평화주의의 영향력이 컸습니다. 중요한 것은 정권교체가 불가능한 야당, 당내 갈등을 해결하지 못한 야당, 급격한 세계 정세의 변화에도 1950년대 수준의 이념논쟁을 벗어나지 못하는 야당 등의 비판에서 자유롭지 못했다는 점입니다.

그렇기 때문에 당내 구조개혁에 대한 논란이 매우 오랫동안 지속되었습니다. 이미 1960년대 초반 격렬한 내부 충돌이 시작됩니다. 서기장 에다 사부로는 구조개혁의 중심 목표는 '국민 제계층의 생활 향상'을 달성하는 것이며 이를 위해 '독점 지배구조를 변혁'해야 한다고 주장합니다. 계급성을 탈피하며 현실적인 경제개혁을 추진해야 한다는 주장입니다. 이와 더불어 사회주의국가의 핵실험을 어떻게 보아야 할 것인가를 두고도 당내 대립이 심화됩니다.

에다 사부로가 중심이 된 구조개혁론은 당시 전 세계적인 급

진주의진영의 변화와도 연결되어 있었습니다. 계급정당에서 대
중정당으로 탈바꿈해야 한다는 이탈리아 공산당의 톨리아티 노
선에 영향을 받았기 때문입니다. 당시 서독 역시 고데스베르크강
령을 통해서 기존의 마르크스주의를 폐기하고 경제적 자유주의
를 표방했습니다. 이에 대해 사회당 좌파는 사회주의의 이상을 포
기하는 '개량주의의 위험'을 이야기하며 반대합니다. 독점자본은
개선이 아니라 타도해야 할 대상일 뿐이라는 것입니다. 결국 사
회당 제22회 대회에서 좌파는 '당의 지도체제 강화에 관한 결의',
사실상 에다 사부로가 제안한 구조개혁을 정면으로 반박하는 결
의안을 내놓고 232표 대 211표로 승리하여 에다 사부로를 서기
장직에서 물러나게 합니다.

　이 와중에 자민당으로 대표되는 보수파는 능수능란한 면모를
보입니다. 야당과의 비공식적인 협의에 응하거나 일부 요구를 받
아들이는 등 종래의 완강한 태도를 버리고 타협적 태도를 통해서
정국을 주도합니다. 1960년대 이후 일본은 본격적인 고도성장기
로 접어들며 자민당은 이케다 하야토가 주장한 '국민소득 배증계
획'에 부합하는 새로운 비전을 제시합니다.

국민 생활수준을 현격하게 향상시키겠다.

완전고용을 달성하겠다.

　자민당 내각은 1950년대 내내 쌀값을 통제하여 농민을 보호
했으며 1960년대 농업기본법을 통과시켜서 보다 확고한 가격지
지제도를 도입하여 농촌 유권자들을 포섭합니다. 1940년대 후반
사회당의 가타야마 내각이 상당수 의원들이 농촌 출신이었지만

농촌문제를 제대로 해결하지 못하면서 급격하게 지지 기반을 잃었던 것과 대조적인 모습입니다. 당시 농민들은 미군정의 농지개혁 이후 자영농이 되었지만 엄청난 세금을 부담해야 했고, 더욱이 재정 부족으로 농자금대출도 어려워지면서 사회당에 대한 지지를 거두어들였습니다. 1950년대 자민당·보수파가 농협과 보조금 등으로 농촌을 매수했다고 비판할 수도 있겠지만 사회당은 이미 그 전에 농촌의 지지 기반을 상실했던 것입니다.

1960년대 고도 경제성장으로 일본 사회에는 새로운 계층이 대거 등장합니다. 제조업·도매업·소매업 부문 30인 미만의 중소기업이 산업의 절반을 차지하게 됩니다. 이에 대한 자민당의 대응은 '중소기업 우대정책'입니다. 과세를 합리적으로 집행하며 세금 징수에서 여유로운 태도를 보입니다. 또한 1956년에는 백화점법을 만들어서 소매점포나 슈퍼마켓을 보호하는 등 효율적인 경제정책을 펼치며 소위 '도시서민'의 표심도 확고하게 장악합니다. 호헌평화주의를 내세우며 투쟁 일변도로 혹은 평화적인 이상에만 의지해서 정당을 이끌어간 사회당과는 대비되는 측면이기도 합니다.

더구나 노동운동은 1960년대 이후 근본적으로 약화됩니다. 정부의 후원을 받은 대기업이 완전고용과 고도의 기업복지정책을 주도했기 때문입니다. 대부분의 대기업이 직영병원, 진료소, 매점, 사택과 기숙사, 휴양지와 요양소를 구비합니다. 또한 사내 스포츠팀, 사원 여행, 사내 운동회, 문화사업, 심지어 사원부인회를 조직하고 연금제도까지 갖추는 등 기존의 노동환경을 확연히 바꾸어놓았기 때문입니다.

이런 대기업의 정책 전환은 노동운동을 무력화시키고 특히 기업의 방침에 저항하는 노동자를 통제하기 위한 수단이기도 했습니다. 자민당은 1973년을 복지원년으로 선포하며 연금제도와 건강보험제도의 확충 및 공해건강피해보장법을 제정하는 등 고도성장과 합리적 분배정책 기조를 꾸준히 유지하며 수많은 선거에서 승리를 거듭니다.

사회당의 변신, 종말을 앞당기다

1964년 공명당公明黨이 결성됩니다. 소카갓카이創價學會라는 신흥종교를 기반으로 한 이 종교정당은 중도를 표방했습니다.

복지제도를 지지하고, 신헌법을 수호한다.
동시에 자본주의체제를 수용한다.

소위 중간파라는 새로운 정치적 선택지가 놓인 것입니다. 물론 사회당이 노력을 게을리했다고는 할 수 없습니다. 고도성장 과정에서 일본의 시민사회 역시 성장을 거듭했으며 이러한 흐름을 수용할 수 있는 사실상의 유일한 정당은 사회당뿐이었습니다. 일본인들은 베트남전쟁에서 보여준 미국의 야만적인 행태를 비판했으며 수많은 시민단체들이 연합하여 '베트남에 평화를! 시민연합' 네트워크가 만들어지기도 했습니다. 1960년대 후반에는 4년간 1,800만 명 이상의 시민들이 수많은 반정부 데모에 참가합니다. 반전운동, 학생운동, 환경운동을 비롯하여 여성운동, 건강한 소비를 위한 생협운동까지 다양한 시민운동이 모두 이 시기에 등장했는데, 이것은 사회당을 비롯한 진보그룹의 중요한 버팀

목이 되었습니다. 이러한 노력에 힘입어서 지방선거에서 사회당이나 공산당이 승리를 거두기도 했고, 1976년에는 도쿄와 오사카를 비롯한 10개 도도부현의 지사, 요코하마와 나고야 등의 대도시를 포함한 159개 시의 시장을 배출합니다. 그리고 사회당은 1980년대 들어 새로운 도전을 시도합니다. 이시바시 마사시가 공식적으로 마르크스레닌주의를 포기하고 사회민주주의 노선으로 전환하는 '신선언'을 감행한 것입니다.

사회당의 이념은 중국, 소련 등 당시 사회주의국가와 다르다.
자민당을 비롯한 보수세력과의 연합도 가능하다.

좌파의 격렬한 반발 가운데 결국 1986년 신선언은 당의 강령으로 정착합니다. 이후 사회당은 롤러코스터 같은 정치적 격변을 체험합니다. 신선언을 발표하고 6개월 만에 치른 총선거에서 패배합니다. 하지만 패배를 추스르는 과정에서 창당 이래 처음으로 여성위원장인 도이 다카고가 사회당을 이끌게 됩니다. '마돈나 선풍'을 타고 사회당은 참의원 46석을 획득하며, 자민당(36석)에게 역사상 처음으로 참의원 과반 실패를 안겼습니다. 1990년대가 되면서 사회당은 미일 안보조약을 견지하고 자위대를 인정하며, '히노마루'를 일본의 국기, '기미가요'를 일본의 국가로 인정하며 원자력발전소 역시 대체 에너지를 확보할 때까지 과도기적으로 인정합니다. 수십 년간 지켜온 사회당의 방침을 스스로 포기하면서 변화를 선택한 것입니다.

정치적 선택은 더욱 극적이었습니다. 각종 부정부패에 연루된 자민당이 민심을 잃기 시작했고 이 와중에 개혁을 표방한 오자와 이치로가 자민당을 탈당하여 신생당新生黨을 결성합니다. 그리고 호소카와 모리히로가 이끄는 또 하나의 개혁정당인 일본신당日本新黨을 비롯한 야당과 연합하여 자민당의 과반 의석을 무너뜨리고 최초로 비자민당 연립내각을 결성합니다. 1993년의 일이며 1950년대 이래 내려온 약 40년간의 '55년체제', 보수정당 자민당이 주도하며 진보정당 사회당이 제1야당으로 저항하는 구조가 처음으로 무너진 것입니다.

1994년에는 더욱 특별한 일이 일어납니다. 자민당과 사회당이 연립정부를 구성하면서 사회당위원장 무라야마 도미이치가 총리가 된 것입니다. 그리고 바로 이 순간 사회당은 존립의 근거와 이유를 본질적인 부분에서부터 상실합니다.

사회당은 왜 존재하는가?
노동자의 정당도 아니고 평화주의정당도 아니면 사회당은 무슨 정당인가?

사회당은 위안부 문제와 일본의 침략전쟁에 대한 사과 등을 비롯하여 일단의 전향적인 태도를 보이면서 자민당의 보수성을 어느 정도 제어하기도 했지만 결국 자민·사회당 연립정권은 오래가지 못합니다. 신생당과 개혁신당 등은 민주당을 결성했고, 1996년 사회민주당으로 이름을 바꾼 사회당은 충격적인 패배를 경험합니다. 70석에서 15석으로 사실상 괴멸 수준으로 의석이 줄어든 것입니다. 사회당이 사라진 일본은 이제 자민당과 민주당이라는 보수정당의 대립과 자민당의 독주라는 새로운 지형도를 그려나갈 것입니다.

1960년 6월 15일. 제2공화국의 시작
1960년 11월 29일. 부칙개헌

헌법에 의원내각제적인 요소가 있다는 사실과 의원내각
제를 경험했다는 것은 전혀 다른 문제입니다. 모든 제도는
역사적 과정을 통해 정착됩니다. 의원내각제의 경우도 마
찬가지입니다. 대통령이 문제가 많으니 국회의원에게 맡
기자, 일인독재보다는 다수의 지배가 합리적이다. 이런 주
장은 현실에는 전혀 어울리지 않습니다. 역사는 경험을 먹
고 자라고 모든 나라는 좋은 것이든 나쁜 것이든 자신들의
고유한 전통을 만들어가기 때문입니다. 1960년 4·19혁
명은 우리 역사에서 유일무이한 의원내각제 시대를 열게
됩니다.

모든 제도는 역사 위에서 만들어진다

4·19혁명을 통해 우리 역사에서 유일무이한 의원내각제 시대가 개막됩니다. 통상 우리 헌법을 두고 대통령중심제에 의원내각제적 요소가 섞여 있다고 설명합니다. 그도 그럴 것이 제헌헌법부터 시작해서 오랫동안 의원내각제를 고수한 세력들이 분명히 있었으며 그들이 헌법에 영향을 미친 것도 사실입니다. 그리고 이승만·박정희의 독재기간 동안 대통령제를 보다 강화하기 위한 수단으로 국무총리로 상징되는 의원내각제적 요소를 첨가하는 경향 또한 분명히 있었습니다. 헌법에 관한 연구가 대부분 헌법학자들에 의해 의원내각제·대통령중심제·이원집정부제 등 완결된 개념을 바탕으로 수행되었고, 그렇기 때문에 '의원내각제적 특성'이라는 식으로 손쉽게 설명해온 것도 사실입니다.

의원내각제의 산실이라고 할 수 있는 영국 역시 마찬가지입니다. 영국은 왕권이 약한 봉건국가였고 이미 중세 말부터 신분제 의회가 정착되었습니다. 찰스2세 당시 '신추밀원 설치에 관한 선언'이 발표됩니다(1679.4.20). 그 전까지만 하더라도 왕의 자문기관이었던 추밀원은 숫자도 지나치게 많을뿐더러 사실상 제대로 된 자문기능을 담당하지 못했습니다. 찰스2세는 선언을 통해서 중요한 변화를 도모합니다. 우선 추밀원의 인원을 30명으로 제한하며 이 중 5명을 하원에서 충당합니다. 또한 왕은 국가운영과 심지어 인사문제까지 추밀원의 협의로 넘깁니다. 더불어 국가운영에 관한 주요 내용을 추밀원에서 '자유토론'하며 그 내용에 관한 '절대비밀'까지 허락합니다. 수상은 존재하지 않았지만 당시 실력자인 새프츠베리가 그 역할을 담당하면서 제1재무경을 겸합니다. 선언 이후 추밀원은 9명으로 구성된 정보위원회, 10명으로 구성된 아일랜드위원회, 13명으로 구성된 탕헤르위원회, 22명으로 구성된 무역·플랜테이션위원회 등 4개의 상임위원회를 구성합니다. 각 위원회에는 추밀원의 핵심 인사들이 참여하고, 2명의 국무장관은 여러 위원회에 두루 참여할 수 있었습니다.

사실상 내각이 구성된 것입니다. 이 정도 수준까지 오는 데도 복잡한 역사가 있었습니다. 튜더왕조의 절대주의 시대(1485~1603)가 있었고 청교도혁명(1640~1660) 그리고 올리버 크롬웰의 공화정 시대가 있었습니다. 왕정은 간신히 복구되었으며 찰스 2세의 통치는 의회를 휘그파와 토리파로 나누어버립니다. 이후의 과정 또한 어렵고 복잡합니다. 찰스 2세 사후 그의 동생 제임스 2세는 고작 4년의 통치기간 동안 형이 만들어놓은 의원내각제의 중요한 기초를 모조리 부수어버립니다. 즉위하자마자 추밀원의 권한을 무력화시켰으며 숫자를 다시 49명으로 늘립니다. 또한 추밀원을 밀실모임 수준으로 만들어버립니다. 결국 명예혁명(1688)이 일어나면서 제임스 2세는 쫓겨납니다. 이때부터 법률을 공포할 때는 '의회 안의 군주King in Parliament 또는 The Crown in Parliament'로 표현하며 의회주권을 분명히 하는 관례가 정착됩니다. 그리고 앤 여왕 때(1702~1714) 내각위원회가 확고하게 뿌리를 내립니다. 이러한 흐름은 왕권을 제한하고 의회가 국가를 운영하는 과정을 거치면서 오늘날 우리가 이야기하는 '의원내각제'로 발전합니다.

양원제의 경우 미국 건국의 아버지 중 한 명인 매디슨의 생각을 눈여겨볼 필요가 있습니다. 미국은 상원과 하원의 위상이 다릅니다. 당시 하원의 임기는 2년이었으며 직접투표를 통해 선출되었기 때문에 여론에 민감할 수밖에 없었습니다. 이에 비해 상원의 임기는 6년, 더구나 한 주에서 2명씩 뽑았습니다. 상대적으로 여론에 덜 민감하며 주의 규모와 상관없이 동일한 수를 뽑았기 때문에 주의 이익을 대변하는 역할을 담당합니다. 하원이 예산안제안권을 장악하고 있다면 상원은 탄핵심판권과 대통령 조약비준 권고 및 동의권 등 하원에는 없는 권한을 가지고 있습니다. 즉 상원과 하원이 서로를 견제하며 국정을 운영하는 구조입니다. 매디슨이 보기에 양원제는 민주정치의 묘미를 살릴 수 있는 제도입니다.

단원제 의회는 충동적인 열정에 빠져 일을 밀어붙이는 경향이 있다. 그렇기 때문에 다수파와 소수파 간의 파벌정치를 중재할 수 있는 기능이 없다. 의회뿐 아니라 국민의 과도한 열정이나 이해관계에 대한 충동 역시 견제할 필요가 있다. 단원제 의회는 이 앞에서 무력할 수밖에 없다.

그렇기 때문에 상원은 반드시 존재해야만 하며 의회의 파벌정치를 조정해야 합니다. 또한 급격하게 변하는 국민여론에 대응하며 국정을 안정적으로 수행해야 함은 물론 선거로 정부나 의회가 교체될 때도 균형을 잡는 역할을 해야 합니다.

물론 이후의 미국 역사 역시 요동칩니다. 앤드류 잭슨(재임1829~1837) 대통령 시절에는 극적일 정도로 대중의 참여가 강화되며 시어도어 루스벨트(재임 1901~1909) 대통령 전후로는 행정부의 위상이 극도로 높아집니다.

영국과 미국은 단순하게 의원내각제·양원제·대통령중심제 가운데 하나를 고른 것이 아니라 영국은 영국대로, 미국은 미국대로 고유한 역사적 과정 속에서 그들의 민주주의와 제도적인 정체성을 만들어갔던 것입니다.

아주 짧은 내각책임제의 경험

4·19혁명의 결과로 수립된 대한민국 제2공화국은 중요한 변화를 감행합니다. 국민은 국회의원만을 선출하며 다수당이 국가를 운영하는 체제, 대통령은 국가의 원수이며 국가를 대표하지만 행정권이 없으며 겸직이 금지될 뿐 아니라 특정 정당의 당적 또한 포기해야 하며, 권력은 국무총리를 중심으로 국무원이 행사하는 의원내각제가 실현된 것입니다. 1960년 6월 15일 내각책임제를 골자로 한 헌법개정안이 국회에서 통과되고 7월 29일 제5대 국회의원 선거가 실시됩니다. 이어서 8월 민의원·참의원 합동회의에서 대통령에 윤보선, 총리에 장면이 선출되면서 제2공화국이 시작되었습니다. 우리는 이것을 '장면체제'라고도 부릅니다.

이제 권력은 국회로 넘어왔습니다. 대통령과 행정권이 국회와 별도로 존재하는 것이 아니라 국회의원들에 의해서 국가가 운영되는 겁니다. 의원내각제는 결코 단원제 내각으로 구성되어서는 안 됩니다. 자칫 과두정이 될 수 있기 때문에 양원제 시스템을 구축해야 합니다.

민의원과 참의원이 서로를 견제하는 제도.

민의원과 참의원의 의결이 일치하지 않을 경우 재의결 과정을 거쳐야 하는 구조.

민의원은 국무원 불신임권 및 여러 최종 의결권을 갖고 있기 때문에 참의원에 우월합니다. 또한 민의원은 독자적으로 내각을 불신임할 수 있지만 정부는 독자적으로 민의원을 해산할 수 없는 구조이기도 합니다. 민의원과 참의원, 다시 민의원과 내각은 서로를 견제하는 장치들을 나누어 갖습니다. 불균형과 불일치를 통해서 서로를 견제하는 구조입니다. 그리고 이 불균형과 불일치로 국회의원들의 과두지배를 막는 것이 의원내각제의 기본 골자입니다.

제2공화국의 의원내각제에 대한 평가는 기본적으로 부정적입니다. 장면 정부 당시 공보비서관을 역임한 송원영은 국회의원의 수가 너무 많으며, 참의원의 무책임한 태도 그리고 총리가 답변을 위해 매일 오전에는 민의원, 오후에는 참의원에 드나들어야 하는 비효율성 등을 지적합니다. 국방부 사무차관을 지낸 김업도 한국 실정에 맞지 않고 단지 일본의 제도를 모방한 것 정도로 폄하합니다. 내무부 정무차관을 역임한 김영구는 "의회가 민의원, 참의원으로 나뉘었지만 똑같은 법률을 이중으로 다루었을 뿐 고유의 업무는 없었다"는 회고를 남기기도 했습니다.

하지만 긍정적인 평가도 가능합니다. 무엇보다 법안 발의가 매우 활발했습니다. 총 298개의 법안이 제출되었으며 연간 발의된 수로 볼 때 1996년 15대 국회 이전까지 최고 기록입니다. 통상 국회의 법안 발의는 1988년 13대 국회부터 증가합니다. 13대는 938건, 14대는 902건, 15대는 1,951건, 16대는 2,507건, 17대는 7,489건, 18대는 1만 3,913건으로 급격하게 늘어나는데 민주화의 결과로 봐도 무방합니다. 2년 임기의 제헌국회가 248개의 법안을 발의했고, 이승만 집권기 4년 임기의 국회가 평균 385건의 법안을 발의한 것에 비해 제2공화국은 1년이 안 되는 기간 동안 매우 활발한 입법 과정을 경험한 셈입니다. 박정희 집권기 당시 최대 발의가 658건(6대 국회)이었다는 점을 고려한다면 제2공화국이 결코 마냥 무력한 시간을 보낸 것은 아닙니다.

또한 국회의원이 발의한 법안과 정부가 발의한 법안의 비율이

47:53으로, 국회의원이 활발하게 법안을 상정했다는 점도 눈여겨볼 부분입니다. 박정희 집권기(15:85), 전두환 집권기(33:67)와는 다른 정치문화입니다.

하지만 제2공화국의 법안 심의는 극심한 파벌정치와 맞물리면서 여러 문제를 노출합니다. 정부 발의 법안의 80퍼센트가 회기 내에 처리되지 못한 채 자동 폐기되었으며 중요 법안 역시 정치 갈등으로 인해 부결되거나 폐기된 경우가 많습니다. 국가보안법·정치운동에 관한 법·집회와 시위운동에 관한 법·검찰청법·공안법 등 매우 예민한 사안의 개정안이 모두 폐기되었습니다. 4·19혁명 이후의 상황에서 이런 중요한 법들이 개정되지 못하고 폐기되었다는 것은 심각한 파장을 몰고 올 수밖에 없습니다.

폐기 과정 또한 유쾌하지 않습니다. 공안법은 경찰의 중립성 강화를 목적으로 하는 법입니다. 이를 위해 중앙공안위원회의 설치를 명시했는데, 공안위원을 국회의 동의 없이 총리가 임명한다는 부분을 두고 대립이 발생한 것입니다. '한미경제원조협정'을 두고는 야당인 신민당이 '주권침해'를 이유로 반대하였고 이에 대응해 국무총리 장면이 '북한괴뢰의 파괴음모' 등을 운운하면서 갈등이 극에 달합니다. 집회와 시위운동에 관한 법과 반공을 위한 특별법의 부결 과정에도 정치적인 이해관계가 얽혀들었습니다.

참의원을 두고 문제가 지적되기도 합니다. 당시 대부분의 참의원이 50대였습니다. 민의원에 비해 권한이 약하고 규정도 애매했기 때문에 신파든 구파든 명망가나 원로의 예우 차원에서 공천을 한 것입니다. 또한 각 도에서 2명에서 8명을 선출하는 대선거구제는 이런 경향을 강화시켰습니다.

참의원은 자기숙청을 깨끗이 하라. 참의원은 발족한 지 얼마 안가 구자유당계 의원들이 많이 모인 탓으로 반혁명세력의 집결체이니 그들의 성분이 학자, 교육자, 언론인 심지어 예술인 등이어서 정치의 초년병의 집합체라 하여 신정부가 요구하는 제 입법을 쾌속도로 제정해야 할 중대시기에 처하여 법안 심의에 있어 심의 지연으로 입법 과정에 커다란 장애물이 된 것이 사실이다.

경향신문 1960.12.26

　참의원은 '부정축재특별처리법안' 처리에서 원안에 비해 처벌 범위를 축소시키는 수정안을 주도합니다. '반민주행위자공민권제한법' 역시 대폭 수정을 가하는데 이 또한 광범위하게 처벌 대상자의 범위를 줄인 것이 심각한 문제가 됩니다. 전반적으로 참의원은 4·19혁명 이후의 광범위한 사회개혁 요구를 억제하고 처벌 범위를 제한하는 등 반혁명적인 입법 과정을 주도한 것입니다.

　사실 제2공화국이 1년도 안 되는 기간 동안 존속했기 때문에 평가를 절대화하기에는 어려운 측면이 많습니다. 반민주행위자공민권제한법 때는 참의원에 대해 엄청난 비판이 쏟아졌지만 부정축재특별처리법안에는 참의원의 선택을 옹호하는 입장, 특히 재계 인사들에 대해서는 관대하게 처벌해야 한다는 의견이 강했습니다. 또한 장면 정부가 추진한 '집회와 시위에 관한 법'과 '반공을 위한 특별법'은 제정하려는 측과 반대하는 측의 입장이 모두 이해가 되는 측면이 있기도 합니다. 사회를 조속히 안정시키며 정상화하고자 하는 목적과 혁명적 요구를 관철시키고자 하는 의지가 충돌했기 때문입니다.

　제2공화국은 경험을 축적할 여유가 없었으며, 응당 겪어야 할 시행착오 자체가 문제로 지적되는 경우도 있었습니다. 또한 이후 박정희 정권이 '효율성'을 강조하며 산업화시대로 접어든 것이 당시 세대의 보편적인 경험이었기 때문에 제2공화국의 모든 과정을 '비효율적'이라고 평가해온 경향도 있습니다.

> 우리는 새로운 정부 형태에 대해 언급하고자 한다. 대내 대외로 과감한 행정력이 가장 긴급하며 불필요한 정치적 유희보다 국력의 배양이 시급하다. 역시 대통령 책임하의 안정된 강력한 시책이 의회의 세력에 의존하는 내각책임제보다 현실적 타당성이 있다.

참의원을 매섭게 몰아치던 경향신문이 5·16군사쿠데타 이후 2주 만에 게재한 사설입니다. 어쩌면 절차를 감내해야 하는 민주주의에 대한 훈련 부족이 제2공화국에 대한 부정적인 평가의 본질인지도 모릅니다. 여하간 외국의 다양한 사례를 들먹이며 의원내각제를 추상적으로 논변하기를 반복하는 것은 참으로 부질없는 짓입니다. 또한 평가할 만큼의 충분한 내용이 없는 상태에서 억지로 규정하는 것도 무의미한 행동입니다. 냉정히 말해서 의원내각제는 우리가 제대로 경험해보지 않은 길이며 그나마의 경험 또한 참으로 오래된, 아주 잠깐의 기억에 불과합니다.

제2공화국 헌법의 특별한 가치

이야기를 조금 넓혀보겠습니다. 제2공화국의 헌법은 그저 양원제에 기초한 의원내각제만 이야기한 것이 아닙니다. 그것의 가치는 생각보다 깊고 주목해야 할 것들이 참으로 많습니다.

기본권 강화
주민직선제에 의한 지방자치 실시
헌법재판소 설치
사법부 선거제 도입
중앙선거위원회 신설

우선 기본권의 자연권적·천부인권적 성격을 명확히 하고 있습니다. 제헌헌법에는 사실상 기본권을 제한할 수 있는 근거가 마련되어 있었습니다.

제10조 모든 국민은 법률에 의하지 아니하고는 거주와 이전의 자유를 제한받지 아니하며 주거의 침입 또는 수색을 받지 아니한다.

제11조 모든 국민은 법률에 의하지 아니하고는 통신의 비밀을 침해받지 아니한다.

위의 조항을 '법률에 의하여 ~ 한다'로 해석한다면 전혀 다른 결과를 불러오게 됩니다. 이에 비해 새로운 헌법은 일부개정을 거쳐서 '법률에 의하지 아니하고'라는 구절을 삭제합니다(1960.6.15. 헌법 제4호). 동시에 제28조 제2항을 신설합니다.

제28조 ②국민의 모든 자유와 권리는 질서유지와 공공복리를 위하여 필요한 경우에 한하여 법률로써 제한할 수 있다. 단, 그 제한은 자유와 권리의 본질적인 내용을 훼손하여서는 아니되며 언론, 출판에 대한 허가나 검열과

집회, 결사에 대한 허가를 규정할 수 없다.

기본권의 본질을 침해할 수 없도록 정확히 명문화한 것입니다. 그리고 이후 여러 독재정권을 거치면서 실질적인 기본권이 훼손됨에도 불구하고 적어도 헌법에 명시된 기본권 개념은 꾸준히 변화·발전합니다. 그 중요한 토대가 제2공화국에서 본격화되었다고 보면 됩니다.

지방자치 부분도 눈여겨보아야 합니다. 대한민국 역사에서 숱한 정부가 지방자치를 표방했지만 실제로 전면적인 지방자치를 실시한 것은 김영삼 정부 때의 일입니다(1995). 그런데 주목할 점은 제2공화국 헌법에 이미 주민직선제에 의한 지방자치단체장 선임이 명문화되어 있다는 점입니다.

제97조 ②지방자치단체의 장의 선임방법은 법률로써 정하되 적어도 시, 읍, 면의 장은 그 주민이 직접 이를 선거한다.

또한 헌법재판소 설치를 구체화합니다. 제헌헌법에서 규정한 헌법위원회와는 성격이 다른, 독일의 연방헌법재판소와 비견되는 헌법재판소를 상설 설치하는 것이 목표였습니다. 심지어 헌법에 대한 최종적인 해석 권한뿐 아니라 대통령·대법원장·대법관의 선거에 관한 소송을 전담하는 규정까지 있습니다. 사법부 내부의 기관별 독립성을 고려한다면 헌법기관 구성에 관한 선거소송을 일반법원에서 담당하는 현행 헌법보다도 진일보한 모습입니다. 하지만 헌법재판소는 설치되지 못합니다. 구성되기도 전에 5·16군사쿠데타가 일어났기 때문입니다.

그리고 더욱 급진적인 내용이 있습니다. 바로 법관 선거제, 미국식 제도를 도입하겠다는 발상입니다.

제78조　대법원장과 대법관은 법관의 자격이 있는 자로써 조직되는 선거인단이 이를 선거하고 대통령이 확인한다.

오늘날 사법부가 정부에 편향적인 태도를 드러낼 때마다 대안처럼 제시되는 '선거를 통한 법관 선출'이 이미 1960년 헌법에 규정된 것입니다.

제75조의 2　선거의 관리를 공정하게 하기 위하여 중앙선거위원회를 둔다.

민주주의국가에서 선거관리의 공정성은 너무나 중요한 문제입니다. 제2공화국 헌법이 선거를 관리할 중앙선거위원회를 만든 이유입니다. 이후 독재국가가 되는 과정을 거치면서도 헌법에서 중앙선거위원회는 살아남습니다. 이 조항이 특별히 더 중요한 까닭은 제2공화국이 4·19혁명으로 탄생했기 때문입니다. "정부통령 선거를 다시 하라"는 구호는 4·19혁명을 관통하는 의제였습니다. 그런 국민적 요구에 부응하기 위해서 부정선거를 막을 중앙선거위원회를 신설한 것입니다. 75조에는 경찰 중립화까지 넣었습니다. 이승만 독재체제에서 경찰이 워낙 문제가 되었기 때문에 이를 의식한 조항이라고 할 수 있습니다. 박정희 독재정권에 의해서 무너진 뒤 오랫동안 무능함과 무의미함의 상징이었던 제2공화국에도 충분히 의미 있고 미래적이라고 부를 수 있는 요소들이 존재한 것입니다.

노력 없이 권력을 얻은 민주당

1960년 4월 19일 혁명이 본격화되고 일주일 뒤 대통령이 물러나기까지 사태를 수습하기 위한 온갖 방안들이 모색됩니다. 4월 22일 대통령 이승만은 변영태와 허정을 부릅니다. 이 자리에서 변영태는 "이기붕 씨가 정계에서 물러나는 것"을 "홍분된 민중을 가라앉힐 수 있는 방도"로 제안합니다. 자유당 내에서도 격론이 오갑니다.

의원내각제로 개헌해야 한다!

부통령제 폐지·의원내각제 개헌·국무위원과 당무위원 사퇴를 통한 국정과 당무 쇄신·계엄 해제를 요구합니다. 혁명의 책임을 이승만과 자유당 지도부에 국한시키려는 계산이었습니다. 특히 자유당의 개헌 주장은 시간을 벌어서 새로운 정치지형을 만들고 본인들이 계속해서 권력을 잡겠다는 생각에 불과합니다.

4월 23일 부통령 장면은 사임을 발표합니다. 임기를 불과 3개월 남겨놓고 대통령 이승만의 하야를 압박하기 위한 행동이었습니다. 이 선택은 논란을 불러오기도 했습니다. 만약 자리를 지킨다면 이승만 하야시 자동으로 부통령이 대통령직을 승계할 수 있었기 때문입니다.

4월 24일 대통령 이승만은 자유당 총재직 사퇴를 표명하고 부통령 당선자 이기붕은 당선 포기는 물론 국회의장직을 비롯한 일체의 공직에서 물러나기로 합니다.

4월 25일 대통령 이승만은 일부 개각을 단행합니다. 이때 임명된 외무부장관 허정은 사태 해결의 방법으로 '의원내각제 개헌'을 꺼냈습니다. 하지만 이미 정치적 계산으로 수습할 수 있는 상황이 아니었습니다. 수습안에 대한 격렬한 비판과 대통령의 하야를 요구하는 시위는 계속되었고, 결국 다음 날인 4월 26일 대통령 이승만은 공식 사임을 발표합니다.

이제 대세는 의원내각제가 되었습니다. 그것은 오랫동안 이승만 독주를 경험한 상황에서 자연스러운 귀결이었습니다. 하지만 저변에는 숱한 정치적 계산들이 난무합니다. 자유당은 새로운 활로가 필요했고, 민주당 구파는 3·15부정선거 한 달 전에 조병옥이 별세한 뒤 마땅한 대통령 후보가 없었습니다. 이에 비해 장면이라는 확실한 카드를 가진 민주당 신파는 개헌에 대해 가장 신중한 태도를 보입니다. 민주당의 집권이 확실시되는 상황에서 구파와 신파의 계산이 이미 시작된 것입니다.

4월 27일 국회는 '의원내각제개헌 기초위원'을 선발합니다. 이재학·박세경·정운갑·이형모 등 자유당 4인, 엄상섭·정헌주·조재천·윤형남 등 민주당 4인 그리고 무소속 황호현 의원까지 총 9명이 선출됩니다. 자유당은 살아남기 위해 개헌 정국에 기어코 발을 들여놓습니다.

이후 여러 합의 과정을 거쳐서 5월 5일 개헌공청회가 열립니다. 대학 교수·제헌동지회·대한변호사협회대표 등이 참가하여 단원제보다는 양원제, 대통령 선거는 간선제 등의 의견수렴을 거칩니다. 그리고 6월 11일부터 14일까지 국회 본회의에서 질의와 토론이 이어졌습니다.

1960년 6월 15일 국회 본회의에서 개헌이 확정됩니다. 다시 한 달이 지난 7월 29일, 민주당은 총선에서 압도적인 승리를 거둡니다. 민의원 175명, 참의원 31명이 당선되면서 민의원의 51퍼센트, 참의원의 53.4퍼센트를 차지한 거대 여당이 등장한 것입니다. 자유당은 4·19혁명 이후 당 간부들이 줄줄이 부정선거로 투옥되며 이미 104명의 의원이 탈당한 상태였습니다. 그럼에도 불구하고 총선에 참여했지만 참의원 4석, 민의원 2석으로 완벽하게 몰락하며 역사 속에서 사라집니다.

4월 19일부터 26일까지 학생 대열에 묻어 들어가 밤낮으로 쏘다니는 동안 민주당의 주요 간부들의 얼굴을 단 한 번도 볼 수 없었다는 것은 정말로 환멸을 느끼게끔 하는 기현상이라 아니할 수 없다. 중견 간부 몇 사람이 왕성한 활동을 전개하는 것을 목격했지만 민주당의 상징적인 인물이라고 할 만한 얼굴을 나는 불행하게도 하나도 만나지 못했다.

당시 기자였던 고영훈의 기록입니다. 사실 4·19혁명의 결과는 묘합니다. 격렬한 현장에서 대표 야당 민주당의 존재감은 찾아볼 수 없었습니다. 문제는 권력을 장악하고 제2공화국이 출범하면서 내부 갈등이 더욱 심각해졌다는 점입니다. 구파와 신파는 국민들이 보기에는 별 의미도 없는 권력투쟁을 반복했습니다.

부서지는 혁명의 구호

이 갈등은 4·19혁명 전으로 거슬러 올라갑니다. 당시의 정국은 민국당계열의 구파와 비민국당계열의 신파를 같은 당으로 묶어놓았습니다. 창당된 지 2년도 안 되는 시점에 선거법 협상에서 구파와 신파의 갈등이 촉발되었지만 그해 5월 선거에서 민주당이 79석을 얻어 간신히 봉합됩니다. 하지만 대통령 후보 지명을 두고 폭력이 난무했고, 가까스로 뽑힌 조병옥이 신병 치료차 미국으로 가게 되자 신파는 선거비용은 내놓고 가라고 구파를 압박했습니다.

4대 국회의원 선거를 앞두고 구파는 자유당과 독자적으로 선거법 개정 협상을 벌입니다. 조병옥과 이기붕이 만나서 부정선거 처리를 협상한 것인데, 결국 선거법이 통과되면서(1958.1.1) 구파와 신파의 갈등이 심각해집니다.

같은 해 자유당이 보안법파동을 일으키자 이에 대해 신파와 구파는 다른 입장을 보입니다. 구파는 보안법 자체를 비판하기보다는 독소조항을 조정하고 기본권을 지키는 선에서 타협하려 했고 신파는 보안법을 전면 거부합니다. 복잡한 과정을 거쳐 보안법파동은 내각제 개헌 논의로 흘러갑니다. 이 역시 구파가 자유당과 독자 협상을 통해 헌법 개정을 추진하자, 신파는 이승만과 같은 입장에 서면서 헌법 개정을 좌절시킵니다. 1959년에도 갈등은 끝날 줄 모릅니다. 4대 정부통령 후보 지명대회를 앞두고 구파는 대통령 후보와 대표최고위원직 겸임을, 신파는 분리를 주장합니다. 대통령 후보를 둘러싸고 갈등을 벌인 것은 기본이요, 별도의 대변인을 두었으며 중상모략·금품수수·폭력까지, 할 수 있는 모든 갈등을 벌입니다.

4·19혁명 당시에도 장면의 부통령직 사임을 두고 신파와 구파는 싸웁니다. 그리고 개헌을 놓고 갈등은 또다시 극에 달합니

다. 4·19혁명의 이상을 달성하는 것보다 개헌을 통한 이해득실
이 더 중요했기 때문에, 구파는 개헌에 적극적이었고 신파는 소극
적이었습니다. 물론 구파는 자신들의 집권을 위해서 적극적이었
을 뿐입니다.

공천 원칙을 두고도 갈등을 벌입니다. 구파는 신파를 견제하
기 위해서 구자유당원들을 입후보시키려 했고 후보 경쟁력에 따
라 선거를 치러야 한다고 주장하면서 50개 정도의 선거구에 후보
를 공천하지 말 것을 주장합니다. 신파는 자유당계를 배격하고 장
면 후보나 신파와의 관계를 기준으로 적극적인 공천을 주장합니
다. 문제는 이 갈등이 내부적으로 조율되고 조정될 가능성이 없었
다는 점입니다.

민주당의 집권 과정에서 정쟁은 훨씬 과격해집니다. 어차피 경
쟁 정당이 없는 상태였습니다. 그렇기 때문에 7·29총선을 앞둔 구
파와 신파의 관심사는 오직 자파 세력의 확장뿐이었습니다. 공천
경쟁도 심했고, 공천 탈락자들은 대거 무소속으로 출마했습니다.
구파와 신파는 각자 정치자금을 마련했고 별도의 선거본부를 두고
별도의 선거운동에 들어갑니다. 선거가 끝난 뒤에는 별도의 당선
자 총회를 개최하여 각각 23인위원회(구파), 13인소위원회(신파)를
조직하고 무소속 의원들을 상대로 세 불리기 경쟁에 돌입합니다.

선거에서 승리한 뒤 일주일도 지나지 않은 8월 4일, 구파는 공
식적으로 분당 의사를 밝힙니다. 대통령과 국무총리 자리를 모두
차지하기 위한 벼랑 끝 전술을 펼치기 시작한 것입니다. 구파의
목표는 대통령 윤보선과 국무총리 김도연 및 내각의 모든 요직을
독점하는 것이었습니다. 신파는 이에 대응하여 구파에 대통령을
양보하고 국무총리직을 획득하는 전략을 펼쳤고 결국 승리를 거

둡니다. 윤보선이 대통령이 된 후 국무총리 김도연을 지명했으나 국회에서 부결시키고 장면이 총리가 된 것입니다.

어찌됐건 구파와 신파는 권력을 나눠 가집니다. 그리고 곧바로 구파와 신파가 모두 포함된 거국내각을 구성하라는 국민적 요구를 마주합니다. 하지만 조각 협상에 합의했음에도 불구하고 갈등은 지속되고 장면 내각은 신파로만 인선된 내각 명단을 발표합니다. 내각의 극단적인 행보는 결국 구파뿐 아니라 신파 내 소장파와의 갈등까지 초래합니다. 결국 내각 성립 보름 만인 9월 12일에 2차 내각 명단을 발표하면서 상황을 수습하려 합니다.

하지만 모든 일에는 때가 있는 법입니다. 거국내각을 구성할 기회를 놓치고 만들어진 수습안은 결국 구파와 신파의 야합 정도로 치부됩니다. 2차 조각 명단을 발표하기 사흘 전에 이미 구파는 '민주당 구파동지회'라는 명칭으로 별도의 교섭단체를 등록했고, 9월 22일 신당 발족을 선언하면서 민주당이 두 개로 쪼개지고 만 것입니다.

신파는 당내 리더십에 있어서도 심각한 한계를 보입니다. 신파 내 30여 명의 소장파 의원 모임인 신풍회는 집요하게 장면 정권의 발목을 잡았으며, 구파에서 신파로 합류한 합작파들로 구성된 정안회 역시 신풍회와 유사한 역할을 합니다. 구파가 나간 자리에서 신파 주류와 비주류 간의 복잡한 대립이 시작된 것입니다.

신민당의 거짓말, 이것을 명분이라 말하는가

신파는 4·19혁명 정신을 계승하기는커녕 정권 유지에만 급급하다!

구파가 하나의 정당이 되어 신파의 전횡을 막겠다.

국회 의석의 3분의 2를 장악한 민주당이 자칫 일당독재로 흘러버릴 수 있기 때문에 분당해야 한다.

이상을 명분으로 분당한 구파는 신민당을 창당합니다(1961. 2.20). 위원장 김도연, 간사장 유진산을 선출한 신민당은 나름대로의 비전까지 제시합니다.

보수양당체제를 구축하여 사회주의를 비롯한 급진주의세력의 발호를 막는다.

양당이 서로 견제와 감시를 통해서 의회민주주의를 발전시킨다.

하지만 신민당은 결코 특별함이나 탁월함을 보여주지 못합니다. 무엇보다도 구파를 이끌던 대통령 윤보선의 태도가 시종일관 문제가 됩니다. 애초에 제2공화국 헌법을 만들 때 대통령의 지위에 관한 논란이 있었습니다. 국무총리 지명 문제뿐 아니라 계엄거부권, 정당해산의 헌법재판소 소추 승인을 비롯하여 실질적인 권한이 대통령에게 많이 주어졌기 때문입니다. 민주당 이철승 의원이 이 부분을 지적했지만 헌법개정안기초위원회 위원장 정헌주는 대통령의 권한이 의례적이며 형식적인 것이라는 대답으로 애매하게 넘어가 버리고 맙니다.

문제는 현실입니다. 대통령중심제라는 관성은 생각보다 컸고 무엇보다 제2공화국 헌법의 수호자가 되어야 할 대통령 윤보선이 자주 금도를 넘으면서 문제가 발생합니다.

정부는 생명을 내놓고서라도 전력을 다하여 치안 유지에 노력해야 한다.

1960년 신흥종교 '전도관'이 백주대낮에 자신들의 교주 박태선을 비판했다는 이유로 동아일보를 습격하는 사건이 벌어졌습니다. 윤보선은 이 문제를 놓고 정부의 안이한 태도를 비판하며 장면 내각과 민주당을 자극합니다. 해를 넘겨 1961년에는 '2대 악법 반대운동' 과정에서 '횃불시위'가 발생합니다. 대통령 윤보선은 시위현장을 직접 확인했으며 다음 날 총리 장면과 민의원의장 곽상훈, 민주당과 신민당 중진 의원들을 불러서 대책을 논의합니다. 이 자체로도 대통령의 월권행위인데, 그 회의에서 다룬 내용은 더욱 심각합니다. 비상시국이니 정당 활동을 중지시키고 보수연립내각을 구성하자고 제안한 것입니다. 사실상 장면 내각의 총사퇴를 요구한 것입니다.

사소한 일을 큰 이슈로 만들기도 했습니다. 당시 총리공관이 확보되지 못한 상태에서 장면은 과거 부통령공관을 활용하고 있었습니다. 그런데 미군이 조선호텔을 반환하자 이를 총리공관으로 사용하겠다고 발표했습니다. 여론은 이 결정을 매섭게 비판합니다. 수리비만 2억 환이 들고, 호텔로 활용할 때 얻을 수 있는 수억 환의 이득을 포기해야 한다는 것이 이유였습니다. 금액을 산정한 근거도 분명하지 않았습니다. 하지만 대통령 윤보선은 이에 대해 이상한 제안을 합니다. 경무대(당시 청와대)를 총리에게 내어주고 본인은 안국동 본가로 들어가겠다고 한 것입니다. 여론이 윤보선을 칭송하면서 장면 내각은 곤경에 처하게 됩니다.

심지어 5·16쿠데타가 일어나기 한 달 전에는 신민당 일부 의원들이 '선의의 독재'라는 말까지 운운하면서 대통령중심제로의 개헌을 주장합니다. 이들은 대통령 윤보선과 가까운 인물들이었고 실제로 대학의 법학교수, 정치학교수들을 데려와서 개헌안을 검토했습니다. 오죽하면 신민당 원내총무 양일동 의원이 나서서 시기상조라고 비판할 정도였습니다.

그렇다면 장면 총리의 리더십은 어땠을까요? 4,500명의 경찰을 숙청하고 1만 명 이상의 관료들을 해임하면서도 대안적인 리더십을 발휘하지 못했고 집권 초기 3개월간 내무부장관을 세 번이나 갈아치우는 불안한 모습을 보입니다. 3·15부정선거 관련자에 대한 미온적인 처벌, 사형 구형을 받은 9명 중 4명이 무죄 혹은 집행유예로 석방된 것이 제2공화국의 현실이었습니다.

4·19혁명 이후 혁신계는 왜 실패했을까?

헌법의 실패가 아닌 정치의 실패가 가득하던 때. 그렇다면 오늘날 진보정당쯤 되는 혁신계는 어땠을까요? 혁신계는 국민을 설득하지 못했습니다. 민의원 선거에서 5석, 참의원 선거에서 2석. 민의원에 121명의 후보를 냈고 참의원 선거에선 58명의 후보자를 냈으나 결과는 자유당의 참패와 비슷한 수준이었습니다.

당시 사회대중당의 전국 득표율 6.1퍼센트를 비례대표식으로 계산하면 14석까지 받을 수 있었다는 주장도 있습니다. 하지만 이는 막연한 추산일 뿐입니다. 만약 실제로 정당식 비례대표제가 실시되면 그로 인해 또 다른 정치변동이 따를 것이기 때문입니다. 역사에서 산술적 계산을 통한 가정은 무의미합니다.

무엇보다 당시 사회대중당의 심각한 내부 분열을 해결하기 위한 돌파구는 의회가 아닌 거리였습니다. 인상적인 입법 활동보다는 거리투쟁을 통한 동력 확보를 시도했지만, 이마저도 통일문제에 천착하는 등 더욱더 국민 정서와 멀어지며 사회에서 유리되고 만 것입니다. 남북 교류운동, 중립화 통일운동 등을 추진했지만 7·29총선 이후 12월에 진행된 지방의회 선거에서 혁신계는 더욱 처참한 성적표를 거머쥡니다. 특별시·도 의회 선거 48개 의석 중 2석, 시·읍·면 의회 선거에선 1만 6,864개 의석 중 총 3명. 민주당의 실정이 본격화되고 혁신계 외에는 다른 대안이 없는 상황에서도 참담히 실패한 것입니다.

이를 두고 반공주의시대의 뿌리 깊은 보수성의 결과로 설명하는 학자들도 있습니다. 하지만 불과 몇 년 전 조봉암과 진보당이 선풍적인 인기몰이를 했다는 점을 간과한 해석입니다. 과거 좌익 활동을 한 세력, 여운형·김규식에서 시작된 좌우합작이나 중간파적인 흐름, 그리고 이승만이나 한민당에 반대해온 김구계의 민족주의 등을 고려한다면 혁신계는 결코 마냥 불리한 입장이 아니었습니다. 이 모든 역사적 경험을 생생하게 경험한 세대가 살아 있던 시대였고 더구나 4·19혁명의 열기까지 경험한 상태에서 말입니다. 사회적 맥락과 무관한 이상주의, 현실과 동떨어진 그들만의 치열함, 풀뿌리 수준에서조차 근간을 다지지 못한 혁신계의 실패를 보다 깊게 생각해보아야 할 것입니다.

✕ 로베르트 미헬스의 『정당론』

정기적으로 집회에 참석하는 사람들, 특히 작은 지역공동체의 집회 참석자들은, 하루 노동으로 탈진하여 저녁이면 쉬어야 하는 프롤레타리아가 아니라, 소시민, 신문 및 엽서 판매인, 점원, 무직의 젊은 지식인 등의 중간적 집단이다. 그들은 스스로를 진정한 프롤레타리아트로 내세우고 미래의 계급으로 자축하면서 커다란 기쁨을 느끼는 사람들이다. 『정당론』 중에서

이제 민주주의만 남아 있을 뿐

이론적으로 보았을 때 군주정과 민주주의는 양 극단에 있습니다. 군주정의 경우 한 사람이 명령하고 나머지가 복종합니다. 이에 비해 민주주의는 모든 시민이 법 앞에서 평등합니다. 특권을 부인하고 기회를 균등하게 하며 능력에 따른 성취를 보장합니다. 민주주의사회에서 민주이념을 구현하는 제도로 대표적인 것은 정당입니다. 다수결의 원칙하에 지지자를 기반으로 결성되기 때

문에 정당은 어떤 단체보다 민주적인 경향을 띱니다. 그렇기 때문에 정치적 자유를 보장한다는 것은 정당결사의 자유를 보장하는 것이며, 민주주의가 발전하는 곳에서는 어디서나 정당이 자유롭게 활동합니다.

민주주의는 역사에서 승리하였습니다. 절대군주는 패배했고 왕당파는 살아남기 위해서 왕이 아닌 지지자들을 규합했으며 보수주의자들은 이른 시점에 노동자를 비롯한 사회 하층계급에게 손을 뻗었습니다. 영국의 경우 자유당이 사회개혁안을 제시하며 정치개혁을 시도할 때 보수당은 노동계급과 손을 잡으며 새로운 형태의 보수정치를 시도합니다.

이제 엘리트 집단은 소용없다. 문제는 대중을 지배하고, 대중을 통해 지배하는 것이다.

독일의 정치학자이자 사회학자인 미헬스는 그의 저서 『정당론』에서 쿠르티우스의 글을 인용합니다. 자유주의든 보수주의든 혹은 사회주의를 비롯한 모든 급진주의든, 결국 의지해야 할 것은 초월적인 개념이나 고상한 엘리트주의가 아닙니다. 다만 대중에 의지한 새로운 민주주의가 있을 뿐입니다.

근대 이후 인류가 이룬 역사의 진보, 민주주의의 발전에 대해서 미헬스는 근본적인 의문을 제기합니다. 무엇보다 민주주의의 근간이라고 할 수 있는 정당제도에 대해 그는 집요할 정도로 비판적인 시각을 견지합니다.

조직 없는 민주주의는 생각할 수조차 없다. 대중은 오로지 조직 속에서만 지속성을 얻기 때문이다. (중략) 노동자들에게 조직은 생존의 문제이다. 이는 경제적·사회적·이데올로기적으로 같은 부류의 사람들이 결집되어야 한다는 의식 (중략) 사회민주주의자들은 조직의 광신자들이다. 그들은 개인주의적 아나키스트들을 향하여, 기업가들이 바라는 것은 바로 노동자계급의 와해와 분열이라고 공격한다.

미헬스는 대중의 직접지배는 불가능하다고 단언합니다. 어떠한 공동체든 결국은 전체를 조율하고 조정하는 사람들이 있고 제도가 있다는 것입니다. 심지어 가장 고상한 직접민주주의가 뿌리를 내린 곳 역시 '대의제 기구'의 도움을 통해서 존속할 뿐입니다. 또한 민주주의적 열망이 강력한 곳, 대중이 집결한 집회에 가보면 대중은 사실상 집회를 이끄는 특정한 개인에게 '쉽사리 복종'합니다. 적극적인 만큼 감정적이고, 열광적인 만큼 휩쓸리기 쉬운 대중의 본성으로 인해 나타나는 현상입니다. 몇몇 의식 있는 소수를 지배하는 것보다 묶여 있는 대중을 지배하는 것이 훨씬 수월합니다. 무엇보다 대중은 자신들이 이루어가야 할 중요한 결정 앞에서 특히나 무기력합니다.

과두제, 정당정치의 모순

미헬스는 민주주의나 정당정치를 경멸하는 영미권의 보수주의자가 아닙니다. 독일의 정치학자이자 사회학자이며 실제로 사회민주당에서 활동했던 인물입니다. 그러한 활동의 결과로 사민당을 비롯한 여러 정당들이 보여주는 반민주적인 과정들에 대해 보다 소상한 통찰을 전개합니다.

단순히 모든 인간은 조직과 제도를 필요로 하며, 현실의 인간은 무지하고 대중은 무능하기 때문에 정당정치나 민주주의가 실패한다고 주장하는 것이 아닙니다. 근대 국민국가에서 민주주의는 제도와 절차를 통해서 구현됩니다. 그리고 정당정치는 대의제 민주주의 구현에 있어서 가장 중요한 틀거리 중 하나입니다. 문제는 정당구조가 스스로 자기모순적인 과정을 거친다는 점입니다.

정당은 기본적으로 조직을 지향합니다. 조직은 지도자에 의해 농락당하기 쉬운 구조입니다. 1863년 사민당의 전신인 독일일반노동자협회를 조직한 전설적인 사회주의자 페르디난드 라 살레는 팔타이히가 보다 민주적이고 지방분권적인 정관 개정을 요구하자 이에 대항하기 위해 협회원들에게 본인의 재신임을 묻는 승부수를 던집니다. 라 살레의 후계자 슈바이처 역시 자신의 요구를 관철시키기 위해서 비슷한 정치적 모험을 감행합니다.

사임 압력을 가한 이유가 대중을 장악하기 위함이었다고 지도자가 솔직하게 인정하는 경우는 물론 드물다. 그들은 정반대로 자신들의 행위가 민주주의 정신의 발로요, 자신들의 예민한 감성과 예절과 대중에 대한 배려 때문이라고 설명한다. 그러나 그것은 오로지 대중의 의지로부터 벗어나려는 과두주의적 의지의 표현일 뿐이다.

미헬스는 이제 중요한 이야기를 시작합니다. 과두제. 군주와 같은 절대권력은 아니지만 수많은 사람들이 참여한 정당이 조직화되며 제도가 정착되고 지도자가 선출되면서, 지도자에 의한 대중 지배, 지도 그룹에 의한 당원 지배, 소수에 의한 다수 지배가 일어나는 현상이 그것입니다. 미헬스는 이것이 보수와 진보를 가리지 않고 정당정치에서 나타나는 필연적인 과정임을 논증합니다.

민주적 권리의 행사를 포기하는 것은 대부분 자발적으로 이루어진
다. 정당의 결정에 참여하는 자는 소수, 그것도 아주 적은 소수이다.
민주주의를 표방하는 정당의 이름으로 작성된 중대한 결의조차 당
원 몇 명이 만들어낸 것에 불과한 경우도 적지 않다.

미헬스는 수많은 예를 듭니다. 이탈리아 사회당의 경우 1905년
레오니다 비솔라티 등 몇 명의 유명 사회주의자들이 축출됩니다.
축출을 주도한 당집회는 지구당 소속 당원 700여 명 가운데 100명
도 참석하지 않은 채 진행되었습니다. 더구나 출당에 찬성한 인물
은 고작 55명이었으니, 무려 45명이 반대한 가운데 벌어진 일입
니다. 1912년 미국 오리건주에서는 한 공화당 집회에 단지 5명이
참여하여 대의원 6명을 선출하고, 또 다른 집회에는 3명이 출석
하여 대의원 11명을 선출하기도 합니다.

사회주의정당의 경우 사회주의·공산주의·수정주의·아나키
즘·생디칼리즘 등 다양한 이념적 논쟁이 있음에도 불구하고 이
에 관심을 둔 당원들은 소수에 불과합니다. 노동운동 역시 마찬가
지입니다. 5,000명이 넘는 독일의 단위노조에서 집회에 500명만
참여해도 만족하는 경우가 허다하며, 사람이 많이 모일 때는 임금
문제처럼 직접적인 이해관계가 걸렸을 때뿐입니다.

동시에 정당은 거대 조직으로 발전하고, 영역은 분업화·세분
화됩니다. 따라서 각자의 업무는 명확해지고 당은 매우 규칙적인
형태로 운영됩니다. 더구나 당을 이끄는 지도자들은 어느덧 다양
한 정치 활동을 통해 여러 문제에 어떻게 대처해야 하는지 아는

능수능란한 정치가가 되어 있습니다.

지도자들은 당내 반대 노선을 손쉽게 제압한다. 그들은 총회를 진행하고 의사일정을 채택하고 해석하며 편의적인 결의안을 제안하는 기술, 간단히 말해 이견이 발생할 만한 주요 논점을 토론에서 삭제하거나, 자신에게 대립하는 다수를 자신에게 유리한 표결로 유도하는 기술, 혹은 최선의 경우에는 다수의 말문을 막아버리는 책략을 능숙하게 구사한다. (중략) 능란한 표결 처리, 교묘한 문제 제기, 대중에게 암시적인 영향력을 행사하는 기술 등 그들은 수단과 방법을 가리지 않는다.

민주주의의 끝은 새로운 투쟁의 시작이다

조직이 공고해지면 변화는 더욱 힘들어집니다. 대통령과 정부 관료들보다 정당의 지도자들은 훨씬 오랜 기간 동안 정당을 지배하며 대중의 존경을 받습니다. 더구나 급진적인 사회변혁을 꿈꾸는 소위 진보정당의 경우 오히려 이런 모습이 더욱 심각하게 나타납니다.

미헬스가 활동하던 당시인 20세기 초반에는 다양한 종류의 사회주의가 있었습니다. 마르크스는 생시몽주의자와 푸리에주의자를 몽상적인 사회주의자들로 규정했지만, 미헬스는 다른 관점에서 이들의 공통점을 포착해냅니다. 생시몽주의자들은 조직과 체계의 모든 면에서 권위적이며 계서階序적인 특징을 지닙니다. 이에 대해 비판을 하면 인간의 본성이 그렇다면서 응수합니다. 푸리에주의자들은 이보다 더욱 복잡하고 엄격한 위계관계를 구축합니다. 또한 이들을 비판한 마르크스에서 레닌으로 이어지는 정통 공산주의운동 역시 비슷한 궤적을 그립니다. 결국 스스로 다르다고 느끼지만 일인독재에서 멀지 않은 과두정, 과두독재일 뿐입니다.

사회주의자들은 승리할 수 있다. 그러나 사회주의는 그렇지 못하다. 사회주의자들이 승리하는 순간 사회주의는 몰락한다.

사회주의 특유의 경직성을 이야기하는 것이 아닙니다. 하물며 사회주의정당조차 과두제적 경향을 벗어날 수 없음을 강조하는 것입니다. 비대해진 조직은 거대한 원칙, 애초에 정당을 결성할 때 추구했던 이상과는 거리가 먼 행태를 반복할 뿐입니다.

더구나 의회주의적 경향, 즉 투표를 통해서 권력을 장악하고 의회를 통해 이상을 관철하는 민주국가의 보편적인 과정은 무기력한 정당을 더욱 기괴하게 만들고 맙니다. 표를 더 많이 얻는 것이 목표가 되고, 표를 얻기 위해서 지도자는 더욱 기술적으로 대중을 대할 것이며, 당은 보다 정치공학적으로 현실을 판단하려 할 것입니다. 보수정당은 보다 더 다양한 사람을 포용하는 데 집중할 것이며 그만큼 정당의 지향성은 희미해질 것입니다. 진보정당은 조직의 공고화를 통해서 난관을 돌파하려 하겠지만 결국 그들도 고도의 중앙집권화 과정을 통해서 문제 해결을 시도하게 될 뿐입니다. 풀뿌리 민주주의를 강조할지언정 이를 관철시키기 위해서라도 중앙의 영향력은 강화되고 맙니다. 그리고 이 과정에서 치열한 내부 정쟁이 발생할 수밖에 없습니다.

민주주의의 본질은 각 개인의 정신적 비판 능력을 강화하고 촉발시키킨다는 데에 있다. 비록 민주주의 조직이 관료화되면서 그 통제 능력은 크게 약화되지만, 본질은 그렇다. (중략) 민주주의의 흐름은 몰려오는 파도와 같다. 청년의 치유할 수 없는 이상주의와 노년의 치유할수 없는 지배욕 사이의 가공스러운 투쟁은 그렇듯 끝없이 이어진다.

정당의 배신에 대해 치밀하게 논증한 미헬스의 결론은 매우 소박합니다. 민주주의는 결국 또 다른 투쟁 앞에 선다는 것입니다. 민주주의를 이루기 위해서 정당을 결성하고 그 밖의 온갖 제도적인 수단을 강구하였지만, 그것이 결국 민주주의가 가진 역동성을 질식시키기 때문에 또다시 민주주의적인 투쟁을 감행해야합니다. 당내 민주화를 위해 투쟁해야 하며 제도와 조직의 노회함과 싸워야만 합니다. 결국 민주주의란 무형의 무엇이며, 만들어가는 과정 안에서만 존재하기 때문입니다.

4 장

전통이 만들어지다

두 번의 쿠데타, 두 번의 개헌

프랑스 이야기

프랑스 하면 보통 '이원집정부제'를 떠올립니다. 대통령 1인에게 권력이 집중되는 폐해를 깊게 경험한 우리의 입장에서는 상당히 흥미로운 모델입니다. 프랑스는 오랫동안 왕정과 싸웠고 그 유산으로 대통령제가 남았습니다. 그리고 의회주의의 한계가 드러나는 시점에 대통령에게 강력한 권위를 부여하여 위기를 돌파했습니다. 학자들은 프랑스의 이원집정부제를 단순하게 제도적 관점으로 보기보다는 '정치적 관점'에서 보는 것이 타당하다고 얘기합니다. 어쩌다 프랑스가 이렇게 복잡한 정치제도를 가지게 되었는지 알기 위해서는 먼저 프랑스의 역사를 이해할 필요가 있습니다.

프랑스의 독특한 정치체제

양두제, 2명의 집권자가 있다.
대통령은 외치를, 총리는 내치를 담당하며 권력을 양분한다.

위와 같은 정치체제를 '반半대통령제'라 부르기도 합니다. 의원내각제가 국회의원들 다수에게 권력을 주어서 1명의 권력자가 나타나지 못하게 하는 방법이라면, 이원집정부제는 권력을 두 개로 나누어서 상호 견제와 타협을 유도하는 제도입니다. 물론 별도의 의회 권력도 존재합니다. 이원집정부제는 비단 프랑스만이 아니라 유럽 여러 나라에서 채택하고 있는 제도이기도 합니다.

이원집정부제하의 프랑스 대통령은 우리가 생각하는 대통령의 권력을 모두 가지고 있습니다. 헌법상 국가원수이고 우리나라처럼 의회의 통제에서 벗어나 있습니다. 군통수권자로서 국방장관을 임명하고 국방고등평의회를 주재합니다(제15조). 또한 외교권도 행사합니다(제14조). 외교사절의 신임 접수부터 조약 체결, 비준에 관한 권한 행사 그리고 외국과의 분쟁에 대한 중요 결정권과 핵무기 사용 결정권까지 가지고 있습니다.

대통령은 직접 국무회의를 주재하고 수상도 임명하며, 수상의 제청에 의해 각료를 임명합니다. 의회를 상대로 법률안의 재의요구권(제10조 제2항), 교서권(제18조), 국민투표부의권(제11조), 의회의 회기에 관한 권한(제30조) 등 다양한 영향력을 행사할 수 있습니다. 우리나라 대통령에게는 없는 의회해산권(제12조)이 있다는 것이 인상적입니다. 심지어 바이마르공화국의 힌덴부르크 대통령이 히틀러를 수상으로 임명하여 문제가 되었던 비상대권, 즉 긴급조치권(제16조)도 가지고 있습니다.

이에 비해 총리의 권한은 내치에 집중되어 있습니다. 우선 대통령에 의해서 총리와 각료가 임명됩니다. 독특한 점은 정부 각료가 국회의원을 겸직할 수 없다는 점입니다. 즉 행정부와 의회가 분리 운영되는 방식인데 안정적인 행정권을 확보하며 국회의원의 '장관병'을 고치기 위한 방편이라고 합니다. 사실 행정부와 의회를 엄격히 분리하는 모습은 프랑스대혁명(1789) 당시부터 시행되었던 프랑스의 독특한 헌정체계이기도 합니다.

총리는 내각을 지배합니다(제21조). 각료의 임명과 해임을 제안할 수 있고, 의회에 대한 내각의 신임을 요구할 수 있고, 대통령이 임명하는 공무원을 제외한 나머지 관료를 임명하며, 각종 갈등의 중재자가 됩니다. 내각의 대표자로서 의회에 출석·발언하고, 각종 법률안을 발의합니다. 임시국회의 소집을 요구하는 것에서부터 시작하여 헌법 및 법률과 관련된 의회와의 관계를 조정하는 역할도 담당합니다.

이렇게만 설명한다면 이원집정부제의 대통령과 총리는 체계적이며 효율적으로 분리되어 있는 두 개의 권력으로 보입니다. 하지만 실제로 헌법 조문을 들춰보면 애매한 것들이 한두 가지가 아닙니다. 조문 자체가 모호한 경우도 있고, 현실의 복잡함으로 인해 조문 해석을 놓고 혼란이 발생할 수도 있습니다. 더구나 대통령이 국무회의를 주재한다고는 하지만 총리는 수시로 각료회의를 주재하고 매일 관계부처회의를 주도합니다. 대통령이 총리를 임명하지만 본인의 충실한 수하를 임명하는 것이 아니라 의회 다수파의 대표를 선택하는 것이 관행입니다. 무엇보다 행정부 운영에 있어서 중첩된 권력 관계 때문에 대통령과 총리는 구조적으로 경합 관계에 놓일 수밖에 없습니다.

여기에 프랑스 의회제도의 독특성까지 더해집니다. 프랑스 의회는 양원제입니다. 상원은 원로원, 하원은 국민의회라고 부릅니다. 상원의원은 35세 이상, 하원의원은 23세 이상 입후보할 수 있으며 임기는 상원 9년, 하원 5년입니다. 하원은 정부의 책임을 추궁할 권리와 예산안 심의의 권리 등 상원보다 강한 권한을 보유하고 있습니다. 프랑스 대통령의 임기가 최근까지 7년이었다가 5년으로 조정된 것 역시 하원의원의 임기를 고려한 결정이었습니다.

흥미로운 점은 대통령의 권한이 상당 부분 제한되듯 의회 역시 입법권을 독점적으로 행사하지 못한다는 점입니다. 의회가 제정할 수 있는 법률의 범위를 헌법으로 제한하기 때문입니다(제34조 제1항). 법률안을 발의하는 데 있어서 총리는 의원 못지않은 권한을 가지고 있고, 실제로 정부가 법안을 제출하는 비율이 압도적으로 늘어나고 있는 상태입니다. 심지어 총리는 상원과 하원 중 한 곳을 선택해서 법률안을 제출할 수 있고 단지 예산안에 대해서만 하원이 우선권을 행사할 뿐입니다. 행정부의 권한이 대통령에게 집중된 대신에 입법권이 국회에 귀속되어 있는 대한민국을 기준으로 본다면 프랑스의 헌법과 권력체계는 상당히 복잡하며 명쾌하지 못합니다.

그렇기 때문에 많은 학자들은 프랑스의 이원집정부제를 단순하게 제도적 관점으로 보기보다는 '정치적 관점'에서 보는 것이 타당하다고 설명합니다. 또한 법적 '규정'의 문제가 아니라 '운용'의 문제로 볼 때 이해하기 쉽다고 합니다.

공화국을 배신한 2명의 나폴레옹

대통령제에서 대통령의 전횡이 문제되듯이, 의원내각제가 과두지배의 위험성을 내포하듯이, 프랑스의 이원집정부제도 마찬가지입니다. 특정 정파가 압도적 다수가 될 때, 드골 대통령 시절의 퐁피두 총리처럼, 총리는 대통령의 비서로 전락합니다. 반대로 여러 정파가 경합을 벌일 때는 정치적 신념의 차이가 큰 대통령과 총리가 '동거'하게 될 수도 있습니다. 사회당의 미테랑 대통령이 보수당의 시라크를 총리로 지명한 사례가 대표적입니다. 또한 2000년 이후 대통령과 총리의 갈등이 심각해지거나, 전혀 다른 입장을 가진 '동거정부'가 수차례 등장하면서 문제가 되기도 했습니다.

제도보다 정치가 우선한다고 생각하면 곤란합니다. 무엇보다 이원집정부제에 대한 막연한 환상이 문제입니다. 대통령중심제의 단점을 나열하고 그것을 치유할 수 있는 수단으로 이원집정부제의 장점을 나열하는 것이야말로 가장 위험한 접근입니다. 그 전에 프랑스가 이처럼 복잡한 제도를 갖게 된 역사를 이해해야 합니다.

세상의 모든 헌법은 역사입니다. 모든 제도가 형성된 배경에는 그 나라의 고유한 역사적 과정이 있기 때문입니다. 프랑스에는 여태까지 다섯 번의 공화국이 들어섰습니다. 1958년에 수립된 현재의 프랑스는 통상 제5공화국으로 부릅니다.

영국에서는 무능한 국왕의 무분별한 권력 행사를 제어하기 위한 봉건영주의 책략이 입헌주의 전통으로 자리 잡았습니다(대헌장, 1215). 프랑스는 프랑스대혁명을 겪으면서 절대군주 루이16세에 대항하기 위해 국민의회, 즉 의회를 만들게 됩니다. 이때부터

1962년 대통령직선제 개헌이 있기 전까지 입헌군주제와 대통령제 그리고 왕정복고와 황제정 사이를 오갔습니다. 국민의회, 입법의회가 이끌던 프랑스혁명 초기 수년은 루이16세가 존재했고 라파예트로 대표되는 온건파가 주도했기 때문에 입헌군주정체제가 유지됩니다. 하지만 혁명전쟁이 본격화되고 로베스피에르 등이 중심이 된 자코뱅이 권력을 장악하는 국민공회 시기가 되면서 비로소 프랑스는 공화국을 향해 나아갑니다. 루이16세는 처형당했고 자코뱅은 조직적인 공화국운동을 펼칩니다. 그들에 의해 프랑스는 공화국이 되고 프랑스 특유의 공화주의 전통이 시작됩니다.

하지만 혁명은 복잡다단하게 전개됩니다. 자코뱅은 공포정치를 벌이다가 쫓겨났고, 보수파는 군부에 의해 간신히 권력을 장악하지만 나폴레옹은 군사쿠데타를 통해 이들을 몰아내고 통령정부를 수립합니다. 이어서 곧바로 황제가 되면서 공화국은 근본적으로 붕괴됩니다.

나폴레옹이 무너지고는 다시 왕정이 복고되었고 7월혁명(1830)과 2월혁명(1848)을 거치면서 비로소 프랑스의 제2공화정이 시작됩니다. 하지만 국민투표를 통해 당선된 나폴레옹의 조카 루이 나폴레옹은 삼촌이 걸었던 길을 반복합니다. 1851년 쿠데타를 일으켜서 다시 황제가 된 것입니다. 공화정은 같은 시련을 겪습니다. 하지만 나폴레옹3세가 된 루이 나폴레옹이 비스마르크에 패배하면서 또 한 번 황제정이 몰락합니다.

그렇게 시작된 프랑스 제3공화국 이래로 1958년 제5공화국이 시작되기 전까지 대통령을 모두 의회 간선제로 선출하였으며 권한 또한 매우 제한적이었습니다. 국민투표를 통해 뽑힌 두 나폴레옹의 '공화국에 대한 배신'이 대통령직선제에 대한 광범위한 거부감을 형성한 것입니다.

왕정의 흔적을 지운 대혁명 후 100년

그런데 프랑스는 왜 영국처럼 의원내각제 국가가 되지 않았을까요? 프랑스는 루이14세로 대표되는 절대군주 국가였습니다. 프랑스혁명으로 인해 절대군주제는 무너졌지만 이후에도 상당히 오랫동안 왕정복고에 대한 열망이 강력했습니다. 그렇기 때문에 나폴레옹 몰락 이후 왕정이 복고(빈회의, 1814~1815)될 수 있었고, 7월 혁명 당시에도 공화정이 아닌 입헌군주정을 통해 루이 필리프가 왕이 됩니다.

그리고 다시 40년이 흘러 1871년, 루이 나폴레옹이 몰락하고 제3공화정이 들어설 때도 왕당파는 오를레앙파 등의 이름으로 강력한 영향력을 행사합니다. 그들은 샹보르 백작, 파리 백작 등을 지지하며 최소한 입헌군주정이라도 달성하기 위해 헌법 개정에 박차를 가합니다. 이 가운데 우선 리베법loi Rivet을 통해 보수주의자 티에르 행정수반에게 공화국대통령이라는 명칭을 부여합니다. 사실상 군주제로 가기 위한 첫 단계였으나 왕당파와 티에르의 관계가 나빠지면서 결국 티에르는 공화제로 돌아섭니다.

티에르가 사임하자 왕당파를 중심으로 막마옹 원수가 대통령이 되었고 브로이 공작이 총리가 되는 등, 왕정복고는 목전까지 이릅니다. 하지만 왕위 계승자 샹보르 백작과 파리 백작 사이의 갈등이 심각했고, 무엇보다 가장 적합한 왕위 계승자인 샹보르 백작은 최소한의 의회주의도 받아들이기 힘들 정도의 완고한 인물이었습니다.

결국 왕당파는 내부적으로 분열하기 시작했고 입헌군주제를 선호했던 오를레앙파는 공화파와의 타협을 감행합니다. 간접선거로 구성되는 상원과 보통선거로 구성되는 하원은 오를레앙파와 공화파에게 정치적 타협의 길을 열어줍니다. 그리고 공화파는 중요한 정치적 모험을 감행합니다.

공화국의 대통령은 상원과 하원이 선출한다.

공화파가 찬성 353표 대 반대 352표, 단 1표 차이로 승리를 거두면서 프랑스는 공화국이 됩니다. 물론 이후에도 갈등은 이어졌습니다. 1876년 선거에서 왕당파는 상원을 장악했고, 하원을 장악한 공화파와 격렬한 충돌을 벌입니다. 왕당파 출신인 대통령 막마옹은 갈등을 이유로 내각을 해산시키고 또 다른 왕당파 브로이 공작을 불러들입니다. 동시에 하원의 해산을 선언하면서 국민투표를 통해 다시 한 번 판세를 뒤집어보려고 합니다.

싸움은 질서와 무질서 사이에서 벌어지고 있다!

막마옹 대통령은 공화파를 '무질서'로 규정합니다. 자코뱅과 로베스피에르가 이끌던 공포정치, 나폴레옹으로 대표되는 선동정치. 공화정이 지니고 있는 그림자를 정면으로 건드린 것입니다. 하지만 당시 공화정에 대한 이미지가 마냥 나쁘지는 않았습니다. 비스마르크에게 패배한 이후 대통령이 된 티에르는 행정질서를 회복시켰고, 지혜롭게 배상금을 갚아나갑니다. 또 다른 공화파 지도자이자 이후 평민 출신으로 최초로 총리가 되는 강베타의 활약도 공화정의 이미지를 개선하는 데 중요한 역할을 합니다.

프랑스가 주권자의 견해를 표현하게 될 때 그는 복종하든지 사임하든지 해야 할 것이다!

막마옹에 대한 강베타의 응수가 의미하는 것처럼 운명을 건 재선거가 실시됩니다. 왕당파는 '질서'라는 단어가 무색할 정도의 행태를 보입니다. 40명의 도지사, 1,700명이 넘는 시장을 파면시키면서 공화파의 활동을 방해한 것입니다. 하지만 선거에서 다시 한 번 공화파가 승리를 거두면서 결국 막마옹은 뒤포르가 이끄는 온건 내각을 지명합니다. 최후의 도전이 실패했음을 인정한 것입니다. 그리고 1879년 치러진 상원 선거에서도 공화파가 승리, 그레비를 새 대통령으로 선출하면서 왕정복고의 꿈은 영원히 사라지게 됩니다. 다만 7년 임기의 상징 권력으로 대통령제가 의회 중심의 프랑스에 덩그러니 자리 잡게 된 것입니다.

제3·4공화국: 재건의 시대

프랑스는 제3·4공화국 기간 동안 의회가 주도하는 정부 형태로 운영됩니다. 이 시기에 대한 평가는 이중적입니다. 공화정을 확립했고 보통선거권, 노동자의 권리, 여성의 참정권 등 여러 사회개혁적 요구를 적절하게 받아들이면서도 극우와 극좌에서 밀어닥치는 정치적 극단주의를 효과적으로 제어합니다. 주변 국가들에 비해 일찍 혁명을 경험했으며, 수차례 혁명을 성공시켰고, 공화국이 지향해야 하는 가치를 두고 오랜 기간 정치적 훈련을 거쳤기 때문에 이룰 수 있었던 성과입니다.

하지만 문제 또한 분명했습니다. 의원내각제 특유의 만성적인 이합집산이 반복된 것입니다. 1876년부터 1919년까지 들어선 내각의 수가 49개. 2년 이상을 견딘 내각은 클레망소 내각(1906.10~1909.7)을 비롯하여 손에 꼽히는 수준입니다. 1차 세계대전이 끝나고는 더욱 심각해집니다. 1958년까지 불과 40년 사이에 내각이 무려 70여 차례나 교체됩니다. 평균 수명은 8개월을 넘지 못했고 1920년에서 1940년 사이와 1945년에서 1958년 사이에는 6개월 이하로 떨어집니다.

그리고 이즈음에 드골이라는 중요한 인물이 등장합니다. 잘 알다시피 2차 세계대전은 프랑스에게 치욕적인 시간입니다. 히틀러가 이끄는 독일에 변변한 저항 한 번 제대로 못 해보고 패배했기 때문입니다. 급격한 기술 발전과 전략·전술 변화에 적응해야 하는 시기에 장군들은 1차 세계대전의 전법을 고수했으며, 단지 관념적인 개혁만을 답습하며 스스로가 만든 영광스러운 습관에서 벗어나지 못했습니다. 이 문제점을 인식하고 다양한 노력을 펼치던 육군차관 드골은 2차 세계대전에서 프랑스가 패배하자 잔여 병력을 이끌고 영국으로 망명하여 자유프랑스Français libres를 이끕니다(1942).

영국의 도움을 받아 7만 명의 부대를 보유했던 자유프랑스는 미국과 영국의 냉대에도 불구하고 적극적인 활약을 펼칩니다. 미국과 영국이 북아프리카에서 독일과 싸우자 자유프랑스 역시 북아프리카 전쟁에 참여하였으며 드골은 프랑스해방위원회의 위원장이 됩니다.

드골은 국내 레지스탕스와의 연계를 도모합니다. 최연소 도지사였던 장 물랭 역시 영국으로 망명하여 드골 진영에 합류했으며, 이후 국내로 잠입하여 '레지스탕스 국민평의회'를 조직하는 중요한 성과를 이루어냅니다. 사실 레지스탕스의 절대다수는 사회주의자였기 때문에 우파 공화주의자 드골이 이끄는 자유프랑스와의 연합은 투쟁의 효율성 이상의 의미를 지닙니다. 2차 세계대전 이후 공화국 프랑스가 이념적으로 넓어질 수 있었던 결정적인 계기가 되었기 때문입니다.

1944년 노르망디 상륙작전의 성공 이후 파리에는 프랑스공

* 2차 세계대전 기간의 프랑스

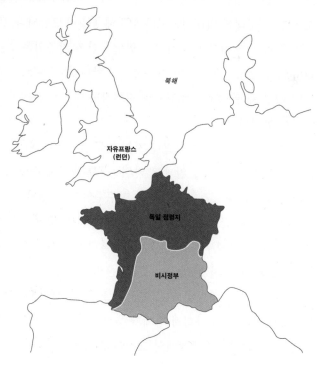

북해

자유프랑스
(런던)

독일 점령지

비시정부

화국 임시정부가 들어서고 드골이 이끄는 이 정부에 처음으로 사회주의자들이 각료로 입각하게 됩니다.

1944년부터 1946년까지는 드골의 정치인생에서 첫 번째 절정기이며 현대 프랑스 역사에 가장 중요한 순간입니다. 1944년 12월 독일이 반격을 펼칠 때 미국은 스트라스부르를 포기하려고 하지만 드골은 격렬히 맞섭니다. 그리고 연합국의 최후 공격에 가담하였으며 결국 1945년 5월 8일 독일이 항복 문서에 서명하는 자리에 영국, 미국과 함께 승전국으로 등장합니다. 또한 독자적으로 소련과 안보조약을 맺으며 미국을 견제했고, UN 상임이사국 자리도 확보하고 독일에서는 점령구역을 획득하기도 합니다.

드골은 지방을 자주 돌아다니면서 여러 무장 지도자들을 만났고 이들을 군대에 입대시키거나 무장해제를 유도합니다. 또한 모리스 토레즈가 이끄는 공산당의 합법적인 사회주의운동을 수용하였으며 그를 국무장관에 기용하기도 합니다. 물론 나치 부역자들에 대한 체계적인 숙청 작업을 진행하며 나치시대 청산을 주도하기도 합니다.

물론 현대 프랑스는 드골 혼자서 이룬 것이 아닙니다. 뵈브메리는 『르 몽드Le monde』, 알베르 카뮈는 『투쟁Combat』, 사르트르는 『근대Les Temps Modernes』를 창간하며 민주주의의 새 장을 열었고 이후 사르트르의 급진적 좌파운동은 드골과 심각하게 충돌하기도 합니다. 또한 경제부문에서 사회주의적인 대개혁이 이루어집니다. 국립항공기엔진개발공사·프랑스은행·프랑스항공사 등의 국유화가 대표적인 조치입니다. 이처럼 2차 세계대전의 패배를 딛고 '재건'이라는 전 사회적 과제가 우파와 좌파의 대연합을 통해 수행되었다는 점, 그 과정에서 드골이 중요한 리더십을 발휘했다는 점만큼은 결코 간과할 수 없습니다.

불명예보다는 죽음을: 알제리 독립운동

그리고 시간이 흐릅니다. 1950년대 초반이 되면 정치적으로 패배한 드골은 역사 속으로 사라지고 다시금 다양한 정파들의 정치투쟁이 시작됩니다. 1954년, 프랑스는 근본적인 위기를 맞이합니다. 알제리 독립운동이 본격화되었기 때문입니다. 2차 세계대전은 피지배국가들에게는 마냥 나쁜 전쟁이 아닙니다. 두 차례 세계대전을 통해 영국과 프랑스 등 세계를 지배하던 제국주의 열강들이 몰락하기 때문입니다. 프랑스는 일찍 독일에 패배했기 때문에 베트남을 비롯한 인도차이나에서 지배권을 잃었고, 2차 세계대전이 끝난 뒤에도 호치민을 중심으로 한 베트남의 격렬한 독립운동에 패배하고 맙니다. 디엔비엔푸전투(1953)에서 패한 뒤 프랑스는 인도차이나를 잃었고 곧이어 '알제리 위기'에 직면합니다.

베트남과 알제리는 모두 프랑스의 식민지이지만 뚜렷한 차이가 하나 있습니다. 알제리는 북아프리카 국가입니다. 즉 프랑스를 마주하고 있으며 지중해에 속한 나라입니다. 프랑스와 가깝기 때문에 상당한 수의 프랑스인이 알제리로 이주했습니다. 당시 알제리 인구 중 100만 명 정도가 프랑스를 비롯한 유럽인이었습니다. 그런데 프랑스가 알제리를 지배한 지 오래되었기 때문에 알제리에 있던 백인의 대다수가 이미 주민이 아니라 현지인Pieds-noirs이었습니다. 현지의 요직을 장악한 백인 현지인들의 식민지에 대한 애착이 클 수밖에 없었습니다. 프랑스의 입장에서는 과거 제국주의 시절의 영광에 대한 집착과 식민지로부터 얻을 수 있는 이권이 중요했지만 현지인에게는 생존이 더 중요한 문제였던 것입니다. 더구나 현지인들의 처지가 모두 풍요로운 것도 아니었기 때문에 식민지에 대한 집착은 더욱 강렬할 수밖에 없었습니다.

불명예보다는 죽음을!
가방보다는 관을!

당시 알제리를 지배하고 있던 프랑스군 장교들이 외친 슬로건입니다. 짐을 싸서 도망가느니 죽겠다는 강렬한 의지가 묻어나는 대목입니다. 프랑스의 식민정책은 기본적으로 '동화주의'였습니다. 프랑스 문명을 현지인에게 받아들이라고 요구하는 방식인데, 이주민들은 알제리의 900만 이슬람교도들 역시 프랑스 문화를 받아들이고 통합되기를 원했습니다.

하지만 절대다수의 이슬람교도들은 제국주의 프랑스로부터의 독립을 갈망하고 있었습니다. 곳곳에서 게릴라전이 벌어지기 시작했고 1954년부터는 본격적인 무력충돌이 일어납니다. 당시 프랑스보다 4배나 큰 알제리를 관리하던 프랑스군은 5만 명 정도였습니다. 이후 꾸준히 증원하여 12만 명을 파병했지만 상황을 해소하기에는 턱없이 부족한 숫자였습니다.

결국 1956년이 되면서 이주민들을 중심으로 자치군대가 조직되기 시작합니다. 이들은 본토에서 파견된 군인들의 보조대 역할도 합니다. 대표적인 단체가 도시방어분견대와 국방의용대입니다. 도시방어분견대는 낙하산부대의 보조가 목적이었으며 경찰보조원 활동을 했던 인물들로 구성되었습니다. 단원은 5,000명 정도였고 무기뿐 아니라 체포권까지 가졌습니다. 국방의용대는

3, 4만 명 규모였으며, 현지인 유력자들과 극단주의자들의 후원을 받으면서 일부는 탱크를 보유할 정도의 무장 수준을 갖춥니다. 또한 재향군인들은 전국재향군인협회행동위원회를 조직하여 대중집회를 이끌면서 프랑스의 알제리 포기 반대를 위한 격렬한 행동에 돌입합니다.

군부 역시 이런 흐름에 매우 동정적일 수밖에 없습니다. 군부 최후의 식민지, 최후의 해외 파병 지역에 대한 집착은 가공할 수준이었으며, 이는 현지인들의 간절한 정서에 부합합니다. 더구나 1956년에 알제리 중동부의 도시 하시메사우드에서 유전이 발견되면서 상황이 보다 복잡해집니다.

1958년 상황은 최악으로 치닫습니다. 프랑스비행대는 알제리 민족해방전선의 피신처로 추정되는 튀니지의 사키에트를 폭격합니다. 튀니지는 UN에 제소했고 프랑스에서는 알제리 문제를 둘러싸고 격렬한 정쟁이 벌어집니다.

포기할 것인가, 보다 강경하게 무력 지배를 할 것인가!

온건파 피에르 프리믈랭이 내각을 장악했다는 사실이 알려지자 알제리에서는 대규모 시위가 발생합니다. 프랑스 본국이 알제리를 포기할 것이라고 판단한 알제리주둔군의 마쉬와 살랑은 공안위원회를 만들었고, 낙하산부대와 군중은 공모하여 총독부를 장악합니다. 갈등이 프랑스 본국과 알제리 식민지 간의 충돌로 비화된 것입니다.

전통 위에 제도를 세우다

반란인가, 내전인가!

프랑스 남쪽의 섬 코르시카가 알제리반군의 편으로 돌아섰고, 알제리반군이 프랑스 본토를 습격한다는 소문까지 들리던 순간 문제 해결의 유일한 카드로 '드골의 복귀'가 논의되기 시작했고 드골도 적극적인 행보를 보입니다. 오랫동안 공화주의 전통은 파시즘을 비롯한 극우파의 발호를 막아왔고 군부독재 역시 받아들일 수 없는바, 여전히 드골파는 존재했고 그 영향력은 식민지 알제리에서도 대단한 상황이었습니다.

조국의 지위 격하는 불가피하게 그 뒤로 연합된 사람들의 불화, 전투 중인 군대의 동요, 국민적 혼란, 독립의 상실을 끌어들인다. (중략) 프랑스는 당파들의 체제를 위해서는 너무나 어려운 문제들과 씨름하면서, 이러한 재난적인 과정에 빠져 있었다. 한때 조국은 그 존재의 깊은 곳으로부터 구원에로 이끌도록 그것의 신뢰를 나에게 준 적이 있었다. (중략) 나는 공화국의 권력을 인계할 준비가 되어 있다.

드골의 개입은 위기를 극적으로 해소합니다. 공화국의 전통을 수호하며 동시에 군부의 지지를 끌어내고, 사회주의자들의 안심과 알제리 현지인의 신뢰를 동시에 만족시킬 수 있는 유일한 선택이었던 것입니다. 이렇게 1958년 프랑스의 위기는 드골의 승리로 끝납니다.

화려하게 복귀한 드골은 헌법 개정을 통해 대통령에게 강력한 실권을 부여했으며, 이제 대통령은 상징적인 존재를 넘어서 행정부 수반이 됩니다. 그리고 여러 위기에도 불구하고 알제리를 독립시키는 방향으로 문제를 해결했으며 1960년대 냉전이 굳어지는 가운데 자주외교를 펼치며 본인이 표방한 '위대한 프랑스'를 구체화합니다.

이야기가 길어졌습니다. 논의의 목적은 드골의 탁월함을 증명하는 것이 아닙니다. 프랑스는 오랫동안 왕정복고와 싸웠고 그 유산으로 대통령제가 남게 되었습니다. 그리고 의회주의의 한계가 드러나는 시점에 대통령에게 강력한 권위를 부여하는 방식으로 위기를 돌파했습니다. 그런 역사적 과정들이 복잡하게 뒤섞였기 때문에 오늘날 우리가 쉽사리 개념화하는 이원집정부제 국가가 된 것입니다.

드골에 의해 입안된 제5공화국 헌법이 국내에 소개된 시기는 놀랍게도 1972년 유신헌법 당시입니다. 강력한 리더십을 통해 위기를 돌파해야 한다면서 개헌의 정당성을 설명하기 위해서 드골을 끌어들인 것입니다.

하지만 앞에서 살펴본 프랑스의 역사와 대한민국의 역사는 전혀 다릅니다. 드골이 박정희 같은 독재자도 아니었을뿐더러, 민주주의를 근원에서부터 망가뜨린 유신체제와는 비교 자체가 불가능합니다. 드골은 공화국체제를 부정한 적이 없을 뿐만 아니라 1960년대 말 자신의 의지가 담긴 국민투표가 무산되자 자연스럽게 그리고 완전히 역사 속으로 사라집니다. 이때쯤 되면 드골은 알제리 위기에서 조국을 구한 영웅이 아니라 보수파의 대명사에 불과했기 때문입니다.

여전히 헌법학자들의 논의 가운데 드골과 프랑스 제5공화국 헌법이 박정희 정부의 유신헌법과 비교되는 경우가 있습니다. 또한 제도적 관점에서만 접근하여 이원집정부제의 개념을 반복적으로 설명하는 경우도 있습니다. 하지만 프랑스에는 프랑스 고유의 역사적 과정이 있었으며 개헌을 할 수밖에 없는 필연적인 위기들이 있었습니다. 또한 미국이나 독일과 달리 혁명과 개헌이라는 독특한 전통을 가지고 있기 때문에 여전히 역동적인 헌법 개정이 이루어지고 있습니다. 만약 프랑스의 독특한 헌법, 대통령, 의회주의의 역사를 차용하고 싶다면 무엇보다 우리 스스로의 고유성과 우리 스스로의 독특한 전통이 무엇인지를 더듬어보는 것이 우선입니다.

1962년 12월 26일. 제3공화국의 시작
1969년 10월 21일. 3선개헌

1960년대 초반의 박정희는 유신시대의 절대권력자 박정희가 아닙니다. 정치적으로 미숙하거나 좌충우돌하는 모습도 많이 보입니다. 5·16군사쿠데타로 시작된 박정희 시대는 이승만 시대의 카리스마를 보충하기 위해 세 가지 선택을 했습니다. 첫째, 적극적인 민간인 영입. 둘째, 적극적인 군부 인사 영입. 그리고 적극적인 제도 개선을 도모합니다. 그 결과 헌법이 개정되고 새로운 형태의 대통령중심제가 시행되었습니다. 쿠데타가 개헌으로 이어졌고, 헌법이라는 것은 언제든지 개편되고 조정될 수 있다는 불행한 전통이 만들어진 것입니다.

내면화된 정치제도

대통령중심제·대통령직선제·단원제 국회. 이 세 가지는 오늘 우리 사회의 골간을 이루고 있는 가장 핵심적인 정치제도입니다. 대통령은 국가원수이자 행정부 수반으로 국가운영의 가장 중요한 역할을 담당하며 국민이 직접 뽑습니다. 국회의원은 상원과 하원의 구분 없이 인구 대비 작은 규모로 운영됩니다. 대통령직선제는 1987년 6월항쟁의 가장 중요한 과제였고, 대통령을 간선으로 뽑은 박정희 유신체제와 전두환 정권을 지나온 우리에게는 각별한 의미를 지닌 제도입니다.

하지만 여러 나라의 사례를 살펴보았듯이 민주주의 역사에서 가장 기초적인 과정은 국회의원을 국민이 직접 뽑는 것입니다. 서양의 시민혁명은 보통선거권을 둘러싼 투쟁이라고 이야기를 해도 과언이 아닙니다. 재산 유무와 상관없이, 성별과 상관없이 성인 모두에게 투표권을 주는 것은 엄청난 진통을 겪으면서 정착된 제도입니다. 적절한 수준의 교육을 받지 못했고, 그만큼 정치적 소양이 결여된 사람들에게 투표권을 주는 것에 대한 고민이 컸기 때문입니다.

실제로 보통선거권이 정착되는 시점에서 대중민주주의는 여러 문제를 일으키기도 합니다. 나폴레옹은 국민투표를 악용하여 황제의 자리에 올랐고, 주요 정당은 정책이 아니라 선거전략에만 몰두하기 시작했고, 포퓰리즘을 비롯한 새로운 문제들이 속출했기 때문입니다.

우리나라는 1945년 해방 이후 미국식 제도가, 미국의 관할하에 이식되었기 때문에 선거권을 둘러싼 투쟁은 찾아보기 힘듭니다. 더구나 조선왕조가 멸망한 지 36년이 흘렀고, 양반 지배체제는 조선왕조 후기부터 왜곡·파괴되기 시작했으며, 농지개혁 등을 통해 그나마 지배층이라고 할 수 있는 지주계급 역시 몰락했기 때문에 보통선거권을 정착시키는 데 어려움이 없었던 것입니다. 서양의 시민혁명은 보통 집단의 이해관계가 정파를 만들고, 정파의 대표가 의회의 의원이 되고, 그것이 이후에 정당으로 발전합니다. 경제적 이해관계는 물론, 종교적 신념으로 결합할 수도 있고 계급에 기초한 정당이 될 수도 있습니다. 이에 비하여 우리나라는 아래로부터의 조직화된 민주주의가 형성되지 못한 상태에서 정당이 난립하며 인물 중심 정당, 민의보다는 그들만의 정치논리에 지배되는 정당구조가 형성됩니다. 이로 인해 국민이 자신들이 뽑은 대표를 불신하는 문화가 자리 잡게 된 것은 여전히 심각한 문제입니다.

이에 비해 대통령제는 모든 나라의 보편적인 제도도 아닐뿐더러 대통령을 뽑는 방식과 대통령에게 주어진 권한 역시 나라별로 제각각입니다. 심지어 우리와 가장 비슷한 미국의 대통령중심제도 우리나라와는 여러 측면에서 커다란 차이가 있습니다. 여하간 우리는 대통령을 직접 뽑는 것을 가장 중요한 선거라고 생각하며, 그것을 민주주의 구현의 가장 중요한 잣대라고 생각합니다.

놀랍게도 오늘 우리에게 익숙한 '대통령중심제·대통령직선제·단원제 국회'라는 제도는 5·16군사쿠데타 이후 마련된 것입니다. 이것이 '유신·전두환·87년 민주화'라는 크나큰 굴곡을 지나오면서 확립되고 체계화되었습니다. 군사쿠데타를 미화하거나 혹은 군인들이 만든 제도였기 때문에 무조건 잘못되었다고 규정하려는 것이 아닙니다. 중요한 사실은 긍정적이든 부정적이든 박

정희로부터 시작된 장기독재와 그 권력의 작동방식이 우리 사회
에 충분히 내면화되었다는 점입니다.

1950년대와 1960년대의 경계

이승만 시대를 간과할 수는 없습니다. 하지만 모든 역사는 연
속성을 가지며, 그런 기준으로 따진다면 일제시대와 조선시대가
미친 영향력 또한 간과할 수 없을 것입니다. 국왕 중심의 전제주
의나 총독부 지배체제는 강력한 중앙권력에 순복해야 한다는 점
에서 공통점을 갖습니다. 또한 대통령중심제를 옹호했으며 내각
제 정착의 기회를 끝내 막았던 인물이 이승만이라는 점 또한 고려
해야 합니다.

그럼에도 불구하고 이승만 시대와 박정희 시대에는 중요한 차
이가 있습니다. 이승만 시대에는 이승만 개인의 카리스마가 강력
한 영향력을 발휘했습니다. 이승만의 정치적 선택에 따라 한민당
과 이범석의 족청 등 수많은 권력이 패퇴했고, 자유당은 이승만을
추종하기에 존립할 수 있었습니다. 하지만 5·16군사쿠데타로 역
사의 전면에 '갑자기' 등장한 박정희의 경우는 그렇지 않습니다.
우선 권력을 쟁탈한 과정 자체가 극히 불법적이었으며, 그 과정도
박정희의 압도적인 카리스마나 주도면밀함으로 추진된 것이 아
니었습니다. 김종필을 비롯한 육군사관학교 8기생들이 주도했다
는 것은 주지의 사실이며, 그들이 박정희 이전에 여러 군부 지도
자를 찾아갔다는 것 역시 널리 알려졌습니다.

쿠데타는 공모된 것이며 제2공화국을 무너뜨린 이후에도 박
정희의 지도력은 도전받았습니다. 쿠데타 과정에서 변절한 육군

참모총장 장도영을 체포했으며 비슷한 시기에 전 육군참모총장 송요찬과 해병대를 대표하던 김동하 등을 체포합니다. 군 정화를 명목으로 40여 명의 장군을 포함한 2,000여 명의 장교를 예편시킨 후에도 이런 일이 반복되었다는 것은 그만큼 권력투쟁이 격렬했음을 의미합니다.

1960년대 초반의 박정희는 유신시대의 절대권력자 박정희가 아닙니다. 정치적으로 미숙하거나 좌충우돌하는 모습도 많이 보입니다. 계속된 권력투쟁과 어긋나는 혁명공약에 실망하여 민정불참을 선언했다가, 소장파가 반발하자 오히려 군정 연장으로 선회하기도 합니다. 하지만 미국의 케네디 정부가 군정 연장에 반발하여 2,500만 달러의 원조를 거부하자 이 또한 포기하고 다시 서둘러서 민정이양을 공포합니다. 쿠데타에 성공하는 것과 성공적인 권력자가 되는 것은 또 다른 문제였던 것입니다.

당시 윤보선을 비롯한 야당세력은 국민들 사이에 확실히 뿌리를 내리고 있었습니다. 극히 무능했음에도 말입니다. 박정희는 쿠데타 직후 기존 정치인들을 체포·구금하였으며 정당·사회단체들을 해산시킵니다. 정치활동정화법(1962)으로 4,374명의 정치활동을 규제하고 15개 정당과 238개의 단체를 해산, 1,170여 종의 신문과 잡지를 폐간합니다. 기존의 정치사회 질서가 급속도로 어그러지는 상태에서 쿠데타의 주역들은 중앙정보부를 만들고 공화당 창당 작업에 착수합니다. 이 와중에 치러진 국회의원 선거와 대통령 선거에서 공화당과 박정희가 승리하지만, 야당이 50여 석을 확보하고(공화당 110석) 박정희가 야권 후보 윤보선을 간신히 이겼다는 사실은 의미심장한 대목입니다.

당시 군부가 민간사회에 비해 선진적이었다는 측면이 꽤 강조됩니다. 거의 유일하게 미국과 접촉하며 미국 유학도 가능했으니까요. 그렇다고 하더라도 당시의 군부를 새로운 국가체제를 이끌어갈 구체적인 비전을 가진 세력으로 평가할 수는 없습니다. 이들의 미국 유학 경험은 군사부문에 한정되어 있었기 때문에, 비슷한 시기의 라틴아메리카에서 나타나는 군인들의 자신감 같은 것을 쿠데타 세력에게서는 찾을 수 없습니다. 라틴아메리카에서는 '신직업주의'라는 미명하에 군부가 사회를 지배할 수 있다는 주장이 구체화되었지만, 여기에 비해 5·16 당시 군인들의 동력은 군대 내 부패와 4·19혁명 이후 심각한 사회 혼란 그리고 제2공화국의 정치적 무능 정도였을 뿐입니다. 박정희 시기에 정부가 주도한 '수출주도형 경제전략'과 '경제개발계획'이 이제는 신화처럼 각인되었지만 쿠데타를 통해 권력을 잡은 그들의 초기 경제정책은 신화와 전혀 달랐으며 화폐개혁 실패가 보여주듯 그다지 성공적이지도 않았습니다.

이 과정을 그저 '독재정권을 향한 여정'으로만 해석하면 곤란합니다. 이른바 목적론의 오류에 빠질 수 있기 때문입니다. 중요한 사실은 5·16군사쿠데타로 시작된 박정희 시대가 이승만 시대의 카리스마를 보충하기 위해 새로운 행보를 보였다는 점입니다.

박정희 정권은 다양한 분야의 민간인을 영입했습니다. 당대 지성들의 논단이었던 장준하의 『사상계』는 결국 폐간을 당하지만 사상계에 글을 쓰던 수많은 사람들은 박정희 정부에 참여합니다. 1960년대 소장세대가 사회에 진출할 수 있는 기회가 마련된 것입니다. 또한 백선엽·이한림·정일권 등 최고위 장성들은 퇴역 이후 정계나 관계에 자리를 잡는 등 이전에는 경험할 수 없었던 다양한 혜택을 누리게 됩니다. 30대의 4성장군 백선엽이 군인들의 월급을 비롯한 처우 개선을 이승만에게 요구했지만 군인의 본분만 강조하며 아무런 보상도 하지 않던 시대와는 모든 것이 바뀐 것입니다. 그리고 헌법이 개정되고 새로운 형태의 대통령중심제가 시행됩니다.

박정희 시대의 대통령중심제

5·16군사쿠데타 발발 이틀 만에 장면은 내각 총사퇴를 결의합니다. 5월 19일에는 군사혁명위원회가 '국가재건최고회의'로 명칭을 바꾸고 박정희는 제2공화국의 배신자 장도영과 함께 국가재건최고회의의장에 오릅니다. 20일에는 혁명내각이 조직되었고 23일에는 모든 정당과 사회단체는 물론 국회와 지방의회까지 해산됩니다.

1961년 8월 12일, 박정희는 "1963년 초부터 정당 활동을 허용하고 여름에 정권을 이양한다"는 기본 구상을 밝힙니다. 여기에는 중요한 전제가 있습니다.

1963년 3월 이전까지 신헌법을 제정하겠다!

새로운 헌법과 새로운 제도를 바탕으로 새로운 역사를 만들겠다는 것입니다.

국가재건최고회의의 특별위원회로서 헌법심의위원회를 발족해 4개월간에 걸쳐서 개정 사항에 관한 철저한 심의가 이루어졌으며 심의

과정에 있어서 우리나라 헌정사상 유례없는 각계각층의 의견을 묻
는 공청회를 개최하여 그들의 의견이 반영되었음은 물론, 국민투표
로 국민의 참뜻을 묻는 등 주권자인 국민의 의사를 존중하는 데 소홀
함이 없이 하였다.

'헌법개정심의록' 서문(1962)에 나오는 말입니다. 많은 의견
을 듣기 위해 헌법심의위원장 이주일은 주미공사 김동환에게 도
움을 요청했고 김동환은 다시 한국부서 책임자 맥도널드에게 이
를 알립니다. 맥도널드는 하버드대학 정치학과의 루퍼트 에머슨
를 추천했고 에머슨은 자문 요청에 응합니다. 또한 뉴욕대학의 길
버트 플란츠도 고문으로 참여합니다. 에머슨은 서울에 도착하여
제헌헌법 초안자이자 당시 헌법위원회위원장인 유진오와 대담을
나누기도 합니다.

개헌 과정을 누가 주도했는지를 두고 약간의 학술적인 논쟁이
있습니다. 헌법심의위원회를 민간이 주도했고, 그들이 거의 완전
한 권한을 가지고 있었기 때문에 군부의 영향력이 제한적이었다
는 주장도 있지만, 타당한 주장으로 보기는 어렵습니다. 우선 박
정희를 비롯한 쿠데타의 주역들은 민정이양 이후의 대한민국을
매우 구체적으로 설계하고 있었습니다. 일명 '김종필 계획' 또는
'8-15계획서'라고도 부르는 민정 출범 계획서에는 이들의 의도
가 명확하게 드러납니다.

군인들은 예편한 뒤 대통령과 국회의원에 출마하여 정권을 계속 장악해야 한다.
군인들이 참여할 정당을 만들어야 한다.
창당을 위하여 민간인들의 협조가 필요하다.

이를 위하여 새 헌법과 선거제도를 고안해야 한다.

박정희 자신이 나서서 적극적으로 의원내각제와 기존 정치인들을 비난하며, 대안으로 미국식 대통령중심제를 주장했습니다. 헌법심의위원회의 상당수가 찬성한 양원제 또한 반대합니다. 그리고 국회의 규모 축소를 지지했습니다. 대통령에게 권한을 집중시키고 국회 중심의 의회정치는 최소화하겠다는 심사였습니다. 결국 이 범위에서 새로운 헌법이 만들어졌습니다. 에머슨과 플란츠는 새 헌법이 생각했던 것보다 훨씬 자유주의적이며 민주적이라고 평가했지만, 쿠데타 세력의 입맛에 맞는 말을 해준 것에 불과합니다.

이렇게 헌법의 내용이 확정되었지만 헌법 개정의 주체인 국회가 없었습니다. 따라서 '국가재건비상조치법'을 개정(1962.10.8)하고 나흘 뒤 '국민투표법'을 제정·공포합니다. 헌법개정안 공고는 대통령권한대행인 국가재건최고회의의장 박정희가 합니다. 당시 발표한 헌법개정안 공고의 핵심 주장은 다음과 같습니다.

건전하고 민주적인 복수정당제도 보장을 헌법에 명시한다.

능률적인 국회 운영을 위해서 단원제 국회로 환원한다.

강력한 대통령중심제를 채택하겠다. 대통령중심제야말로 소신껏 일할 수 있는 민주적인 정부 형태이다.

헌법 개정은 국민투표를 통해 진행한다.

1962년 12월 6일 계엄령이 해제되었고 개헌안은 국가재건최고회의위원 22명이 참석하여 전원 찬성으로 통과됩니다. 그리고 국민투표를 진행, 투표율 85.28퍼센트, 찬성 78.78퍼센트로 개정됩니다. 바야흐로 강력한 대통령과 약한 국회라는 전통이 시작된 것입니다.

제3공화국 헌법의 특징

우선 헌법 전문에 중요한 변화가 생깁니다. 우리나라 헌법은 구체적인 총강과 조항 앞에 전문前文을 놓고 헌법 전체의 의미를 압축하여 설명합니다. 헌법 전문의 효력 유무를 두고 학문적인 논란이 있기는 하지만 대한민국의 정체성 혹은 정통성을 서술한다는 의미에서 그리고 국민들 스스로 헌법 전문에 의미를 부여한다는 점에서 전문의 변화는 쉽게 넘길 부분이 아닙니다.

> 우리들 대한국민은 기미 삼일운동으로 대한민국을 건립하여 세계에 선포한 위대한 독립정신을 계승하여 이제 민주독립국가를 재건함에 있어서 (후략) 헌법 제5호, 1960.11.29., 일부개정

대한민국의 정통성을 '3·1운동, 독립정신, 민주독립국가'로 삼은 것이 헌법 전문의 고유한 특징입니다. 제헌헌법 이래 네 차례 헌법이 개정되는 동안 전문이 수정된 적은 한 번도 없었습니다. 하지만 5·16군사쿠데타 이후 시도된 다섯 번째 개헌에서는 전문에 중요한 변화가 나타납니다.

> 우리 대한국민은 3·1운동의 숭고한 독립정신을 계승하고 4·19의

거와 5·16혁명의 이념에 입각하여 새로운 민주공화국을 건설함에
있어서 (후략) 헌법 제6호, 1962.12.26., 전부개정

4·19혁명과 5·16군사쿠데타를 헌법 전문에 실은 것입니다.
4·19혁명이 헌법 전문에 들어간 것은 상당히 인상적입니다. 독
립운동사에 이어서 민주혁명이 민주공화국 대한민국의 정통성임
을 천명했기 때문입니다. 하지만 이어지는 문장에서 보여지듯 그
의도가 불순합니다.

헌법 제6호는 4·19민주혁명을 '의거'로 규정합니다. 의미는
있지만 불완전했다는 것입니다. 그리고 5·16군사쿠데타를 '혁
명'으로 규정하면서 4·19의거의 불완전함을 5·16군사혁명이
완성하겠다는 것으로 해석할 수밖에 없게 만들었습니다.

또한 전문의 바로 뒤를 잇는 헌법 총강에 '정당'과 관련된 조
항이 처음으로 들어갑니다.

제7조　　①정당의 설립은 자유이며, 복수정당제는 보장된다.
　　　　②정당은 그 조직과 활동이 민주적이어야 하며, 국민의
　　　　정치적 의사형성에 참여하는 데 필요한 조직을 가져야
　　　　한다.
　　　　③정당은 국가의 보호를 받는다. 다만, 정당의 목적이나
　　　　활동이 민주적 기본질서에 위배될 때에는 정부는 대법
　　　　원에 그 해산을 제소할 수 있고, 정당은 대법원의 판결에
　　　　의하여 해산된다.

내용만 본다면 민주공화국이라면 반드시 갖춰야 할 제도입니

다. 하지만 전후의 사정을 고려한다면 그다지 유쾌한 구절이 아
닙니다.

제38조   국회의원은 임기중 당적을 이탈하거나 변경한 때 또는 소
속정당이 해산된 때에는 그 자격이 상실된다. 다만, 합당
또는 제명으로 소속이 달라지는 경우에는 예외로 한다.

제38조는 국회의원이 제3공화국에서 무소속으로 활동할 수
있는 법적 근거를 사실상 봉쇄합니다. 제1, 제2공화국 시절에 무
소속 의원이 상당히 많았으며 그들끼리 '무소속구락부'를 결성하
여 영향력을 행사한 경우도 많았습니다. 또한 정치적 변화에 따라
당적을 이탈하여 재창당을 하는 경우에도 무소속제도는 쓸모 있
는 도구였습니다. 무소속 정치인의 활동이 당시의 정치문화였다
는 점을 고려하지 않은 일방적인 헌법 개정은 구태를 일소한다는
명분을 가질 수도 있지만, 기존의 다양한 정치현상을 통제한다는
문제점을 지닐 수밖에 없습니다.

대법원의 판결에 의해 정당이 해산될 수 있다는 조항도 문제
입니다. 대법원장과 대법원판사 등의 최종 임명권이 모두 대통령
에게 귀속되어 있는 상태(제99조 제1항, 제2항)에서 대법원이 정당의
존립에 관여하는 것은 차후 대통령의 정당 관여에 중요한 도구로
악용될 수 있기 때문입니다.

비슷한 내용으로 공무원의 정치적 중립성을 강조하고 있는 제
6조 또한 마찬가지입니다. 공무원의 정치적 중립성은 그 자체로
는 중요하지만 현실에서는 행정체계 일체를 대통령과 행정권력
이 장악하는 발판이 되었기 때문입니다.

무엇보다 새 헌법이 강력한 대통령중심제를 보장한다는 점이 중요합니다. 쿠데타 이전의 5대 국회는 의원수가 291명이었던 반면, 새롭게 실시된 6·7대 대통령 선거 당시의 국회의원 수는 175명으로 줄어듭니다. 100명이 넘는 국회의원을 줄이며 입법기관이자 국민의 대표기관인 국회의 위상을 근본적으로 뒤흔들어버립니다. 단순히 숫자만 줄인 것이 아닙니다. 정당의 구성, 성립, 발기인의 수와 자격, 법정 지구당 수 등 여러 면에서 제약을 강화했고 의원이 탈당할 경우 의원직을 상실하도록 했습니다. 또한 소선거구·직선 방식에 전국구 비례대표제를 도입하도록 선거법을 개정하면서 3석 이상을 확보하지 못하거나 유효 득표수가 5퍼센트 이하인 경우에는 비례대표 의석을 배분하지 않는 등 소수당의 존립을 위협하는 조항도 신설합니다. 승자독식 구조의 단순한 국회가 만들어진 것입니다.

부통령제를 없애고 대통령이 직접 임명하는 국무총리제를 신설합니다(제84조 제1항). 국무위원도 대통령이 임명하며 국무총리는 대통령의 '명을 받아' 행정 각부를 통할합니다(제88조, 제89조). 국무회의는 의결기구가 아니라 심의기관(제83조)으로 격하되었기 때문에 대통령의 위상은 더욱 높아집니다. 또한 국회는 국무총리와 국무위원에 대한 해임을 '건의'할 수 있는 권한만 부여받습니다(제59조).

같은 대통령제라고 하지만 의원내각제적인 요소의 견제를 받던 이승만 시대와는 근본적으로 다른 전환이었습니다. 선거를 통해 부통령을 뽑는 미국식 대통령제와도 분명한 차이가 보입니다. 심지어 대통령은 긴급재정경제명령 처분권과 긴급명령권(제73조), 계엄선포권(제75조), 공무원임명권(제76조), 사면권(제77조)뿐 아니라 법률거부권(제49조 제2항, 제3항)까지 행사합니다.

헌법 조문만 보면 대통령과 국회의 권력을 매우 균형있게 나누는 것처럼 보이지만, 구체적으로 따져보면 대통령은 국회 폐회 중에도 법률안에 이의를 제기할 수 있는 반면, 국회는 국회의원이 3분의 2가 찬성하지 않는 한 대통령의 재의에 순응할 수밖에 없는 구조가 설계됩니다.

무엇보다도 대통령은 자문기구로 각종 기관을 거느릴 수 있습니다. 경제·과학심의회의(제118조)와 국가안전보장회의(제87조)는 대통령 직속기관이 됩니다. 이 밖에도 중앙정보부와 감사원도 대통령 직속기관이 되면서 어마어마한 권력을 거머쥡니다. 이를 두고 많은 학자들은 '대통령의 입법부에 대한 우위'나 '행정국가' 등의 고상한 용어를 써서 말하지만, 결국 권력 자체가 삼권분립에 위배되며 무엇보다 독재국가로 변질될 수 있는 위험성이 커진 것입니다.

1960년대 이후 전반적인 사회경제적 변화에 따라서 행정 수요가 급속도로 늘어났습니다. 병무청·수산청·산림청·문화재관리국 등이 대폭 증설되고, 국세청·관세청·과학기술처·원자력청·국토통일원 등이 신설되거나 확대 개편됩니다. 공무원의 숫자역시 1964년 28만 8,000명에서 불과 3년 만에 36만 명, 1971년 말이 되면 43만 7,000명으로 늘어납니다. 그리고 행정기구의 증가는 청와대 비서실이 확대·강화되는 것과 맞물리면서 대통령의 권한 강화에 중요한 역할을 하게 됩니다.

경제기획원은 모든 경제부처를 통할하는 기구였으며 경제기획원장관은 부총리로서 예산·정책·부처 조정 등을 종합적으로 관할합니다. 결국 경제발전에 관한 모든 시스템이 일원화되었으며 그 정점에 대통령이 있다고 보면 됩니다. 동시에 대통령 비서실은 중앙정보부·군 조사기관·경찰 등에 대한 통제 역할을 담당하게 됩니다. 행정부서와 공무원의 숫자가 급속도로 늘어나면서 대통령의 위상이 극적으로 높아지는 것이 1960년대 이후의 대한민국입니다. 그리고 결국 박정희 시대는 극단적인 독재국가로 치닫게 됩니다. 헌법이 독재국가 출현의 위험성을 현실화한 것입니다.

위험한 전통: 비상조치와 경제조항

제3공화국 헌법에는 대통령의 권력 집중보다 더 근본적인 문제가 있습니다. 자유민주주의국가에서 군사쿠데타는 어떠한 이유로도 정당화할 수 없습니다. 장면 내각에 문제가 많았으면 내각 총사퇴 후 재선거를 실시하면 그만입니다. 쿠데타세력의 '명분'이라는 것은 사실 명분이라고 부를 수 없을 만큼 저열했습니다. 그리고 쿠데타 자체가 심각한 후유증을 남깁니다. 박정희는 이후에도 3선개헌, 유신체제 등 친위 쿠데타를 여러 번 일으키면서 대한민국의 헌정질서를 유린합니다. 또한 박정희체제 몰락 이후에는 12·12사태를 통해 전두환과 노태우의 쿠데타가 이어집니다.

5·16군사쿠데타가 개헌으로 이어지면서 헌법이라는 것이 언제든지 개편되고 조정될 수 있다는 전통이 만들어졌습니다. 5·16 이후 쿠데타세력은 소위 '혁명완수'를 위해 6월 6일에 국가재건비상조치법을 공포합니다. 국가재건최고회의는 입법·행정·사법 3권을 통합하며, 국민의 기본권은 '혁명과업에 저촉되

지 않는 범위'에서 보장됩니다. 또한 대법원장과 대법원판사는 국가재건최고회의를 거쳐서 임명되고 헌법재판소의 효력이 정지됩니다.

쿠데타세력은 자신들이 원하는 헌법의 범위를 미리 정해놓고 헌법위원회에 강요했으며, 자신들이 원하는 권력구조를 구축한 뒤에 국민투표를 통해 개헌을 합리화합니다. 바로 이 방식이 유신과 전두환 집권기에 똑같이 반복됩니다.

잃어버린 것은 그뿐이 아닙니다. 제3공화국 헌법에서 가장 기묘한 부분이 '기본권'입니다. 통상 헌법학자들은 제3공화국의 헌법이 '기본권을 강화하는 방향으로 규정'되었다고 평가합니다. 제8조에서 제11조까지 기본권을 이전 헌법에 비해 매우 구체적으로 서술하기 때문입니다. 자유권·사회권·참정권 역시 자세히 규정하고 있습니다. 하지만 제헌헌법의 '이익균점권'과 '공무원 파면청원권'이 삭제되고 대신에 '직업선택의 자유'(제13조)가 추가되었습니다.

학문적 관점에서, 그리고 개념을 규정하는 입장에서 본다면 마냥 비판적으로 볼 부분은 아닙니다. 이익균점권을 규정했다고 해서 이승만 집권기 동안 그것이 의미 있게 관철되지도 않았기 때문에 어쩌면 불필요한 조항일 수 있습니다. 마찬가지로 개념적으로 상세해졌다고 해서 그것이 곧 기본권 강화를 의미하는 것도 아닙니다.

무엇보다 제3공화국의 헌법은 '자유경제질서'를 강조하면서 주로 '경제활동의 자유 보장'을 중심으로 경제조항을 규정하고, 공교롭게도 이익을 균점하기보다는 직업 선택의 자유를 주되 균형 발전을 도모하겠다는 형태로 정의되어 있습니다. 경제부문의 기본권은 분명 후퇴한 것입니다. 더구나 이후 박정희 정권이 보여줄 가혹한 노동정책이라든지 재벌 중심의 경제발전을 고려한다면 제3공화국 헌법은 가혹한 측면이 있습니다.

한국형 정당구조의 정착: 여당

대통령에게 권한이 과잉된 만큼 정당구조는 단출해집니다. 양원제 국회 운영의 노하우를 쌓을 시간은 부족했고 쿠데타 이후 여야 모두 '신당'을 창당할 수밖에 없는 구조가 만들어집니다. 쿠데타세력은 김종필(당시 중앙정보부장)의 주도로 공화당 창당 작업을 진행합니다. 쿠데타 이후 정치 활동이 금지된 상태에서 극비리에, 그것도 정보기관이 주도하는 가운데 창당 작업이 이루어진 것입니다. 우선은 이 작업 자체가 불법입니다. 게다가 창당 비용도 불법으로 조달됩니다. 당시 금액으로 1년 동안 약 3억 원이 사용되었는데, 중앙정보부가 주가조작에 개입하거나 부당이득을 취해서 얻은 돈입니다. 전형적인 권력형 비리입니다.

더욱 중요한 사실은 창당 과정에서 박정희의 위상이 높아졌다는 점입니다. 1962년 1월 김종필의 주도로 시작된 공화당 창당 작업은 6월이 되어서야 세상에 알려집니다. 이 일은 당시 합동수사본부장 겸 육군방첩대장인 김재춘의 강력한 반발을 낳습니다. 쿠데타세력 간의 치열한 권력투쟁이 시작된 것입니다. 김종필의 독주가 문제되었고, 우여곡절 끝에 공화당 창당준비위원장이던 김종필은 창당 하루 전에 외유를 떠나게 됩니다.

물론 공화당은 계획대로 만들어집니다. 하지만 김재춘을 중심으로 별도의 범국민정당 결성이 추진되자, 박정희는 자유민주주의를 표방하는 민족세력의 단결, 애국정당의 결성 등을 강조하며 리더십을 발휘합니다. 이승만이 줄곧 일민주의 같은 개인숭배적 이념을 발전시킨 것에 비해 박정희는 반공을 강조하며 등장했기 때문에 자유민주주의를 강조할 수밖에 없었습니다.

범국민정당에 맞서서 공화당은 서둘러 임시전당대회를 개최하여 박정희를 대통령 후보로 선출했습니다. 그리고 박정희의 중재로 양 진영이 화해하면서 공화당체제로 통합됩니다. 공화당은 이후에도 이와 비슷한 패턴을 반복합니다. 군인 출신 정치인과 민간인 출신 정치인 사이의 갈등은 언제나 존재했고, 선거에서 승리한 뒤 공화당의 요직이 기성 정치인에게 돌아가자 이에 대한 군 출신 인사들의 반감이 커집니다. 무엇보다 1964년 한일협상 문제를 두고 협상을 주도한 당내 주류 김종필 세력과 비주류 세력 간의 충돌로 비화됩니다.

1964년 3월 26일, 야당 의원 김준연은 박정희 정권이 일본으로부터 1억 3,000만 달러를 받아서 정치자금으로 썼다고 폭로합니다. 이를 계기로 당내 갈등은 더욱 심각해집니다. 결국 한일협정에 대한 격렬한 반발로 6·3시위가 일어나고 이를 통제하기 위해 계엄령이 선포되는 등 혼란이 거듭되었습니다. 이 사태를 수습하는 과정에서 김종필은 또다시 외유의 길에 오르게 됩니다. 당내 기구 개혁 문제를 놓고 비주류는 주류를 더욱 압박합니다. 결국 이 문제는 대통령이자 당총재인 박정희의 개입을 통해서 해결됩니다. 최고지도자 아래서 갈등이 수습되고 김종필은 당의장으로 복귀합니다. 박정희가 상황을 정리하고 당내 서열을 정리하는 방식은, 오늘날까지 내려오는 보수여당 특유의 안정성의 기원이 됩니다.

한국형 정당구조의 정착: 야당

야당 역시 마찬가지입니다. 끊임없는 분열, 끊임없는 단일화 시도, 그리고 또다시 분열. 이런 과정의 반복이 이 시기에 고착화 됩니다. 더구나 그것이 당의 비전이나 정강에 의해서가 아니라 유력 대선 주자의 정치적 선택 혹은 그때그때의 정치적 이슈에 밀착하여 전개됩니다.

당시 야당은 민정당과 민주당으로 나뉘어서 결성됩니다. 제 2공화국 당시 구파와 신파의 대립을 고스란히 계승한 측면이 있습니다. 윤보선, 김병로 등이 참여한 민정당은 거물급 정치인들의 주도하에 1960년대 대여투쟁을 전개합니다. 민주당은 박순천이 중심이 되어서 과거 민주당을 계승하고자 했지만 명망 있는 정치인이 부족했고 국민의 지지도 적었습니다. 결국 야당의 난립은 필연적으로 야권 통합의 움직임을 만들어냅니다. 민정당과 군소 정당인 신정당, 민우당 그리고 무소속 등이 합세하여 '국민의 당'을 만듭니다.

하지만 대통령 후보 선출 문제를 두고 격렬한 내부 갈등을 겪게 되면서 최대 계파인 민정당은 윤보선을, 국민의 당은 허정을 대통령 후보로 지명합니다. 결론은 대통령 선거와 국회의원 선거에서의 패배. 패배한 야당은 다시금 해결책을 야권 통합에서 찾습니다.

민주당, 국민의 당 그리고 또 다른 야당인 자민당 3당이 '3민회'를 결성하고 단일 교섭단체를 구성하기로 합의, 원내에서 공동 보조 전략을 취합니다. 이후 한일협상 반대투쟁 가운데 민정당과 민주당이 '민중당'으로 통합됩니다. 사실상 거의 모든 야권을 쓸어 담은 단일 정당이 1965년이 되어서야 간신히 만들어진 것입니다.

하지만 제2공화국의 대통령이자 민주당 구파의 영수였으며 1960년대 두 차례 대선에 나와서 박정희와 치열한 경쟁을 벌인 대표적인 야당 정치인 윤보선이 탈당하면서 야권은 또다시 분열합니다. 윤보선 탈당 이후 7명의 민중당 의원들이 추가 탈당을 하면서 혼란이 심각해집니다. 탈당의 이유도 제각각이었기 때문에 내분을 수습하는 것은 쉽지 않았고, 이 와중에 여당은 베트남 파병 동의안과 한일협정 비준안을 단독으로 의결·통과시킵니다.

박대통령 일하도록 밀어주자 공화당!
단일야당 밀어주어 일당독재 막아내자!

다시 2년간의 갈등 끝에 1967년 야당은 신민당이라는 이름으로 결집합니다. 그리고 6대 대선과 7대 총선이 시작됩니다. 야당 대통령 후보는 또다시 윤보선. 야당은 116만 표 차이로 더욱 크게 패배합니다. 국회의원 선거에서는 공화당 129석, 신민당 45석, 대중당 1석으로 역시 대패. 물론 관권·금권 부정선거가 심각했기 때문에 이 결과를 민심의 정확한 반영으로 보기는 어려울 것입니다. 하지만 그 부분을 고려하더라도 1960년대 야당이 국민의 신망을 잃었다는 것은 부정할 수 없습니다. 또한 여당은 '대통령이 일하도록 밀어주기 위한 정당'을 표방하며 박정희라는 지도자에 종속되는 경향을 자초합니다.

쿠데타와 개헌을 통해 당시의 정당정치사가 모조리 설계되었다는 주장은 무리가 있습니다. 하지만 중요한 것은 4·19혁명 이후 마땅히 진행되었어야 할 장기적인 민주화의 과정이 굴절되면서 헌법부터 국가체제, 정치질서까지 모든 것이 왜곡되었다는 점입니다. 이 시대의 역사적 경험은 오늘의 정치현실에서도 매우 비슷하게 반복되고 있습니다. 패권적인 지도자, 정파 갈등의 해결을 권력에 의존하거나 극한 분열로 해소하려는 경향, 그리고 대안이 부족한 시대. 독재정권은 이미 오래전에 소멸됐지만 그 흔적은 여전히 우리 사회의 중심에 남아 있는지도 모릅니다.

곧바로 3선개헌으로

아일랜드의 이몬 데 발레라는 30년을 집권해서 경제를 크게 발전시켰고, 스웨덴은 현 수상이 22년을 집권하고 있어도 부패를 했다거나 독재한다는 소리 못 들었으며, 미국의 루스벨트 대통령은 4선을 하였지만 경제공황으로 파산 직전의 미국을 구함으로써 워싱턴, 링컨 대통령과 더불어 미국 역사상 가장 위대한 대통령이라고 일컬어지고 있다. 또 독일의 아데나워 수상은 1949년부터 1963년까지 15년간 집권해서 독일의 기적을 이루었으며, 일본의 요시다 수상은 5차 연임을 하면서 일본의 경제를 세계 제2위에까지 올려놓았다. 장기집권을 하더라도 4년마다 국민의 공정한 심판에 의하여 집권하는 것은 비판할 것이 못 된다.

프랑스는 평균 6개월마다 정권이 바뀌는 폐단 때문에 정국이 안정되지 않고 경제발전도 될 수 없어서 장기집권의 필요성에 의하여 드골 헌법이 등장했다. 드골 헌법에는 대통령의 임기가 7년이고 중임을 제한하는 규정이 없으며, 따라서 14년간 집권함으로써 프랑스는 정국이 안정되고 경제가 발전하고 있다. 박정희 대통령이 집권하는 동안 경제개발계획을 실시하여 이제 한국은 세계 각국의 예찬의 표적이 되고 있다.

3선개헌 논란 당시 이정석 의원의 발언입니다. 의원내각제와 대통령제의 차이를 이해하지 못하며, 대통령과 수상의 권력 유지 방식을 작위적으로 설명하고 있습니다. 사실관계에 있어서도 악의적인 왜곡이 넘쳐납니다. 루스벨트는 헌법이 보장한 범위 안에서 연임했으며 과도한 연임이 문제되어 결국 그의 사망 이후 미국은 대통령을 3번 이상 재임할 수 없게 됩니다. 요시다 시게루의 경우 수차례 수상에 오르락내리락하며 권력을 움켜쥔 기간은 6년 정도이며 그가 일본 경제발전의 기초를 닦은 것은 사실이지만 단박에 세계 2위가 된 것도 아닙니다. 무엇보다 드골 집권 과정에 대한 오독은 심각합니다. 드골 헌법은 '장기집권의 필요성' 때문에 제정된 것은 아니며, '장기집권'으로 드골 시기의 프랑스가 발전한 것도 아닙니다.

하지만 이러한 역사적 사실은 중요하지 않습니다. 개헌 논의는 이미 물밑에서 추진되고 있었으며 1969년 들어 공개적인 발언이 이어지기 시작합니다. 공화당 사무총장 길재호는 현행 헌법의 문제점을 보완해야 한다고 주장했으며, 당의장서리 윤치영은 '근대화', '민족중흥' 등을 들먹이며 강력한 리더십을 계속 유지하기 위해서 연임금지 조항을 폐지해야 한다고 주장합니다. 가장 강력하게 개헌을 반대하며 대통령을 꿈꾸던 김종필은 불과 1년 만에 입장을 바꾸어서 북한의 도발 위기를 강조하며 개헌을 지지합니다. 그리고 7대 국회의원 선거에서 압도적인 의석을 장악한 공화당은 본회의장을 피해 제3별관에서 개헌안을 기습 변칙 처리합니다. 1969년 9월 14일 새벽 2시의 일입니다. 그리고 또다시 국민투표를 시도, 유권자 65.1퍼센트의 찬성을 얻어 헌법개정안은 확정됩니다.

제69조   ③대통령의 계속 재임은 3기에 한한다.

마치 사사오입개헌 때 같습니다.

제61조   ②전항의 탄핵소추는 국회의원 30인 이상의 발의가 있어야 하며, 그 의결은 재적의원 과반수의 찬성이 있어야 한다. 다만, 대통령에 대한 탄핵소추는 국회의원 50인 이상의 발의와 재적의원 3분의 2 이상의 찬성이 있어야 한다.

애초에 30인 이상이던 대통령의 탄핵소추 발의 기준이 50인 이상으로 높아졌고, 탄핵안 가결은 과반수 찬성에서 3분의 2 이상의 찬성으로 더욱 어려워집니다. 정치적 후유증은 심각했습니다. 3선개헌을 주도한 중앙정보부장 김형욱은 자리에서 물러날 수밖에 없었고 공화당 내부의 항명파동도 수차례 일어납니다. 이어진 1971년 7대 대통령 선거에서 박정희는 야권 단일화에 성공한 신민당의 젊은 후보 김대중에게 간신히 승리했고, 한 달 후에 치러진 국회의원 선거에서 여야는 공화당 118석, 신민당 89석으로 세력 균형을 이룹니다.

결국 세 번째로 대통령이 된 박정희는 그해 말 '국가보위에 관한 특별조치법'을 제정합니다(1971.12.6). 전문 12개조로 된 이 법

률은 국가비상사태선포권과 국가동원령을 비롯하여 막강한 비상
대권을 대통령에게 줍니다. 이제 본격적으로 헌법과 법치주의를
부정하는 시대로 진입한 것입니다.

"인간은 스스로를 포장한다"

어빙 고프먼의 『상호작용 의례』와
귀스타브 르 봉의 『군중심리학』

보편적인 인간 본성이란 그다지 인간적인 것이 아니다. 인간은 보편
적 인간 본성을 획득하는 과정에서 내면의 심성이 아니라 밖으로부
터 부과된 도덕적 규칙들로 만들어진 일종의 구성물이 된다. (중략)
도덕적 규칙을 준수하는 보편적 자질은 개인의 몫일지도 모른다. 그
러나 그 개인을 인간으로 변모시키는 일련의 규칙은 사회적 만남에
서 형성된 의례의 요건에서 나온 것이다. 『상호작용 의례』 중에서

체면에 감정도 실린다

헌법과는 관계없어 보이는 이야기를 조금 해보겠습니다. 어빙
고프먼은 사회적 삶의 본질을 사람들의 상호관계 가운데 형성되
는 의례로 파악합니다. 인간은 누구나 사회적 만남social encounters 가
운데 존재하며, 따라서 사람들은 상대를 통해서 자신을 판단합니
다. 누군가가 자신을 어떻게 평가하는지가 중요하기 때문입니다.
물론 이 평가를 본인 스스로 만들어낼 수도 있습니다. 대단한 성과, 누구나 인정하는 업적을 이루는 것입니다. 하지만 사회적 만남에서 이런 일은 예외적입니다. 눈에 띄는 무엇인가를 이룬다는 것은 대단히 어려울뿐더러 사람들은 결국 일상생활 속에서 만나기 때문입니다. 그렇기 때문에 무엇보다 사람들은 체면을 중요하게 여깁니다.

체면에 '감정'도 실린다.

기분이 좋아지는 것도, 기분이 나빠지는 것도 대부분 다른 사람이 자신을 어떻게 대하느냐에 결정적인 영향을 받습니다. 여기서 중요한 것은 개개인의 특성이 아닙니다. 누군가는 남의 시선에 더욱 신경을 쓰고, 누군가는 애써 초연하려고 하고, 누군가는 안하무인이거나 극히 무감각할 수도 있습니다. 중요한 것은 신경을 쓰든 무감각하든 결국 '타인의 평가나 판단' 앞에서 어떤 형태로든 반응할 수밖에 없다는 사실입니다.

타인의 평가와 그것에 대한 나의 반응은 예상보다 중요하고 매우 일상적이며, 그렇기 때문에 어떤 사회 집단이든 이를 두고 암묵적인 규칙과 질서가 생겨날 수밖에 없습니다.

자존심 규칙과 배려 규칙이 함께 작용한 결과, 만남이 지속되는 동안 사람은 자기 체면과 다른 참여자들의 체면이 모두 유지되도록 처신하는 경향이 있다. (중략) 모두가 다른 사람들의 노선을 일시적으로 용인하는 상태가 성립된다. 이러한 상호승인이 상호작용, 특히 얼굴을 마주보며 나누는 대화 상호작용의 구조적 토대다.

따라서 사람들의 상호관계에는 일정한 '의례' 과정이 보편적으로 나타납니다. 예를 들어 관계가 부담스러운 사람을 만나게 된다고 가정해봅시다. 대화가 되지 않거나, 상대의 어떤 부분이 마음에 들지 않거나, 어딘지 껄끄러운 사람을 만날 경우 대부분은 회피절차avoidance process에 들어갑니다. 형식적인 인사나 덕담을 나눌 뿐 감정표현은 자제합니다. 친하고 마음이 통하는 경우에는 감정표현이 매우 자연스럽지만 반대의 경우라면 결국 절제하는 태도를 보이는 것이 가장 안전하며 갈등을 줄이는 방편이기 때문입니다. 의견을 드러내야 할 때도 '내가 틀릴 수도 있지만', '다른 의견도 있겠지만' 같은 겸손한 발언을 덧붙입니다. 이렇듯 신중한 의사표시는 사실 자기방어적인 보호책략입니다. 정중하게 대해서 자신이 존중받으려는 것입니다.

이처럼 상호관계 가운데 나타나는 '의례'는 무수합니다. 윗사람을 대하는 법, 아랫사람을 대하는 법, 이성을 대하는 법 등 우리는 수많은 암묵적인 의례 과정을 통해 사회적 삶을 일구어가고 있습니다. 그리고 이 의례는 고프먼의 지적처럼 사회적인 '협동작업'입니다.

도덕적 사회라는 환상

여기서 중요한 변화가 생깁니다. 워낙 자연스러운 과정이기 때문에 사람들은 자신의 감정이나 자존감, 심지어 존재의 의미 자체를 의례 과정과 일체화시키기도 합니다.

사람은 사회적 지위와 상관없이 맹목, 절반의 진실, 환상, 합리화로 스스로를 포장한다. (중략) 사회의 입장에서는, 그 사람이 공식적 사회통제에 따르기만 한다면, 즉 어떤 처지인지를 알려주는 암시와 단서를 그가 알아차리고 지키기만 한다면, 성원들이 안락함, 우아함, 고결함으로 스스로를 재량껏 치장하는 데 아무런 이의가 없다. 그는 안전한 보금자리를 지키기 위해 애를 쓰거나 집단에 가입할 필요도 없고 어느 누구와 경쟁할 필요도 없다. 그저 목격자에게 자신이 포장해 내보인 모습에 대해서만 조심하면 된다.

중요한 것은 개인의 실존적인 고뇌가 아닙니다. 삶과 죽음의 이유를 탐구하며, 시간과 공간이라는 유한함 속에서 의미를 발견하는 참된 인간은 중요하지 않습니다. 사회적 존재, 역사적 인간으로서의 책임 있는 태도 또한 의미가 없습니다. 자신이 살고 있는 세계의 심각한 빈부 격차나 기득권 문제에 대한 자각이라든지, 그로 인해 실천되는 공동체적 행위 또한 아무 의미가 없습니다.

인간은 다만 하루하루를 살며, 관계 속에서 좋은 평가를 받으려 하고, 감정적으로 만족하려고만 합니다. 서로가 그것만을 원하기 때문에 별 의미 없는 말로 상대를 존중하거나, 상투적인 말로 서로의 삶을 합리화합니다. 그럴싸해 보이지만 아무 뜻 없는 말들로 가득 차버린 일상에서는 자신의 처신이 중요할 뿐입니다. 그것이 모든 인간이 내던져진 사회적 삶의 본질입니다.

일상에서 인간은 도덕적으로 올바른 일을 합니다. 하지만 그것은 단지 '품행규칙'에 불과하며 행동은 대부분 무심결에 이루어집니다. 이유는 기껏 해봤자 '그래야 할 것 같아서' 정도입니다.

행위자와 수용자를 동시에 구속하는 품행규칙은 사회가 부여한 구속이다.

현대사회는 자유와 관용이 보장되는 다원적인 사회입니다. 즉 특정 문명을 지배하는 종교나 가치관이 없습니다. 전근대사회의 경우에는 동서양을 막론하고 문명권마다 그들만의 종교와 사상이 있고, 이를 바탕으로 사회적 의례가 만들어지며, 그것을 구성원 모두에게 요구합니다. 문명마다 그들이 지향해야 할 가치가 '먼저' 있고, 그것을 일상에서 구현하기 위해서라도 구체적인 의례가 '먼저' 설정될 수밖에 없습니다. 하지만 현대사회는 그렇지 않습니다. 종교와 가치관은 대부분 선택 가능하며, 특정 입장을 강요하면 비판받습니다.

물론 자유와 관용이 보장되는 다원적인 사회가 만들어진 과정은 매우 복잡합니다. 르네상스와 종교개혁부터 시민혁명까지 이어지는 유럽의 근대사 전체와 관련된 이야기이기 때문입니다. 하지만 사람들은 그런 역사적 과정에는 신경 쓰지 않습니다. 중요한 것은 기준이 없는 사회에서 기준을 가지고 만족감을 누리는 것입니다. 그렇기 때문에 일종의 기준 역할을 하는, 사회적인 상호작용 가운데 나타나는 의례 과정의 의미는 더욱 중요해지며, 구성원들에게 더욱 간절해질 수밖에 없습니다. 어빙 고프먼은 이러한 현대사회의 본질을 미시적인 각도에서 창의적으로 설명한 것입니다.

군중, 허약한 개인들의 강력한 신념

그런데 변수가 하나 있습니다. 전근대사회와는 질적으로 다르다고 하지만 현대사회에도 격렬한 역사 변동이 있고, 그것에 사회적 삶이 영향받는다는 점입니다. 쿠데타가 발생했습니다. 국가를 지켜야 하는 군대가 탱크를 끌고 시내에 진입하여 합법적인 절차를 통해 구성된 정부를 무너뜨렸습니다. 그리고 '비상상황'을 강조하며 '비상조치'를 내리고 '비상위원회'를 꾸립니다. 그들의 의도에 맞추어서 헌법을 뜯어고친 뒤에 '국민투표'를 통해 이를 확정짓습니다. 5·16군사쿠데타가 그러했고 3선개헌이 그러했으며 유신헌법도 그러할 것입니다.

격렬한 사회 변동은 사회적 삶에 강렬한 영향을 줍니다. 그에 따라 의례 과정도 바뀔 수밖에 없습니다. 체면을 지키는 방식, 상대를 존중하는 방식, 품행을 지키는 방식은 물론이고 나아가서 윤리와 도덕도 달라집니다. 사람들은 새롭게 형성된 상호작용 의례를 당연한 것으로 받아들이면서 자기 자신을 합리화시키려고 할 것입니다. 그것이 자신의 자존감을 지키는 길이며 감정적으로 안정되는 길이기 때문입니다.

이 시점에 우리는 귀스타브 르 봉의 주장에 귀를 기울여야 합니다.

인간은 고립되어 있을 때는 교양 있는 개인일지 모르나, 군중 속에서는 본능에 따라 행동하는 야만인이다. 그는 자발성, 폭력성, 잔인성 및 원시인들의 영웅주의와 열광을 갖고 있다. 그는 말과 이미지에 의해 쉽게 감동을 받아 원시인들을 더욱더 닮아가는 경향을 띠고, 그의 가장 분명한 이해관계에도 피해를 입히는 행동을 하게 된다. 군중 속의 개인은 바람이 마음대로 휘젓는 모래알들 중의 하나와 같다.

르 봉은 인간 군상이 모인 집합체로서 '군중'을 상정합니다.

군중은 그저 막연히 모여 있지 않습니다. 그들은 신념을 가진 집단이고 오랫동안 단련되어 왔으며 쉽사리 고칠 수 없는 전통에 의해 유지됩니다. 전통은 단순한 관행이 아니라 집단의 강고한 신념이기도 합니다. 군중은 그들에게 익숙한 정치·사회 제도를 통해 그들의 생활세계를 유지합니다. 또 이 모든 것을 반복적으로 훈육하고 교육하며 재생산합니다.

> 군중은 주인 없이는 아무것도 할 수 없는 맹목적 집단이다. (중략) 군중은 강한 의지를 가진 사람의 말을 늘 경청한다. 군중 속의 개인들은 모든 의지를 잃고 그들이 갖고 있지 못한 의지를 지닌 사람을 본능적으로 추종한다.

중요한 사실은 군중은 지도자를 갈구하며, 지도자는 '군중심리'를 조종하려 한다는 점입니다. 두 개의 충동이 결합될 때, 그것은 사회 전체를 뒤흔드는 강렬한 힘이 됩니다. 이때 군중은 지도자의 작은 성공에도 감동해서 그의 비합리적인 요구마저도 수용할 것입니다.

쿠데타가 혁명으로 둔갑할 수 있었고, 장기집권을 위한 정략적인 개헌이 국민투표에서 압도적인 찬성을 받을 수 있었던 이유도 군중심리 때문입니다. 군중은 "이미지들로만 사고"하고 지도자는 군중의 상상력을 "조작함으로써 군중을 인도"하기 때문에 가능한 현실입니다.

어빙 고프먼이 20세기 미국에서 활동했다면 귀스타브 르 봉은 19세기 프랑스를 배경으로 활동한 학자입니다. 개인의 자유를 만끽하는 사회와 혁명과 반혁명을 반복하던 사회는 서로 다른 성

232

찰을 던져줄 수밖에 없을 것입니다. 하지만 두 학자의 연구 결과를 1960년대에 벌어진 두 차례의 개헌에 비추어보면 묘한 연결고리를 찾을 수 있습니다. 쿠데타와 개헌을 용인하는 사회. 국민투표를 통해 모든 불법적 조치를 합리화하는 사회. 그곳에는 목적 없는 개인들의 상호작용과 환상에 사로잡힌 비이성적인 군중의 격한 마음만이 있었기 때문입니다.

5 장

박정희와 유신

극한의 시대는 무엇을 남겼나

칠레 이야기

라틴아메리카. 중앙아메리카와 남아메리카를 지칭하는 용어입니다. 16세기에 에스파냐는 엔코미엔다제도를 적절히 활용하여 브라질을 제외한 라틴아메리카 일대를 모조리 장악합니다. 그리고 은광을 발견합니다. 볼리비아에서 발견된 포토시 은광의 매장량은 유럽에서 유통되던 전체 은의 4배가 넘었다고 합니다. 에스파냐는 펠리페2세를 정점으로 역사의 중심부에서 밀려납니다. 그 자리를 영국과 미국이 경쟁적으로 채워나갔고, 결국 라틴아메리카에서 미국의 영향력은 절대적이 됩니다. 미국은 크리오요(스페인계 혈통을 유지한 채 살아가는 라틴아메리카인들)가 중심이 된 독립운동의 보호막이 되었고 이 시점에서부터 라틴아메리카는 자신들의 이야기를 시작합니다.

누적된 갈등

태평양을 바라보며 가늘고 길게 뻗은 라틴아메리카 국가 칠레. 초기 칠레의 역사는 가톨릭 전통과 자유주의의 충돌로 요약됩니다. 자유주의자들은 가톨릭교회의 특권적 지위에 저항하면서 종교의 평등을 주장했고 결국 가톨릭교회 밖에서도 교회와 학교를 지을 수 있는 권리를 확보합니다. 1880년대로 들어오면 자유주의자들은 중요한 승리를 거둡니다. 인간의 일상생활을 교회가 아니라 국가가 관리하게 된 것입니다. 이 시기에 비로소 제한선거 제도가 폐지되며 25세 이상의 '글을 읽을 줄 아는 모든 남자'에게 투표권을 부여합니다. 새로운 사회구조가 도래한 것입니다.

칠레의 경제는 언제나 취약했습니다. 광업이 성장하면서 경제 구조가 바뀌고 새로운 지배층이 등장하지만, 전체적인 구조로 보았을 때 기존의 지주층과 새로 등장한 중소 도시의 자본가들을 대립 관계로 볼 수는 없습니다. 그리고 오직 구리만이 칠레 경제를 주도합니다. 구리 생산은 한 해도 거르지 않고 증가했고 1956년에는 국가 수출의 절반을 차지하기도 합니다. 구리에 집중된 경제는 지속적으로 칠레를 위기에 빠뜨렸으며 끊임없는 사회 변동의 주요 원인이 되기도 합니다.

1900년대 직후 국제 구리 가격의 하락과 파나마운하 개통으로 수송비용이 극적으로 절감되면서 미국의 대기업들이 칠레로 몰려들기 시작했습니다. 그리고 1차 세계대전 이후 구겐하임 Guggenheim과 아나콘다Anaconda사 등이 칠레 구리 생산의 80퍼센트 이상을 장악합니다. 철광석과 초석 역시 비슷한 결말을 맞이하게 됩니다. 아메리카의 문제는 미국이 지배하는 종속 구조 가운데 발생한 것입니다. 동시에 대기업은 중소기업을 장악하고 지주와 신흥 자본가 사이의 혼인관계가 확대되면서 도시 부유층은 토지를 소유하는 대가로 전통적인 가치관을 수용하게 됩니다.

반대편에서는 진보급진운동이 정착합니다. 1909년 루이스 에밀리오 레카바렌의 주도하에 칠레노동자연합이 결성되었고 이후 사회주의노동당을 창설했으며 1922년 공산당으로 이름을 바꾼 뒤 코민테른(3차 인터내셔널, 국제공산주의 지도국)에 가입하게 됩니다. 노동운동에서 노동자정당이 만들어지면서 진보의 영역이 구체화된 것입니다.

그리고 군부가 등장합니다. 혼란한 사회상 가운데 군부는 수

＊칠레의 영토

카리브해

태평양

칠레

대서양

차례 쿠데타를 감행했습니다. 1931년 대공황 이후의 혼란기에 노동자·중산층·학생들은 총파업을 벌였고 당시 지도자 이바녜스가 아르헨티나로 망명한 뒤 무려 17개월간 연속적인 군부쿠데타가 일어나기도 합니다. 경제는 여전히 구리에 의해서 성장하고 구리로 인하여 무너지고, 건강한 국민경제가 뿌리내리지 못합니다. 충분한 토지가 있음에도 불구하고 식량을 수입하고 그에 따른 외화 유출로 산업자본 투자가 제약을 받는 답답한 현실. 칠레는 강렬한 변화가 필요한 시점에 다다릅니다.

변화를 향한 열망

1960년대의 칠레는 15개의 거대 그룹이 경제 전체를 좌지우지하는 수준이었습니다. 에드워즈 가문의 경우 상업은행 1개, 금융투자회사 7개, 보험회사 5개, 총 13개의 기업과 2개의 출판사를 소유했으며 시중에 유통되는 일간지의 절반을 발행하고 정기간행물 시장까지 지배합니다. 물론 그들은 미국과 긴밀한 관계를 맺고 있습니다. 가톨릭교회, 군경 장교 그룹, 외국 회사, 경제단체까지 칠레는 일부 강경보수세력이 거의 모든 것을 차지한 상황이었습니다.

이런 상황에서 변화에 대한 열망은 정치적으로 크게 두 가지 흐름으로 나타납니다. 기독교민주당을 이끄는 프레이는 경제성장에 근거한 사회개혁을 추구합니다. 가급적 사회구조의 문제를 건드리지 않은 채 경제 호황을 통해 하층민의 삶을 구제하려는 정책을 추진한 것입니다. 주로 상류층 가톨릭계 지식인들이 주도하였으며 전문직·사무직·숙련공 등 중산층이 당원이었고, 도시에서 인기가 좋았고 기업가와 은행가의 지원도 받았습니다. 미국과는 우호적인 관계를 유지했기 때문에 차관과 민간투자를 받는 데 용이했고 1960년대에는 국제 경제가 호황을 유지하면서 인플레이션 문제를 해결하는 등 의미 있는 성과를 올리기도 합니다. '자유 속의 혁명'을 외쳤던 프레이는 아옌데가 이끄는 인민행동전선을 '소련의 앞잡이', 그가 주도하는 칠레는 '제2의 쿠바'가 될 것이라 외치면서 개혁주의와 사회주의의 대결로 몰아갑니다. 실제로 미국 CIA는 프레이의 선거자금의 절반 이상을 부담하기도 합니다.

또 하나의 흐름은 1970년대에 아옌데가 이끄는 인민연합입니다. 아옌데는 사회주의를 신봉하고 쿠바의 피델 카스트로를 존경했지만 철저한 비폭력 평화주의자였습니다. 아옌데의 인민연합은 단 한 번도 과반 이상의 의석을 장악한 적이 없습니다. 하지만 프레이 정권이 위기에 몰리고 정치 상황이 유리하게 돌아가면서 극적으로 집권을 하게 됩니다.

합법·비폭력 사회주의로

합법·비폭력 사회주의는 1970년대를 이끈 아옌데와 인민연합의 이상이었습니다. 물론 합법과 비폭력의 정도는 오늘 우리가 생각하는 개혁의 수준을 한참 웃돕니다.

물가동결·임금인상·산업국유화

물가를 통제하고 임금을 올리면 단기간에 소득 재분배 현상이 일어나며 동시에 소비가 크게 증가하게 된다. 이를 통해 경제 상황도 호전되지만, 동시에 지지층을 넓힐 수도 있다.

물가·임금 조정 이후 아옌데는 구리 회사를 전면 국유화합니다. 민간은행의 60퍼센트와 석탄과 철강 분야도 국유화합니다. 토지 재분배를 위하여 강력한 농업정책도 추진했으며 이를 뒷받침할 수 있는 헌법 개정에도 착수합니다. 의회 다수파의 강렬한 저항에 대항하기 위해 별도의 인민의회를 창설하려고 한 것입니다. 또한 선거연령을 낮추고 문맹 제한 조건을 없앤 결과, 여러 어려움에도 불구하고 의회 선거에서 다시 한 번 승리를 거둡니다. 개혁에 따른 노동자와 농민의 지지가 늘어났으며 특히 여성층의 지지가 두드러집니다. 1949년 이후 여성에게도 선거권이 확대되었다는 점을 고려하면 아옌데는 막강한 지지세력을 얻게 된 것입니다.

단기간의 성공은 커다란 후폭풍을 몰고 옵니다. 경제가 뒤틀리기 시작한 것입니다. 강제로 조정에 들어간 경제가 왜곡되기 시작하며 엄청난 문제가 발생했고, 국유화된 기업은 제대로 통제되지 않았으며, 관료들은 전문성이 극히 취약한 모습을 드러냅니다. 금융기관은 무분별하게 화폐를 찍어냈고, 다시 인플레이션이 시작됩니다. 구리 가격은 또다시 폭락했고 국민총생산은 1972년 0.8퍼센트, 1973년 5퍼센트 하락합니다.

무엇보다 미국의 경제봉쇄가 대단한 힘을 발휘했습니다. 닉슨은 경제원조 중단, 세계은행이나 미주개발은행 등의 국제금융 통제, 미국인의 민간투자 금지, 세계 구리 시장 교란 등의 '보이지 않는 봉쇄' 조치를 취합니다. 아옌데 정권이 칠레에 진출한 아이티티ITT와 포드 등 미국의 주요 기업을 국유화했기 때문이기도 하지만 때는 냉전, 아옌데 정권의 칠레는 소련과 대립하며 공산주의와 싸우던 미국이 감당할 수 있는 나라가 아니었습니다.

국유화는 일부 노동자들을 만족시켰을 뿐, 노동자들이 주도적으로 운영하는 공장은 혼란 그 자체였고 중산층은 아옌데 정권에 등을 돌리기 시작합니다. 야당은 여전히 다수당이었으며 아옌데 정권을 무너뜨리기 위한 파괴적인 파업, 테러단체 조직, 심지어 군대의 정치 개입까지 요구합니다. 더구나 인민연합은 6개의 좌파정당이 뭉친 정당입니다. 전 세계적으로 사회주의에 대한 각양각색의 논쟁이 이루어지던 시기에, 아옌데는 극히 온건한 방식으로 개혁을 추진했기 때문에 인민연합은 내부에서부터 분열하기 시작합니다.

결국 1973년 군부쿠데타가 일어납니다. 육군총사령관이자 국방부장관인 카를로스 프라츠가 이를 진압했지만 프라츠의 위신은 크게 위축되고, 쿠데타에 성난 노동자들이 공장을 점거하고 무기 배분까지 요구하는 등 혼돈이 계속됩니다. 결국 아옌데 정권은 군부·기독교민주당과 타협을 모색하고 프라츠 장군 사임 이후 아우구스토 피노체트를 육군총사령관으로 임명합니다. 비로소 비극이 시작된 것입니다.

군부와 공존하는 기형적 민주주의

1973년 9월 11일, 다시 쿠데타가 일어납니다. 피노체트는 배신했고 아옌데는 대통령궁인 모네다궁에서 권총으로 목숨을 끊습니다. 군대가 투입되었고 호커헌터 전투기가 대통령궁에 로켓탄을 쏘는 가운데 쿠데타 반대 세력들이 곳곳에서 진압당하고 살해당합니다. 현재까지도 정확한 기록이 확인되지 않고 있지만, 최소 2,000명 이상이 죽은 것만큼은 분명합니다.

권력을 장악한 피노체트는 군사평의회를 조직하고 칠레의 '재건'을 선언합니다. 정당과 의회 해산, 시민권 통제, 노동조합 활동 금지, 파업이나 단체교섭 금지 등 수년간의 개혁과 수십 년의 전통이 단숨에 무력화됩니다. 사회주의는 물론 프레이계열의 우파 민족주의마저 사라지고 맙니다. 나치 출신으로 유태인 학살에 참여했던 발터 라우프 대령의 주도로 '국가정보원'을 창설했으며, 6개의 강제수용소를 만드는 등 대대적인 탄압에 들어갑니다. 피노체트는 '여성의 힘'이라는 단체를 중심으로 전통적인 가족의 가치를 강조하며 여성 유권자를 포섭합니다. 또한 여성부를 설립했고 부인 루시아 이리아르트를 통해서 '어머니센터'를 부활시켜 1만 개의 조직, 23만 명의 회원을 거느린 단체를 운영합니다.

이제 칠레판 반독재투쟁이 시작됩니다. 칠레 저항 운동의 독특한 측면은 은밀하지만 일상적인 저항을 추진했다는 점입니다. 특히 여성들의 주도가 눈에 띕니다. 사람들을 숨겨주고, 저항 운동의 메시지가 담겨 있는 빵을 만들고, 피노체트 독재 기간에 피살, 실종된 사람들에 대한 정보를 전파하고, '아르피예라스arpilleras'라는 저항적인 민속 예술을 만들거나 '엔카데나미엔토encadenamiento', 즉 사슬묶기투쟁을 벌이기도 합니다. 그리고 1978년 3월 8일 세계 여성의 날을 맞이하여 최초의 공개 시위를 벌이기도 하는 등 칠레 역사에서 페미니즘 운동은 특별한 지위를 차지합니다.

여러 과정을 거쳐 민주화운동이 자라났고, 결국 1988년 이를 회피하려는 승부수로 피노체트는 자신의 재신임을 묻는 국민투표를 실시하는데 54.6퍼센트의 반대에 직면하고 맙니다. 미국과는 이미 카터 시기에 충돌하기 시작했고 레이건 행정부 후반기에는 관계가 급속도로 악화됩니다. 하지만 온갖 변칙적인 수단을 통해 칠레는 기형적인 민주화를 경험하게 됩니다. 피노체트와 군부는 민정이양의 대가로 그들이 만든 비민주적인 헌법을 강요한 것입니다.

대통령의 육해공군 및 경찰사령관 해임권을 없애고 사령관 임기를 4년 보장한다.

국가안전보장이사회NSC를 설립한다. 대통령, 상원의장, 대법원장, 4군사령관으로 구성하여 대통령을 견제하며 군부에 영향력을 유지한다.

9명의 임명직 상원의원을 신설하며 NSC가 전직 3군 및 경찰사령관을 상원의원으로 임명한다.

6년 이상 재임한 전직 대통령(피노체트)은 종신직 상원의원에 임명한다.

칠레 최대의 국영기업인 구리공사Codelco의 구리 수출 이익금 중 10퍼센트를 매년 군 예산으로 지원한다.

또한 사면법을 발표하여 쿠데타 과정에서 벌어진 온갖 만행에 대한 면책권까지 보장받습니다. 결국 피노체트는 25년간 몸담았던 육군총사령관직에서 물러남과 동시에 비선출직 상원의원이 되며, 여전히 막강한 권력을 가진 군부가 존재하는 상태에서 민주화가 이루어진 것입니다.

군사독재 청산의 노력

이제 새로운 도전이 시작됩니다. 프레이식의 중도적 개혁주의와 사회주의의 이상이 매우 조심스러운 방법으로 통합된 민주정부가 구성된 것입니다. 공교롭게도 유신 시절 박정희 대통령의 임기가 6년이었듯 피노체트 정권 역시 대통령 임기가 6년이었습니다. 이를 4년으로 줄이고, 비선출직 상원의원을 없애며, 군부의 활동 범위를 조정하는 등 2000년대 이후 칠레의 민주화는 꾸준히 성과를 거두고 있습니다. 사회당의 리카르도 라고스는 '느껴봐, 느껴봐, 아옌데는 우리와 함께 있어!'라는 구호를 외치며 대통령에 당선되었고(2000), 이어서 여성 대통령 바첼레트는 성비율에 따라 각료를 임명하면서 안정된 경제성장을 유지하는 성과를 이루어내기도 합니다. 그리고 과거사 청산이 추진되고 있습니다.

피노체트의 군부쿠데타로부터 시작된 인권유린의 피해는 심각합니다. 1973년부터 1990년 사이의 사망자 혹은 실종자는 2,279명, 불법체포·구금 및 고문은 2만 7,255명. 이 가운데 절반은 아옌데 정권의 기반이었던 좌익정당 소속이며, 나머지 절반은 일반 시민들입니다. 1977년 UN이 칠레의 인권유린을 네 번째로 비판하자 피노체트는 국가정보원을 국가중앙정보부로 이름만 바꾸면서 1990년 3월 민정이양 전까지 같은 행태를 반복하였습니다.

1990년, 칠레의 첫 민주정부의 아일윈 대통령은 군부정권이 기소했던 정치범 47명을 사면하고 다음 날 '진실과 화해를 위한 국가위원회'를 설립합니다. 위원회는 3,550건의 사례를 조사하였으며 이 중 2,296건을 인정하였고 다시 이 중 95퍼센트가 군부에 의해 자행되었다는 결론에 도달하게 되지만, 가해자 명단을 2016년까지 공개하지 않기로 합니다. 또한 군부의 비협조적 태도로 인해서 실종자들의 행방을 파악하지 못하고 이 과정에서 상당한 국론 분열을 경험하기도 합니다.

이후 과거 기독교민주당을 이끌었던 프레이의 아들이 집권하여 두 번째 민주정부를 구성합니다. 프레이 정부는 피노체트 정권 초기의 국가정보국 책임자 마누엘 콘트레라스와 부책임자 페드로 에스피노사를 기소한 후 1995년에 각 7년, 6년의 징역을 선고합니다. 이에 대한 저항의 표시로 수백 명의 장교들이 교도소 면회를 감행하면서 긴장 국면이 조성되기도 합니다. 또한 군부의 특권을 제한하기 위해 대통령의 군 고위장성 해임권 부활, NSC에 하원의장 추가, NSC의 헌법재판소 임명권 삭제 등을 시도하였으나 역시 실패하고 맙니다.

민주화 과정에서 상당히 흥미로운 사건도 일어납니다. 1998년 런던을 방문 중이던 피노체트를 스페인 사법당국의 요청에 따라 영국 경찰이 체포한 것입니다. 피노체트 독재를 비판했던 스페인인 납치 사건 때문에 벌어진 이 일은 커다란 국제적 반향을 일으킵니다. 이와 별도로 후안 구스만 타피아 판사는 피노체트를 살인과 납치 혐의로 잇달아 기소하기도 합니다. 또한 30년 전 사회주의정권을 지지했던 미국인 찰스 호먼과 프랭크 테루기의 살인범을 찾기 위한 범죄 추적까지 시도하는 등 의미 있는 일들이 연이어 일어납니다.

2000년 세 번째 민주정부의 라고스 대통령 당시에는 '정치구금 및 고문에 관한 국가위원회'라는 명칭의 대통령 자문기구를 설립합니다. 여러 노력의 결실에 힘입어 2004년 에밀리오 체이레 육군사령관이 과거 인권유린 행위에 대해 공식적인 사과 성명을 발표합니다. 또한 인권유린 피해자들에 대한 구체적인 보상 방안 이 비로소 마련됩니다. 여전히 존재하는 한계에도 불구하고 세 차례 집권한 문민정부가 일관성 있는 노력을 통해 의미 있는 결과를 만들어낸 것입니다.

독재, 경제민주화를 후퇴시키다

군부독재 기간 동안 피노체트는 과감하게 '신자유주의' 경제정책을 도입합니다. 공공지출 삭감, 공기업 민영화, 관세 인하, 페소화 평가절하 등을 추진한 것입니다.

프레이나 아옌데가 주도하던 시대에는 입장이나 정도의 차이에도 불구하고 사회적 재분배를 위한 노력을 많이 했습니다. 특히 이 시기의 산업 모델은 수입 대체화 전략이었기 때문에 국내 산업을 지키기 위해 관세정책과 환율정책 등 보호무역을 추진합니다. 또한 노동정책이나 공공부문에서도 복지를 확대했고, 그 결과 아옌데 정권 당시 광범위한 국유화정책이 수월하게 달성될 수 있었습니다.

피노체트의 과감한 시장 개방은 경쟁력 있는 산업 위주로 경제구조를 재편합니다. 아옌데 정부에서 국유화했던 12개의 기업을 원래 소유였던 외국 기업에 반환하였으며 100여 개의 공기업을 민영화합니다. 또한 88개의 국영기업 역시 원소유주에게 돌려줄 것을 선언하였으며 상업은행의 국가 소유를 금지하는 명령도 발표합니다. 결국 160여 개의 국영기업, 3,500여 개의 농장과 광산, 16개의 국영은행이 모두 민영화되었으며 이 밖에도 전기·가스·항공·통신 같은 기간산업 역시 민간 기업에 매각됩니다. 심지어 국가의 중추 산업이라고 할 수 있는 구리 산업도 1983년이 되면 외국자본의 직접투자를 허용합니다.

기업구조가 민영화되면서 자연스럽게 노동구조는 유연해집니다. 경영상의 이유로 해고가 가능해지고, 정부가 지원하는 직업교육이 대폭 축소되며, 노동법이 개정되면서 노동조합의 활동에는 심각한 제한이 가해집니다. 결국 아옌데 정부 후반기 65퍼센트에 달하던 노동조합 가입률은 1980년대에 20퍼센트 미만으로 추락합니다. 더구나 단체교섭권의 중지는 물론 이전 정부 혹은 기업과의 합의 사항까지 모조리 무효가 되기도 합니다.

변화는 여기에서 멈추지 않습니다. 신규 주택건설의 60퍼센트를 담당하던 정부는 피노체트 이후 예산을 절반 이하로 삭감합니다. 주택금융에 대한 정부 보조금도 삭감했으며 주택청약예금제도를 도입했지만 이조차도 예치금을 기준으로 혜택을 주었기 때문에 서민들은 집을 갖기 힘들어졌습니다.

의료보험 역시 민영 의료보험을 도입하여 공공보험과 민영보험 중에서 선택할 수 있는 제도로 바꿉니다. 더구나 민영보험 가입자들에게 공공보험 수입의 40퍼센트를 지원하는 정책을 폈는데, 민영보험 가입자는 전체의 8퍼센트, 즉 부유층에게 혜택이 몰리는 형태가 된 것입니다. 연금제도도 개인의 소득을 기초로 재편합니다. 각자의 개인 퇴직기금 계정에 적립하는 방식이었는데 1980년대 중반부터 이렇게 모인 자산을 민영증권과 투자신탁회사가 관리하도록 합니다. 소득에 따라 저축하며 모은 돈마저 민간투자로 활용되는 극히 불안정한 연금구조를 만든 것입니다.

피노체트는 교육정책에도 손을 댑니다. 공립학교에 대한 지원을 축소하고 사립학교에 대한 지원을 확대, 사립학교 설립을 촉진합니다. 또한 학부모들에게 사립학교와 공립학교 중 선택하여 보낼 수 있는 권리를 줍니다. 이러한 지원정책에 힘입어서 사립학교는 1988년까지 2배로 성장했으며 도시일수록 그런 경향이 강화됩니다. 무료이던 대학 등록금은 유료로 바뀌었고, 정부가 학생들의 '국가 적합도 시험' 성적을 기준으로 차등 지원하게 되면서 대학은 보다 더 정부에 종속되고 맙니다.

무엇보다 공공복지 지출이 급속도로 줄어듭니다. 국가의 역할이 축소되는 만큼 공공복지의 대상도 줄어들게 되고, 보편적 복지가 아닌 특정 계층에 대한 보조적인 복지만 제공됩니다. 1980년대가 되면 공공복지 지출은 국내총생산 대비 14퍼센트까지 줄어듭니다. 1965년 20퍼센트였다가 1972년 25.8퍼센트까지 올랐던 것을 고려한다면 엄청난 후퇴라고 볼 수 있습니다.

벽 앞에서 무엇을 할 것인가

피노체트 집권 기간 동안 경제가 성장했느냐를 따지는 데는 어려움이 있습니다. 1970년대와 1980년대 경제가 큰 폭으로 등락을 반복했고, 칠레 경제의 특성상 국제 경기에 큰 영향을 받기 때문입니다. 하지만 경제구조에 대한 판단은 어느 정도 가능합니다. 우선 '구리'의 위상은 변하지 않았습니다. 1970년대까지만 하더라도 전체 수출품에서 70퍼센트를 차지하던 비중이 45퍼센트 정도로 내려왔지만, 과일·어류·어류 가공품·목재·제지 같은 천연자원 혹은 단순가공품들이 여전히 핵심 수출 품목입니다. 제조업의 경우는 1970년 2.2퍼센트에서 1989년 7.5퍼센트로 성장했지만 신자유주의 경제정책에 따라 수입 자유화가 강화되었기 때문에 의미 있는 성장으로 평가하기는 어렵습니다.

　무엇보다 사회구조는 급격한 변화를 겪습니다. 아옌데 정권 시절 3~4퍼센트였던 실업률이 1980년대 중반 14퍼센트로 서너 배 증가합니다. 임금 수준 역시 하락합니다. 아옌데 정권을 100으로 본다면 경제가 급격하게 성장했던 군사정권 마지막 해인 1989년에는 66.6 정도에 그칩니다. 소득분배 상황은 훨씬 심각합니다. 1968년에는 최하층과 최상층의 소득점유율이 5.86배 차이였으나 1992년이 되면 11.08배로 2배 이상 늘어납니다.

　쉽게 말해 신자유주의 경제정책이 양극화라는 결과물을 만들어낸 것입니다. 투자는 투기로 변질되었고 거대 기업들은 생산적인 투자를 하지 않았으며 민영화의 사회적 결과는 거대 기업의 성장만 도울 뿐이었습니다. 과일과 농산물의 수출이 급격히 증가했지만 이득은 소수의 대지주들에게 돌아갑니다. 1980년대에는 심각한 경제위기로 인해 외채에 의존하게 되고 1991년에는 170억 달러의 빚을 지게 되는데, 당시 세계 최고 수준이었습니다. 이로 인해 더욱 적극적으로 산업시설과 자원을 외채로 바꾸면서 외국 자본의 지배력이 한층 가중됩니다.

　군사정권 이후 들어선 민주정부들은 어떤 정책을 폈을까요? 신자유주의 경제정책 기조를 유지하되 사회복지제도를 강화합니다. 1990년대 후반이 되면 복지 지출이 16퍼센트까지 늘어납니다. 사회보장부문은 7.0에서 7.5퍼센트로, 의료 및 영양부문은 2.1에서 2.8퍼센트로, 그리고 교육은 2.6에서 3.9퍼센트로 늘어납니다. 그 결과 절대빈곤을 비롯한 극단적의 문제는 해결점을 찾게 됩니다. 하지만 군사정권이 보여준 파괴적인 경제문제가 보다 근본적으로 해결되었는가에 대해서는 많은 학자들이 '아니다'라고 단언합니다. 구조적 변화가 도모되지 않았기 때문입니다. 칠레가 신자유주의 정책을 고수한 이유는 까다로운 주제입니다. 냉전은 끝났고 미국이 신자유주의를 주도하고 있는 상황, 더구나 수출품은 여전히 국제 경기에 민감하며 외국자본의 영향력은 막강합니다. 이 상황에서 중도파가 주도하는 민주정권의 선택은 뻔할 수밖에 없습니다.

아옌데의 시대로 돌아가는 것은 해답이 아닐뿐더러 모든 면에서 상황이 바뀌었습니다. 강고한 외세의 영향력, 여전히 득실대는 구시대의 유산, 미흡한 과거 청산, 회복되지 못한 사회복지, 그리고 신자유주의라는 높은 벽 앞에서 칠레가 기다려온 해방은 참으로 작은 영역에서만 가능했을 뿐입니다.

1972년 12월 27일. 유신헌법

1971년 4월 제7대 대통령 선거와 5월 제8대 국회의원 선 거에서 야당 신민당은 1960년대의 한계를 기어코 극복합 니다. 김대중과 김영삼은 구시대 야당 지도자들을 밀어냈 으며 신민당은 204석 중 89석을 차지하며 개헌 저지선을 확보합니다. 더이상 개헌을 통한 정권 연장이 불가능해진 것입니다. 그러자 1972년 10월 17일 19시 박정희는 '10월 유신'이라 부르는 셀프쿠데타를 감행합니다. 국회를 해산 시키고 헌법 일부 조항의 효력을 정지시킨 것입니다. 유신 시대는 헌법을 국민의 기본권을 약화시키는 도구로 전용 합니다. 그리고 '긴급조치'라는 이름의 인권유린이 합법적 으로 자행되기 시작합니다.

모든 것이 불법인 헌법 개정

1971년 4월 27일 제7대 대통령 선거와 1971년 5월 24일 제8대 국회의원 선거는 참으로 의미심장합니다. 김대중과 김영삼은 윤보선과 유진산으로 대표되는 구시대 야당 지도자들을 밀어냈으며, 신민당은 204석 중 89석을 차지하며 개헌 저지선(재적의원의 3분의 1)보다 21석을 더 확보합니다. 정권 연장을 위한 개헌이 더 이상 불가능한 상황이 된 것입니다. 그러자 박정희는 '비상수단'을 사용합니다.

1971년 10월 15일. 서울시 일대 위수령 발동.

1971년 12월 6일. 국가비상사태 선언.

1971년 12월 27일. 국가 보위에 관한 특별조치법 통과.

서울 시내 10여 개 대학에 무장한 군인이 들이닥치고 '6·25 전야'와 같다는 식으로 위기감을 조성하며, 결국 국회 날치기 통과를 통해 박정희는 '긴급권한'을 확보합니다. 그리고 1972년 10월 17일 19시 '10월유신'이라 부르는 '셀프쿠데타Auto-coup'를 감행합니다. 국회를 해산시켰으며 동시에 현행 헌법의 일부 조항의 효력을 정지시킵니다. 또한 '비상국무회의'를 만들어서 이후의 과정을 관리하게 합니다.

1972년 10월 23일. 비상국무회의에 의한 '비상국무회의법' 통과.

1972년 10월 26일. 비상국무회의 2차회의 '개헌안' 축조심의 시작.

1972년 10월 27일. 비상국무회의에서 헌법개정안 의결 및 공고.

개헌안 공고 이후 중앙선거관리위원회는 44명의 선거관리위원을 임명하고 선거계몽 강연회를 전국에서 개최합니다.

1972년 11월 21일. 헌법 개정 국민투표 실시. 유권자 91.9퍼센트(14,410,714명)
참여, 91.5퍼센트(13,186,559표) 찬성으로 가결.
1972년 12월 27일. 유신헌법 공포.

이 모든 과정에서 법은 거세당합니다. 박정희 본인이 "정상적 방법이 아닌 비상조치로써 체제개혁을 단행"하겠다고 불법성을 인정했으며, 아무런 법적 근거 없이 국회를 해산시킵니다. 역시 아무런 근거 없이 비상국무회의를 구성하였으며, 아무런 법적 권한이 없는 비상국무회의가 개헌의 과정을 주도합니다. 국민투표도 마찬가지입니다. 실시 여부, 구체적인 형식과 절차가 모두 일방적으로 결정됩니다.

만일 국민 여러분이 헌법개정안에 찬성치 않는다면 나는 이것을 남북 대화를 원치 않는다는 국민의 의사표시로 받아들이고 조국통일에 대한 새로운 방안을 모색할 것임을 아울러 밝혀두는 바입니다.

유신 선포 당일 '대통령특별선언'(1972.10.17)의 일부입니다. '헌법 개정 반대'는 '남북 대화 거부'이며, 반대하더라도 '새로운 방안을 모색'하겠다는 주장입니다. 헌법 개정에 남북 관계를 끌어들인 것도 뜬금없지만 정작 유신헌법에서 남북 관계에 관한 특별한 내용을 찾아보기도 어렵습니다. 더구나 비상조치를 받아들이지 않으면 또다시 '새로운 방안'을 들이밀겠다는 것은 '협박'으로

254

봐도 무방한 수준입니다.

민주주의국가가 지녀야 할 최소한의 절차적 적법성을 무시한 채 온통 불법과 강요로 점철된 과정을 국민투표를 통해 가결시키고, '어찌됐건 국민들이 찬성했다'는 식으로 '사후 합법성'을 강조하는 것 역시 용납하기 어려운 지점입니다. 물론 헌법에 대한 당시 국민의 이해는 한심하기 짝이 없습니다. 3선개헌과 유신헌법 그리고 전두환에 의한 제5공화국 헌법까지 수차례 치러진 국민투표에서 압도적인 찬성이 나왔으니까요. 독재정권의 심각한 불법 행위와는 별개로 심각하게 고민해야 할 부분입니다.

1인 권력의 셀프쿠데타

한국의 민주주의는 국민의 기본권을 우리 실정에 알맞게 최대한 보장하고, 국민복지를 증진하는 것을 바탕으로 하면서도 능률을 극대화할 수 있는 정치, 경제, 사회, 문화 등 모든 분야의 기능을 효율적으로 조직화하면서 남북 대치라는 분단 상태에 상존하는 위기에 대처하여 국민의 자유와 국가의 안전을 보위할 수 있는 태세의 정비를 그 골격으로 하지 않을 수 없다. (중략) 종래의 권력구조는 서구식 민주제도를 맹목적으로 도입한 결과 '견제와 균형'의 이름으로 행정부와 입법부 간의 대립, 반목, 갈등에 있음을 간취하기에 어렵지 아니하다.

당시 검사였던 김기춘이 쓴 '유신헌법 해설'(『검찰』, 제4집, 1972)에는 정당정치에 대한 독재정권의 시각이 선명하게 드러나 있습니다. 앞 장에서 이야기했듯 정당정치를 표방한 헌법은 5·16군사쿠데타를 통해 박정희 본인이 주도한 제3공화국 헌법입니다. 물론 박정희는 권력을 장악할 당시부터 군인 특유의 목표 지향적인 태도를 보입니다. 하지만 유신헌법 당시의 대내외적 상황을 본다면 이런 식의 주장은 어불성설에 가깝습니다. 1960년대 말에 대남 도발이 심각해진 것은 사실이지만, 중국과 미국의 관계가 가까워지고 냉전의 완화를 알린 '닉슨독트린'(1969) 이래 북한의 대남 도발정책은 다방면에서 압박을 받기 시작합니다. 더구나 이후락 중앙정보부장이 비밀리에 평양을 다섯 차례나 방문하며 유신 선포가 있기 3개월 전에는 '7·4남북공동성명'을 통해서 6·25전쟁 이후 최초로 남북 간의 합의가 도출되기도 합니다. 남북 관계라는 특수성이 지금보다 훨씬 큰 변수였던 것은 분명하지만 그것은 개헌이 아니라 정치력을 통해 돌파해야 하는 부분이었으며 충분히 가능한 상황이었던 것입니다.

더구나 정당정치는 1960년대의 혼란을 딛고 도약하고 있었습니다. 공화당에서는 차기 대선 주자를 두고 경쟁이 시작되었으며, 항명파동이 일어날 정도로 일정 부분 자율성이 확보된 상태였습니다. 단일화에 성공한 야당에도 젊은 정치인들에 의한 새바람이 불었으며 아직 시민사회라고 부를 수준은 아니더라도 '재야'라는 이름의 새로운 세력이 등장하는 상황이었습니다. 상황은 전체적으로 낙관적이었고 민주주의는 중요한 전기를 맞이하고 있었습니다. 위기는 단지 박정희 본인에게만 찾아왔을 뿐입니다.

제1조   ②대한민국의 주권은 국민에게 있고, 국민은 그 대표자나 국민투표에 의하여 주권을 행사한다.

256

제49조   대통령은 필요하다고 인정할 때에는 국가의 중요한 정책
            을 국민투표에 부칠 수 있다.

유신헌법은 여러모로 특별합니다. 우선 국민투표를 강조하고
있습니다. 김기춘은 '민주정치의 이상형'이 '직접민주제이기 때
문이다'라고 말하면서 프랑스, 스위스는 물론 칠레, 우루과이, 필
리핀 심지어 푸에르토리코, 베트남과 이집트의 사례까지 끄집어
냅니다. 하지만 유신체제의 성립부터 종말까지 모든 상황은 박정
희 정부의 주도하에 진행되었으며 국민투표는 보조적인 역할을
감당할 뿐이었습니다. 따라서 국민투표는 국회를 배제하고 대통
령과 행정부가 모든 것을 독점하기 위한 수단에 불과합니다.
대통령은 주요 정책을 국민투표를 통해 결정할 수 있으며 긴
급조치권(제53조), 국회해산권(제59조) 등의 막강한 권한을 확보합
니다. 긴급조치권의 경우 내정, 외교, 국방, 경제, 재정, 사법 등 국
정 전반에 걸쳐 시행 가능하며 그 소멸 여부 역시 대통령이 판단
합니다. 통상 긴급조치권은 사전적 혹은 사후적으로 의회의 통제
를 받아야 하는데 이 또한 유명무실해지고 맙니다.

제53조   ⑥국회는 재적의원 과반수의 찬성으로 긴급조치의 해제
            를 대통령에게 건의할 수 있으며, 대통령은 특별한 사유
            가 없는 한 이에 응하여야 한다.
제54조   ⑤국회가 재적의원 과반수의 찬성으로 계엄의 해제를 요
            구한 때에는 대통령은 이를 해제하여야 한다.

유신헌법에도 국회가 긴급조치와 계엄령을 통제할 수 있는 조

항은 존재합니다. 하지만 이 조항을 무마시키기 위해서 국회의 권한을 극도로 축소합니다. 우선 국회의원의 3분의 1은 통일주체국민회의를 통해 대통령이 임명합니다(제40조). 이들은 유신정우회라는 이름으로 별도의 원내교섭단체를 구성하여 활동하며 이로 인해 야당뿐 아니라 여당 역시 극도로 취약해집니다.

체육관선거의 시대

유신헌법은 '1구2인제' 형태의 중선거구제를 도입합니다. 즉 한 선거구에서 1명이 아니라 2명의 의원을 선출하게 되면서 여당이 의원을 배출하기에 유리한 구조를 만듭니다. 실제로 1973년 2월 9일 유신체제에서 처음 실시된 9대 총선에서 38.7퍼센트밖에 득표하지 못한 공화당이 73명의 당선자를 내면서 의석의 절반을 차지합니다. 또한 32.6퍼센트를 득표한 제1야당 신민당은 52명의 당선자를 냅니다. 사실상 여당과 제1야당만 국회에 입성할 수 있는 구조입니다. 다양한 입장을 가진 야권에게는 극도로 불리할 수밖에 없는 왜곡된 선거제도였습니다.

유신체제 기간 동안 의석의 3분의 2는 언제나 여당 몫이 됩니다. 더구나 정기회의와 임시회의를 합하여 연 150일을 초과할 수 없도록 회기를 단축하면서(제82조 제3항) 의정 활동을 사실상 봉쇄합니다. 이 밖에도 다양한 영역에서 국회의원의 행정부 견제 권한이 제한됩니다.

유신체제는 사법부의 위상도 근본적으로 변질시킵니다. 대법원판사와 대법원장 이외의 모든 법관을 대통령이 임명한 것입니다(제103조 제1항, 제2항). 또한 모든 법관에 대한 재임용심사를 진행

258

하며 탄핵, 형벌뿐 아니라 징계처분을 받더라도 파면할 수 있게
합니다. 재임용심사와 파면 기준을 강화해서 법관의 지위를 행정
부가 좌지우지하게 된 것입니다. 또한 헌법재판 권한이 대법원에
서 헌법위원회로 옮겨지면서 유신체제 동안에는 단 한 건의 헌법
재판도 열리지 않게 됩니다. 행정행위를 비롯한 여러 반헌법 행위
를 견제할 수 있는 수단 자체가 사라진 것입니다.

이제 남은 것은 대통령과 '국민의 수의기관'인 통일주체국민
회의뿐입니다. 정당정치를 비난하며 국민투표를 강조했음에도
불구하고 대통령을 국민이 직접 뽑지 못하고 통일주체국민회의
에서 뽑습니다. 더구나 통일주체국민회의 대의원이 되기 위해서
는 정당에 소속되어서는 안 됩니다. 야당의 영향력을 제거하며 본
인들이 원하는 사람들을 뽑고자 함입니다.

통일주체국민회의에서 토론 없이 무기명투표로 선거를 하여
과반수가 찬성하면 그가 대통령이 됩니다. 문제는 통일주체국민
회의의 의장이 대통령이라는 점입니다. 더구나 통일주체국민회
의법 제18조를 보면 대통령 후보가 되기 위해서는 대의원 200인
이상의 추천을 받아야 합니다. 대통령이 통일주체국민회의 대의
원을 뽑고, 다시 통일주체국민회의 대의원이 대통령을 뽑는 구조
가 마련된 것입니다.

1972년 12월 15일.　통일주체국민회의 대의원선거 실시. 2,359명 당선.

1972년 12월 23일.　재적 2,359명 중 찬성 2,357표, 무효 2표로 박정희 후보 제
　　　　　　　　　　8대 대통령 당선.

1978년 7월 6일.　재적 2,583명 중 찬성 2,577표 , 무효 1표, 기권 5표로 박정
　　　　　　　　　희 후보 제9대 대통령 당선.

물론 저항이 없었던 것은 아닙니다. 이미 1973년부터 유신체제 반대운동이 시작되었고 1974년에 절정에 이릅니다. 이를 무마하기 위해 대통령 박정희는 다시 1975년 2월 12일 국민투표를 시도하여 유신헌법 찬반과 대통령 신임 여부를 함께 묻습니다. 총 유권자의 80퍼센트가 참여, 그 가운데 73퍼센트인 977만 8,249표의 찬성으로 박정희는 재신임됩니다. 설명하기조차 힘들 정도의 기괴한 국민적 합의가 이루어지던 시대의 모습입니다.

노동문제를 끌어내다

유신헌법은 국민의 기본권을 크게 약화시킵니다(제2장 국민의 권리와 의무 참조). 언론·출판·집회·결사의 자유를 법률에 의해 제한할 수 있게 되고 구속적부심사제나 자백의 증거능력 제한 같은 신체의 자유를 보장하는 권리 또한 크게 축소됩니다. 아예 제32조 제2항에 질서유지, 공공복리 외에 '국가안전보장'을 이유로 '국민의 자유와 권리를 제한'할 수 있다고 추가합니다. 공무원의 노동3권은 원칙적으로 금지하였으며 일반 시민의 노동3권 역시 상당 부분 제한되면서 사회적 기본권 또한 극도로 취약해집니다. 유신시대의 광범위한 인권유린은 긴급조치 권한과 더불어 이렇듯 합법적인 구조로 진행된 것입니다.

또 하나 주목해볼 부분은 '경제조항'입니다(제11장 경제). 유신헌법은 국토와 자원의 종합적 개발, 새마을운동의 지원 등을 위해 경제조항을 수정합니다. 이전까지의 헌법에서 국가는 국민경제를 보조하는 역할 정도였다면 유신헌법에서는 과감하며 능동적인 주도자가 됩니다. 국가 주도의 경제성장과 경공업에서 중화학

공업으로의 발전, 그로 인한 노동계급의 형성, 그리고 정부와 노동자의 충돌이라는 새로운 이야기가 시작된 것입니다.

일하기 위해 밥을 먹고 일하기 위해 잠을 잤다.

노동자 김경숙의 증언입니다. 박정희 정권 기간 동안 산업재해율은 매우 높았습니다. 산업재해자, 사망자, 사고건수, 빈도는 1990년대까지 꾸준히 증가합니다. 1975년에는 8만 570명의 노동자가 산업현장에서 다쳤으며 1980년에는 11만 3,375명이 다칩니다. 1976년을 기준으로 한국의 산업재해율은 미국과 영국의 5배, 일본의 15배였습니다. 산업이 발전했기 때문에 자연스럽게 사고가 늘었다고 하기에는 상황이 심각했습니다. 1972년에 가동되기 시작한 울산 현대중공업에서 3년간 2,000건 이상의 사고가 발생했으며 83명의 조선공이 사망합니다. 1975년 기준 울산 지역 41개 제조업체의 250개 산업 프로젝트 가운데 53.6퍼센트가 최저 안전기준을 위반합니다. 1977년 한국노총의 설문조사를 보면 여성 노동자들의 '주된 걱정거리'는 안정적인 일자리나 임금 수준이 아닌 건강(35%)입니다. 1980년을 기준으로 월 이직률은 5.6퍼센트, 일본의 5배 수준입니다 매년 한 공장에서 3분의 2에 가까운 노동자가 바뀐 것입니다.

노동시간은 매우 길었습니다. 1970년대 피복, 섬유, 음식가공 등의 일을 하던 공장 노동자들은 12시간씩 교대로 일했고 자주 초과노동을 합니다. 주문 날짜를 맞추어야 하기 때문입니다. 해외 구매자의 요구를 맞추기 위해서, 하청기업은 모기업의 주문량을 맞추기 위해서 초과노동을 강요합니다. 1970년대부터 1980년대

중반까지를 분석해보면 공장 노동자들의 임금 중 5분의 1은 잔업을 통해 번 돈입니다. 잔업을 해야만 굴러가는 공장, 잔업을 해야 돈을 벌 수 있는 사회. 이 전통은 너무나 강고하게 한국 사회의 일상이 되어버립니다.

> 3년 전 처음 입사했을 때는 타이밍 1알만 먹어도 졸음을 견뎌낼 수 있었으나, 지금에 와서는 2알로도 졸음을 견디기가 힘들다.

1970년대 방림방적 노동자의 증언입니다. 회사가 각성제를 제공하기도 했고 본인의 임금으로 사먹기도 합니다. 출하 날짜를 맞추려고 30도가 넘는 여름날 기계가 굴러가는 뜨거운 공장에서 며칠씩 쉬지 않고 일을 하다보면 사람들은 몸져눕고 맙니다. 저임금에 시달리는 노동자들은 제대로 된 약도 못 먹고, 일요일이면 잠으로 견디거나 천장만 쳐다보며 끙끙대는 게 일상이었습니다.

비극적인 증언은 넘쳐납니다. 한 전자부문 여성 노동자는 1.2의 시력을 조건으로 취업했지만 2년 만에 시력이 0.2로 떨어집니다. 광업부문에서는 4년 만에 규폐증, 쉽게 말해 폐에 먼지가 쌓이면서 생기는 질병에 걸리고, 12시간 내내 아이스크림 공장에서 일하다가 온몸에 동상이 걸리는 일도 있었습니다. 새마을운동이라는 미명하에 일주일에 90시간의 노동을 강요하는 공장도 있었습니다.

가혹한 노동 현실을 보듬어줄 수 있는 유일한 출구는 '노동문화', 공장의 분위기일 것입니다. 어차피 서로 힘들고 서로 어려운 상황인데 그나마 위로하고 함께 열심히 일하며 친근하게 지낸다면 얼마나 좋겠습니까. 하지만 노동문화 역시 가혹했습니다. 가부

장적이라든지 권위적이라는 말을 넘어, 폭압적인 수준이었습니다. 피복 공장의 경우, 아침 8시 30분에 일을 시작해서 저녁 8시 30분에 끝나는 12시간 제도가 일반적이었습니다. 그마저도 출근 시간은 엄격했지만 퇴근 시간은 결코 지켜지지 않았습니다.

야! 너만 볼일이 있는 게 아니잖아. 저 애들도 볼일이 있을 거야. 알 았어? 그러니 가서 빨리 뒷마무리나 다 해놓고 볼일을 보든지 잠을 자든지 해.

노동자 이태호의 증언입니다. 봉제 공장의 노동자들은 정기적으로 아침 조회를 하는데, 주된 내용은 '전화 연결 금지, 편지 사전 검열' 등입니다. 일반 사무직 노동자들과의 차별도 뚜렷합니다. 다른 출입문, 다른 구역에서의 식사, 통근버스 사용 금지, 다른 색깔의 옷. 심지어 두발 규제, 계절별 복장 착용, 조회 시간에 모두 일어나 인사하며 구령에 맞춰 쉬어자세 하기 등. 공장은 온갖 규율들로 넘쳐났습니다.

일주일에 2~5번은 철야를 해야 하고, 바쁜 와중에 여러 차례 집합해서 욕설과 잔소리를 듣는 문화. 어쩌다 몸이 아파서 결근이라도 하면 사무실에 불려가서 폭행, 구타, 폭언 등의 수모를 당해야 하고 여성 노동자의 경우 성추행이 빈번했던 공간. 1970년대 산업화로 만들어진 공장의 현실입니다.

노동조합과 한국노총

노동조합은 문자 그대로 노동자들의 이익을 보호하기 위해 결성하는 단체입니다. 하지만 우리나라는 애초에 노조가 정부 권력에 종속되어 있었습니다. 이승만에게 충성하고 자유당을 적극 지지하던 '대한노총'은 5·16군사쿠데타 이후 '한국노총'으로 재편됩니다. 중앙정보부는 한국노총 사무총장과 산별노조 위원장에게 일일보고를 받을 정도로 노조 사업에 직접 개입하였고 한국노총의 정책 결정은 물론 집행 과정에도 관여합니다. 심지어 회의 안건을 미리 보고받거나 성명서와 담화문의 내용을 검토하는 일까지 있었습니다.

1960년대 본격적으로 경공업이 발전하기 시작하면서 노동자 계층이 형성됩니다. 1970년 전태일 분신 사건을 통해 노동문제는 사회문제가 됩니다. 그리고 1971년 4월 한영섬유 김진수 사건이 일어납니다. 노조 활동에 열심이던 김진수를 회사가 고용한 깡패가 살해한 것입니다. 이 사실을 안 김경락, 안광수 목사는 한영섬유를 고발하였고 진정서를 관련 기관과 한국노총 섬유노조 등에 보내면서 문제 해결을 강력하게 요구합니다. 하지만 한국노총은 '가해자와 피해자 간의 개인적이고 우발적인 사건', '종업원 간의 분쟁'으로 결론지으며 미온적인 태도를 보입니다.

같은 해 신진자동차 부평공장 노조 결성 과정에서도 문제가 발생합니다. 사측에서 노동자 800여 명을 강제로 노조에 가입시키면서 어용노조를 만들었기 때문입니다. 또한 노조 활동에 적극적이던 김창수 등 5명을 부당해고했는데 한국노총 금속노조는 이번에도 문제 삼지 않습니다. 서울 영등포에 있던 삼영화학회사에서도 유사한 일이 발생했지만 한국노총은 이 또한 문제 삼지 않습니다. 다시 같은 해 칠성음료회사에서는 노동자 700여 명이 집단 농성을 벌이면서 노동조합을 만들고자 했지만 한국노총 화학

노조는 이조차 외면합니다. 그 대신 한국노총은 박정희의 유신체제에 적극 호응합니다.

> 국가가 있은 다음 노동운동이 있다. 한국노총 성명, 1971
> 노동운동은 안정된 생산질서와 국민총화의 중핵으로서 국가경제건설과 총력안보태세 확립에 이바지(할 것이다). 보위법 시행에 따른 한국노총의 활동지침, 1972

한국노총의 친정부적인 태도는 노동조합 설립운동과 정부정책의 충돌을 촉진합니다. 1970년대 본격적으로 시작된 노동운동은 주로 '민주노조'를 결성하는 데 주력합니다. 회사에 타협적인 기존 어용노조 지도부를 몰아내고 새로운 지도부로 교체하는 일에 도전한 것입니다. 놀랍게도 이를 주도한 것은 주로 여공들입니다. 가장 취약한 노동환경에 처해 있는 여성들이 누구보다 적극적이었던 것입니다. 서울 원풍모방의 여성 노동자들은 1972년 노조 대의원 선거에서 놀랄 만한 성과를 거둡니다. 42명의 현장대표 가운데 29명을 여성으로 당선시킨 것입니다. 그리고 이들은 지동진 남성위원장을 지원하여 당선시키기도 합니다. 다시 이듬해에는 회사의 격렬한 훼방에도 불구하고 박용석 노조위원장과 함께 민주노조를 확고하게 운영해나갑니다.

같은 해 인천 동일방직에서는 최초로 여성 노조위원장을 선출합니다. 또한 노조 임원단 역시 민주노조에 적극적인 여성들로 교체합니다. 남성 노조원들의 거센 반발에 직면하지만 이후에도 연거푸 세 차례나 여성 노조위원장을 선출합니다.

이로 인해 탄압이 본격적으로 시작됩니다. 회사는 푸대접과

매수 공세를 양면으로 펼쳐댑니다. 잔업 강요, 가장 힘들고 더러운 자리로 전보 조치, 성희롱, 모욕적인 대우, 노조 활동을 포기하라는 압박, 포기의 대가로 주어지는 승진과 추가 보너스 등. 노조는 거리로 나옵니다. 명동성당 문화센터에서 '동일방직사건해부식'을 열고 각종 미디어와 단체들에 초청장을 보냅니다. 도시산업선교회, 가톨릭노동청년회, 교회여성연합회, 한국기독교교회협의회, 한국천주교정의평화위원회 등 12개 단체의 후원을 받아 준비된 행사입니다. 결국 과감한 실력행사로 구속된 노조 지도자들이 석방됐고, 노동청은 새로운 선거를 지시했으며, 이총각 여성 노조위원장이 선출되는 쾌거를 거둡니다.

하지만 승리는 잠시뿐이었습니다. 1970년대 후반으로 들어서면서 노동쟁의가 격화되자 국가가 억압의 선봉에 섭니다. 조화순 목사를 비롯하여 도시산업선교회 인사들이 체포되었으며 중앙정보부는 크리스챤아카데미와 고려대학교 노동문제연구소로 쳐들어가서 여러 연구자들을 국가보안법 혐의로 체포합니다. 노동운동을 후원하는 단체들을 박멸하기 시작한 것입니다.

유신과 기독교

1977년 한국교회사회선교협의회의 이름으로 발표된 '노동자 인권선언서'를 볼 필요가 있습니다.

단결권, 단체교섭권, 단체행동권 즉 노동3권이 보장되어야 한다.
노동자의 기본권을 침해하는 국가보위법, 임시특례법 등이 철폐되어야 한다.
정부는 노사 간의 자율적인 교섭을 인정하고 그 결정권을 자유의사에 맡겨야 한다.

근로기준법을 준수해야 한다.

근로기준법 준수를 위해 노동청이 적극 나서야 한다.

기업의 불법행위를 동조하며 노동권을 위협하는 노동조합 간부를 규탄한다.

최저임금법을 제정해야 한다.

임금을 인상하라.

오늘날 노동문제로 분류될 법한 주제들을 당시 노동자와 공장에 뿌리를 내리던 교회가 '산업선교'라는 이름으로 제기하였습니다. 시작부터 그랬던 것은 아닙니다. 산업화 초기에 한국노총과 대표적인 산업선교 단체인 도시산업선교회는 노동 관련 교육을 두고 다양한 형태로 교류했으며 상호 보완적인 활동을 벌이기도 했습니다. 도시산업선교회는 세계교회협의회와 협조해서 독일교회의 원조기관인 B.F.W Bread for the World가 한국노총교육센터 건축비로 20만 불을 지원하는 것을 알선하기도 합니다. 노동조합의 조직률이 매우 낮은 상태에서 도시산업선교회든 한국노총이든 노동자의 조직화 자체가 우선적인 목표였고 이를 위해서 적극적으로 협력한 것입니다. 예를 들어 영등포도시산업선교회의 경우는 독일 프레드리히에버트재단의 지원과 한국노총의 협조하에 의류피복 기업에 종사하는 수천 명의 노동자들을 조직화하는 데 성공합니다. 당시 법에 따라 공장별 노동조합은 한국노총 산하조합이 되는 형태였기 때문에 도시산업선교회의 적극적인 활동은 한국노총 입장에서도 좋은 일이었습니다. 이런 협조 관계를 통해 1970년대 전반기 도시산업선교회는 100여 개 기업에 4만여 명의 노동자를 조직화하는 데 성공합니다.

종교단체는 종교 본연의 업무에 충실하여야 할 것으로 사료되오니 노사분규에 개입됨으로써 사회적 물의가 야기되는 일이 없도록 협조바랍니다. 1974.1.14. 문화공보부장관, 수신처 한국도시산업선교회

'국민생활의 안정을 위한 대통령 긴급조치 제3호' 및 대통령 연두 기자회견 내용이 우리 노동자의 권익을 보장해주기 위한 박대통령 각하의 획기적인 영단임을 재확인하고 이를 전적으로 지지 환영하는 동시에 (중략) 일부 종교인의 불순한 조직 침해를 배격하고 우리의 자주성을 견지하면서 건전한 민주노동운동의 강력한 기반을 구축한다. 1974.1.19. 한국노동조합총연맹 최고간부확대회의

하지만 유신체제는 모든 것을 뒤바꾸어놓습니다. 물론 보다 근본적인 이유는 산업화에 있습니다. 노동자의 숫자가 극적으로 늘어나고, 공장 노동이 일반화되는 상황에서 기독교계의 산업선교는 노동자의 현실을 직면할 수밖에 없었기 때문입니다. 결국 도시산업선교회는 적극적으로 노동쟁의를 지원합니다.

1974년, 긴급조치 1호가 시행되면서 한국노총은 도시산업선교회와 연계된 활동가들을 '외부세력', '불순세력'이라는 용어로 부르기 시작합니다. 한국노총은 '국가안보 강화 촉구 및 북괴남침터널 구축 규탄 궐기대회'에서 도시산업선교회를 중심으로 한 일부 종교인들이 자기 직분을 망각한 행위를 자행하고 있다며 '자율적 노동운동'의 강화를 통해 공장에 침투한 외부 세력을 색출하고 진정한 노사협조체제를 이룩하겠다고 주장합니다. 또한 적극적으로 노조 활동을 방해합니다. 삼원섬유 노조지부장 유해우를 제명시켰으며 반도상사 노조 결성(1974) 당시 조합원의 지지

를 받던 한순임이 지부장이 되지 못하는 데도 영향력을 행사합니다. 도시산업선교회 회원들이 주도하여 한국마벨분회(1975)를 결성하였으나 이를 막기 위해 유령노조 설립을 지원하기도 합니다. 산업은행 노조지부장이 해고(1974)되어 노사 분규가 일어났을 때도 지부장의 복직을 조건으로 노조 활동 중지에 합의하였고, 천우사 노조 결성(1975) 당시에는 회사 측이 집단 해고로 대응하자 해고자들에게 기본급과 여비를 지급하는 대가로 해고에 합의하여 노조를 붕괴시키기도 합니다.

헌법이 만든 탄압의 시대

한국노총이 단독으로 이런 활동을 벌인 것이 아닙니다. 배후에는 정부가, 강고한 유신체제가 있었습니다. 도시산업선교회에서 교육을 받고 반도상사 노동조합지부장까지 역임한 한순임은 도시산업선교회를 '빨갱이단체'로 모는 데 앞장섭니다. 홍지영은 『산업선교는 무엇을 노리는가?』(금란출판사, 1977)라는 책을 출간하여 '산업선교는 공산당 전략에 따라 노동사회에 침투한 용공세력'이라고 규정합니다.

정부는 발 벗고 이들을 지원합니다. 대한모방 농성 사건(1973) 당시에는 집단농성 사주 혐의로 김경락, 조지송 목사를 연행 조사하였으며, 남산 부활절 예배 사건(1973) 당시에는 박형규, 권호경 목사 등을 내란음모죄로 구속합니다. 수도권 선교자금 사건(1975) 때는 빈민지역 구호자금을 유용한 혐의로 김관석 목사와 조승혁 사무총장 등을 구속하였고, 신흥제분 노조 사건(1977) 때는 회사 측의 명예훼손죄 고발로 정진동 목사를 기소하여 유죄 판결을 내립니다. 1978년에는 청주산업선교회가 주최한 '억울한 농민을 위한 기도회'에서 설교한 내용이 긴급조치 9호를 위반했다며 영등포산업선교회 총무 인명진 목사를 구속합니다.

박정희 정권의 몰락을 상징하는 YH무역 사건(1979) 당시 공화당과 유신정우회는 도시산업선교회를 배후 세력으로 지목했으며 외부 세력의 개입을 규제하는 노동관계법안을 마련키로 결정합니다. 대통령 박정희 역시 '종교를 빙자한 불순단체'가 '노사분규를 선동', '사회불안을 조성'하고 있는 실태를 조사하라고 법무부 장관에게 지시합니다. 상공부 역시 도시산업선교회의 공단 침투를 막기 위한 대책을 검토하였으며 법무부장관은 대검 공안부장에게 지시하여 외부 세력 특별조사반을 편성하게 되는데 노동청, 경찰, 문공부가 함께합니다.

정부는 미디어까지 동원합니다. MBC는 전국섬유노조 김영태 위원장을 불러들여서 도시산업선교회는 '공산당이라 할 수는 없지만 공산당과 유사한 행위를 하고 있다'고 보도하였으며 경향신문은 '도시산업선교회의 정체, 그 조직과 수법을 벗긴다'라는 제목으로 도시산업선교회를 라틴아메리카의 해방신학과 연결지어 보도하기도 합니다.

1970년대 말 박정희 정부는 무너집니다. 하지만 이와 비슷한 시기에 가공할 탄압을 당한 노동운동 역시 근원적인 붕괴를 체험합니다.

제116조   ②국가는 모든 국민에게 생활의 기본적 수요를 충족시키는 사회정의의 실현과 균형 있는 국민경제의 발전을 위하여 필요한 범위 안에서 경제에 관한 규제와 조정을 한다.

제119조 국가는 농지와 산지 기타 국토의 효율적인 이용·개발과 보전을 위하여 법률이 정하는 바에 의하여 그에 관한 필요한 제한과 의무를 과할 수 있다.

유신시대에 정부가 주도한 경제정책의 냉혹한 현실은 '규제와 조정', '제한과 의무'를 강조한 헌법의 경제조항과 참으로 맞닿아 있었습니다.

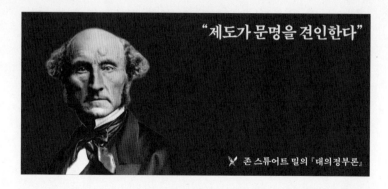

"제도가 문명을 견인한다"

존 스튜어트 밀의 『대의정부론』

시민들 자신을 진보시키는가 아니면 퇴보시키는가, 그리고 시민들을 위해, 또한 시민들을 통해서 얼마나 좋고 나쁜 일을 수행해내는가에 따라 정부에 대한 평가가 좌우되는 것이다. 정부는 인간 정신에 심대한 영향을 끼치는 기관인 동시에 공공업무를 수행하기 위해 조직된 결사체이다. 『대의정부론』 중에서

타락하는 독재와 순응하는 국민

밀은 진보를 촉진하는 정부가 가장 좋은 정부라고 단언합니다. 의외로 낯설 수도 있는 생각입니다. 대한민국에서 정부란 권력을 의미했으며, 상당 기간 동안 독재자의 독점적인 권리를 의미했기 때문입니다. 더구나 민주정부가 들어선 이후에도 여러 가지 심각한 사회문제를 해결할 수 있는 근본적인 전환을 경험하지 못했기 때문에 정부의 의미에 대한 공감대는 매우 약한 상황입니다. 하지만 밀은 정치제도가 '사회의 전반적 정신 수준을' 향상시킬

수 있다고 믿으며 그래야 한다고 주장합니다. 제도가 문명의 수
준을 견인할 수 있다는 생각입니다. 그리고 그것을 기준으로 여러
정치체제를 검토해야 한다고 주장합니다.

> 사람들은 오랜 세월 선한 독재자good despot가 존재할 수만 있다면 전
> 제군주정이 최선의 정부 형태일 것이라고 이구동성으로 이야기해왔
> 다. 이런 일은 선한 군주 한 사람만으로는 어림도 없고 결국 일종의
> 전능한 존재가 있어야 가능하다.

밀은 '선한 독재정'을 비판합니다. 누군가가 나와서 속 시원하
게 사건을 해결해주었으면 하는 바람, 어찌 보면 독재정권이 사라
진 후에도 여전히 인물을 찾는 대한민국의 보편적 정서에 대한 비
판일 수도 있습니다. 우선 밀은 선한 독재자의 선한 통치 자체에
깊은 회의를 보입니다. 아무리 선한 의지를 가지고 유능한 능력을
가졌다고 하더라도 전능한 존재가 아니기 때문에 한계가 명확할
수밖에 없다는 것입니다.

더구나 선한 독재자는 반드시 타락합니다. 로마의 초대 황제
아우구스투스는 삼두정치의 혼란을 극복하고 권력을 장악한 이
후 로마 부흥의 기초를 마련합니다. 그런 의미에서 그는 대표적인
선한 독재자일 것입니다. 하지만 2대 황제 티베리우스는 공포정
치를 펼칩니다. 독재라는 통치 방식 자체가 독재자를 타락시키기
때문입니다. 선한 독재자의 타락은 통제 가능한 문제가 아닙니다.
독재는 '악의 본성'을 가지고 있기 때문입니다.

더구나 선악과 상관없이 독재는 국민의 의식 수준의 발전을
막습니다. 자유를 누리며 스스로의 문제에 대해 스스로 판단하고,

정부와 위정자들에게 필요한 것을 요구할 능력이 결여된 국민은 결코 좋은 국가를 만들 수 없기 때문입니다.

> 누구든지 자신의 권리와 이익을 스스로 지킬 힘이 있고, 또 항상 지키려 해야 타인으로부터 무시당하지 않는다. (중략) 사회를 발전시키기 위해 노력하는 사람들이 개인적인 정력을 다양하게 많이 쏟을수록 그에 비례해서 사회 전체의 번영도 더 높은 수준에 이르고 또 널리 확산된다.

밀이 보기에 선한 독재는 엉터리 이상에 불과합니다. 물론 밀은 막연한 이상주의자가 아닙니다. 역사에는 특별한 상황이 있고 대의정부가 어느 상황에서나 대안은 아니라고 인정합니다. 그렇기 때문에 혁명이 일어날 수도 있고, 특별한 시기에 전권을 위임받은 사람이 활약을 펼치기도 합니다. 문제는 독재가 '사람들의 생각과 감정, 정력을 엄청나게 잠식하고 감퇴'시킨다는 점입니다. 독재는 국민들이 말없이 순응하는 것을 좋아하고, 독재가 제한하는 범위 이상으로 활동하는 것을 원하지 않습니다. 따라서 소극적인 성격의 사람들이 환영받습니다. 자율적이며 적극적인 노력은 가능하면 억압하려고 합니다. 그리고 광범위한 통제가 국민들의 무기력을 조장합니다. 성장할 기회를 잃은 국민들은 성장하지 않고 독재정치에 순응하는 것을 당연하게 여기며 그 속에서 안락감을 누립니다. 그리고 독재정치가 무너졌을 때 독재자를 그리워하며 '선한 독재'라는 가당치도 않은 단어를 만들어서 스스로의 비겁과 무능을 합리화합니다.

대의민주주의와 관료제의 한계

공공 영역이 완전히 소멸된 곳에서는 개인의 사적 도덕도 황폐해지고 만다. 이런 것이 인류에게 가능한 유일하고 보편적인 상태라면, 인간 사회를 옹기종기 모여서 풀이나 뜯어먹는 순진한 양떼처럼 만드는 것이 입법가나 도덕주의자들이 꿈꿀 수 있는 최상의 선택이 될 것이다.

이 대목을 눈여겨볼 필요가 있습니다. 우리나라의 경우 '사회적 정의'와 '개인의 도덕'을 구분해서 사고하는 경향이 강합니다. 학교 교육을 비롯하여 일상생활에서 요구되는 대부분의 덕목은 개인적인 것들입니다. 밀의 관점에서 보면 이러한 한국 사회의 현상도 독재의 결과입니다.

기본적으로 개인의 윤리는 개인의 내적 선택을 기반으로 합니다. 하지만 사회는 공동체이며 여러 사람들의 입장과 의견이 어우러집니다. 그 속에서 이야기를 나누는 행위는 훨씬 치열하며 생산적일 수밖에 없습니다. 그렇기 때문에 사회 정의에 관한 갑론을박은 독재국가에서는 불가능합니다. 가능하더라도 범위가 철저하게 통제되어 있으며 제한을 어길 때 탄압이 시작됩니다. 이런 상황에서 대화는 매우 소극적일 수밖에 없습니다. 사람들은 정의와 도덕에 대해 이야기할 수 없고 기껏 해봤자 개인들이 조금 더 선해질 뿐입니다. 도덕과 윤리의 가치는 쪼그라들고 그만큼 사회는 부도덕해집니다. 밀이 보기에 이 악순환이 바로 독재정치의 필연적 결과입니다.

왕정은 에너지가 넘치고, 귀족정은 일관성과 신중함이 돋보인다. 이에 비해 민주정부는 꽤 괜찮은 경우에도 변덕스럽고 근시안적인 행태를 보일 때가 너무 많다.

독재가 아니라면 직접민주주의를 고려할 수 있습니다. 하지만 직접민주주의는 근대국가의 규모를 생각해볼 때 현실적으로 불가능합니다. 그렇다면 대표자를 뽑는 대의정부가 가장 합리적일 것입니다. 대의정부를 어떻게 꾸릴 것인가에 대한 고민이 시작됩니다.

의외로 밀은 대의정부에서 경계해야 할 제도로 관료제를 지목합니다. 관료제에서는 '소수의 사람들이 독특한 개별성'을 발휘하기 어려우며, 대다수는 '그저 지시받은 대로' 행동할 수밖에 없기 때문입니다. 또한 관료제는 규칙에 얽매이고 규칙만이 반복되는 구조이기 때문에 생산적이지도 못합니다. 정신의 활발한 창의성이 무뎌질 수밖에 없고 기껏 해봤자 추상적인 논의만 오가는 구조로 퇴행할 수밖에 없습니다. 오늘 대부분의 민주국가가 거대한 행정관료제 그리고 수많은 공무원에 의해 운영된다는 점을 고려하면 밀의 비판은 참으로 곤혹스럽습니다. 국가의 규모가 커지고 복잡해짐에 따라서 불가피하게 관료제는 확대되기 때문입니다.

현실, 본질과 변화의 힘겨루기

지방자치제도를 강화하거나 자치단체장을 직접 뽑는다든지, 옴부즈맨제도를 통해 관료제의 폐해를 개선한다든지 하는 식으로 다양한 형태의 개선 방안이 시도된 것도 사실입니다. 하지만 관료제의 강화를 막고 대안적인 제도가 자리 잡은 예는 사실상 없습니다. 계급이나 사유재산 전체를 타파하려던 공산국가는 오히려 가장 강력한 관료 지배 사회로 변질되었고, 인민의 의지와 문화혁명을 통해 관료제를 극복하려던 마오쩌둥의 시도는 상황을 악화시켰을 뿐입니다. 협동조합운동을 비롯하여 다양한 대안사회운동 혹은 종교 조직의 자율성을 존중하는 형태로 발전시킨 지방조직에서도 여전히 관료제는 굳건합니다.

밀은 관료제의 문제점을 지적하면서 중국의 예를 들었지만 올바른 지적은 아니라고 봅니다. 중국을 비롯한 동아시아에서는 전 세계 어느 지역보다 관료제가 일찍부터 발전했지만 관료를 많이 뽑는 형태로 운영되지는 않았기 때문입니다. 제도가 느슨하고 관료가 적은 형태로 운영되었기 때문에 토착세력이 관료와 결탁하는 문제가 발생하기도 했는데, 이것은 오늘날의 관료제와는 또 다른 문제입니다.

고집이 센 집단일수록 다른 사람들을 압박해서 자기 후보를 관철시킬 가능성이 높다. 중요한 것은 이렇게 완강한 집단일수록 공공의 이익보다는 자신의 사적 이익에 더 집착한다는 사실이다. 결국 다수의 선택이라고 하지만 가장 소심하고 근시안적이며 가장 편견이 심한 사람, 또는 배타적 계급 이익에 전적으로 눈이 먼 사람이 결정권을 가지게 된다. 이러한 상황에서는 소수파의 선거권이라는 것이 그 본래 취지를 잃으면서 무용지물이 되고 만다. (중략) 이런 폐해들을 인지하면서도 많은 사람들이 그것을 자유정부를 유지하기 위해 어쩔 수 없이 지불해야 하는 대가로 받아들인다.

밀은 다수파만을 대표하는 것을 거짓 민주주의라고 규정하면서 인민 전체를 대표하는 참된 민주주의를 추구해야 한다고 주장합니다. 이 또한 틀린 말이 아닐 것입니다. 다수의 지배는 대부분 기득권의 지배로 이어지며 온갖 사회 모순을 강화하는 형태로 흘러가기 때문입니다.

문제를 어떻게 해결할 것인가? 이 지점에서 밀은 매우 뻔한 답을 내놓습니다. 충분한 토론과 적극적인 설득으로 문제를 해결할 수 있다고 본 것입니다. 일정한 수준 이상의 사람들이 국가를 주도하면 관료제의 폐해와 다수파의 이기주의 문제를 해결할 수 있으며, 이를 위해서 사람들의 수준을 높일 수 있는 여러 자유주의적인 개혁이 필요하다는 입장입니다.

밀은 적극적인 대안을 제시합니다. 선거연령을 낮추는 문제를 비롯하여 선거권 확대에 대해 섬세한 논의를 주도하고, 투표 방식에서 지방자치까지 민주주의국가에서 구현해야 할 중요한 주제들에 대해 면밀하게 검토합니다.

하지만 안타깝게도 밀이 제안한 여러 대안들은 오늘날에는 매우 익숙한 내용들이며 충분히 정착된 것들이기도 합니다. 제도의 적용과 충분한 정착 사이에는 간극이 있으며 제도의 의미와 가치를 보다 깊이 숙고해야 한다며 밀을 옹호할 수 있습니다. 반대로 새로운 형태의 다양한 제도개혁 방안을 들고나와서 변화를 주장할 수도 있습니다. 사실 우리는 이 사이에서 매번 갈팡질팡합니다.

문화를 살찌우는 숙련의 가치

밀의 성찰 가운데 주목해야 할 것은 구체적인 내용보다 그가 지향하는 방향 속에서 발견할 수 있는 사회적 맥락일 것입니다. 밀은 19세기 영국인입니다. 그의 사상은 19세기 영국 상황을 반영하고 있으며, 이후에도 영국은 100년 이상 민주주의를 발전시키며 지금까지 성장해왔습니다.

대한민국 역사에서 민주주의 자체가 부정된 적은 단 한 번도 없습니다. 하지만 독재권력을 합리화하기 위해서 '민족적 민주주의'나 '한국적 민주주의의 토착화' 같은 언어로 민주주의를 끊임없이 왜곡하고 파괴했습니다. 그렇기 때문에 우리에게 민주주의는 언제나 민주화투쟁과 동의어였습니다. 초등학교부터 학급 '토의'를 하고 반장을 뽑는 '선거'를 하지만 이 과정이 삶에 커다란 영향을 주었다는 목소리를 찾기는 어렵습니다. 여전히 학교에서부터 최고위 관료부서까지 권위주의적이며 관료주의적인 문화가 영향력을 미치고 있기 때문입니다.

밀은 여러 차례 '숙련skilled'을 강조합니다. 숙련의 결과는 글자로 표현되기보다는 사회의 수준으로 드러납니다. 이 개념을 이해하기 위해서 조선시대 사대부문화를 참고하는 것도 좋을 듯합니다. 성리학은 고려 말에 들어왔으며 이제현, 이색을 거쳐 정몽주, 정도전을 통해 구체화됩니다. 정도전은 성리학이 국가운영 원리가 될 수 있음을 현실 속에서 증명했으며 그를 계승한 관학파는 세종 때 민족문화 발전으로 진가를 드러냅니다. 정몽주를 계승했다는 사림파는 조광조, 이황, 이이로 이어지는 사대부문화를 만들었으며 향약과 서원을 기반으로 유교 정신을 조선 백성 모두에게 심어놓습니다. 정약용과 박지원으로 대표되는 실학 역시 성리학에 기반한 조선적 기풍의 결과입니다.

숙련됨은 눈으로 보이는 것이 아니라 사람들 가운데 살아 숨

쉬는 무엇이며, 누적된 문화 그 자체입니다. 왜 프랑스 근대사에 '책과 카페 그리고 클럽'이 그토록 반복적으로 등장하는지, 왜 이탈리아에서는 풀뿌리 민주주의가 발전했으며 그람시 같은 사회주의 사상가들이 헤게모니를 이야기했는지, 왜 독일에서는 풍성한 사상 논쟁과 정당 기반의 운동이 활발했는지, 그들의 숙련됨을 면밀히 숙고할 필요가 있습니다. 단지 '토의'를 하고 '선거'를 했다는 것과 그 과정이 의미 있는 문화적 성과로 이루어졌다는 것은 본질적으로 다릅니다. 밀의 지향은 바로 이 지점에서 진가를 발휘합니다.

6장

오늘 우리 헌법

헌법으로 상상하라, 헌법을 상상하라

북유럽 이야기

사회주의권은 몰락했고, 신자유주의로 대표되는 자본주의의 한계와 한국형 부정부패에 직면한 오늘날, 거의 모든 분야에서 북유럽 모델이 대안으로 부상했습니다. 바로 사회민주주의입니다. 북유럽에 대한 역사적 이해가 결여된 상태에서 우리 사회는 거의 모든 분야에서 그러했듯 중구난방으로 북유럽의 제도라든지 아이디어를 채용하는 데 적극적입니다. 하지만 훌륭한 사회 모델은 오랜 시간, 오랜 노력을 통해 정착된 것입니다. 결과가 아니라 과정이 중요하며 아이디어는 훔칠 수 있어도 과정은 스스로 만들어야 합니다.

사회민주주의로의 첫 여정

북유럽 모델에는 두 가지 전제가 있습니다. 사회민주주의가
사회주의에서 나왔다는 점과 사회민주주의는 공산주의와 대결을
펼치며 성장했다는 점입니다. 사회민주주의는 자유민주주의국가
에 몇 가지 복지정책을 덧붙이는 형태로 이루어진 것이 아닙니다.
마르크스와 엥겔스가 주도한 사회주의 사상이 온 유럽을 뒤덮었
고 그것을 어떻게 이룰 것인가를 두고 다양한 격론이 오갔으며 그
에 준하는 조직이 만들어졌기 때문에 가능했습니다. 동시에 사회
민주주의는 공산주의를 배격하며 성장해왔습니다. 사회주의적인
이상을 달성해가는 방식이 매우 달랐기 때문입니다.

우선 북유럽은 유럽 역사의 중심이 아니었습니다. 영국, 프랑
스, 독일 같은 나라에서 사회주의를 비롯하여 다양한 모델을 두고
격론을 벌이고 심각한 정치적 충돌이 일어나는 상황에 영향을 받
으며 조금은 주변부적인 입장에서 본인들의 역사를 만들어갑니
다. 사회주의의 창시자 마르크스는 '프롤레타리아 독재'를 주장
합니다. 사회주의의 이상을 달성하기 위해서는 필연적으로 공산
당을 결성해야 하며, 전위적인 지도력도 필요하고, 진정한 이상사
회로 가기 위해서는 일정 정도 지도계급에 의한 독재가 필요하다
고 본 것입니다. 이에 비해 독일일반노동자협회를 설립하여 독일
사회민주당 창당을 이끈 라 살레는 그 이상을 달성하기 위해서라
도 사회가 더욱 민주화되어야 한다며 마르크스와 격론을 벌이기
도 합니다. 이후 빌헬름 리프크네히트와 아우구스트 베벨이 독일
사회주의운동의 리더로 등장하였고 비로소 사회주의정당이 결성
됩니다. 결성 과정에서 발표한 고타강령(1875)에는 마르크스의 사

노동자협회 신문 1호(1849)

상과 라 살레의 사상이 뒤섞여 있었습니다. 그러자 마르크스가 직접 '고타강령비판Kritik des Gothaer Programms'을 발표하는 등 노동자들이 당장 누려야 할 실리와 사회주의적 이상을 이루어가는 방법은 애초부터 논란거리였습니다.

　북유럽에서 가장 먼저 노동운동이 시작된 곳은 노르웨이입니다. 당시에는 덴마크와 노르웨이가 한 나라였는데 지역 신문 편집자였던 마르쿠스 트라네는 드라멘이라는 도시에서 민주적인 사회개혁과 더불어 부의 재분배까지 요구하는 급진주의운동을 도모합니다. 일명 트라네운동이 시작되었고 몇 년 만에 전국적인 노동자협회를 조직합니다. 당시 노르웨이 인구는 100만 정도였는데, 1851년 운동의 절정기에 이 협회의 20세 이상 남성 회원이 무려 3만~4만에 달하는 상황이었습니다. 하지만 이들 대부분은 투표권이 없었고 트라네가 체포되면서 수년 만에 이 운동은 역사 속으로 사라집니다.

1871년 덴마크에서 중요한 사건이 일어납니다. 덴마크국제노동자협회가 결성된 것입니다. 이미 전 유럽에서 격렬한 사회주의운동이 본격화되었고 7년 전 영국 런던에서는 1차 인터내셔널이라고도 부르는 국제노동자협회가 창시되었습니다.

덴마크는 이러한 흐름에 강렬한 영향을 받고 있었습니다. 루이스 피오, 하랄 브릭스, 파울 겔레프 등이 주도했으며 루이스 피오는 이 단체를 덴마크 사회민주당으로 만듭니다. 정당을 이끌던 루이스 피오와 파울 겔레프가 투옥 이후 변절하고 미국으로 망명을 하는 등의 혼란을 겪었음에도 불구하고, 또 국제노동자협회가 몰락했음에도 불구하고 덴마크 사회민주당은 존속 발전합니다. P. 크누드센은 1882년부터 28년간 의장을 맡아 수천 명 정도였던 조직을 5만 명 이상의 규모로 키웁니다. 1884년에는 덴마크 의회에 2명의 의원을 진출시켰으며 20세기에 들어와서는 덴마크 4대 정당으로 도약합니다. 특히 P. 크누드센은 1898년에 결성된 덴마크노동조합회의와 긴밀한 관계를 유지하며 오랫동안 노동조합회의 부의장을 맡기도 합니다. 사회민주당과 노동조합 간의 연합이 이루어진 것입니다.

그리고 1899년 노동조합회의와 덴마크고용주연맹은 '9월 타협'에 성공합니다. 임금과 노동조건에 관한 협상 방식을 비롯한 다양한 기본규칙에 합의한 것입니다. 이때부터 정당이 노동조합과 긴밀한 관계를 유지하며, 동시에 고용단체와 타협을 통해 노동 구조를 개선하는 형태의 실용적인 구조가 덴마크 사회에 뿌리내리기 시작합니다. 그리고 이 시점에 노르웨이노동당과 스웨덴사회민주주의노동자당이 만들어지는 등 19세기 후반과 20세기 초반 북유럽은 사회민주주의의 초석을 다집니다.

대공황의 터널에서 복지의 문을 열다

1910년부터 1945년까지, 우리가 일제의 지배를 받던 시기에 북유럽 사회민주주의도 큰 변화를 겪습니다. 두 차례 세계대전이 일어났으며 소련이라는 현실 공산주의국가가 만들어졌습니다. 1차 세계대전 종전 이후 독일의 사상적 영향력이 차단되기도 했고, 히틀러 시대에는 독일의 점령정책에 순응하면서 사회민주당의 영향력이 일정 정도 줄어들기도 합니다. 영국과 프랑스에서는 다양한 형태의 좌파적인 대안이 치열하게 모색되고 있었고, 북유럽은 소련이 아니라 서유럽과 관계를 유지합니다. 공산주의와의 대립은 사회민주주의가 보다 독자적인 형태로 성장할 수 있는 발판이 됩니다.

1920년 4월 4일 덴마크에서는 '부활절 위기'라는 사건이 터집니다. 사회민주당은 1913년 이후 잘레 수상이 이끄는 자유당 정부를 지지하며 의회에서 영향력을 행사하고 있었습니다. 하지만 보수당과 재계를 비롯한 우파가 덴마크 국왕 크리스티안10세를 압박하여 잘레 정부를 무너뜨리고 새로운 우파 정부를 세우려고 한 것입니다. 이에 대항하여 노동계는 총파업을 벌이고 결국 일주일간의 극한 대치 끝에 사회민주당과 노동조합이 승리를 거둡니다. 혁명을 우려한 국왕과 우파가 물러선 것입니다.

1924년 덴마크 총선에서 사회민주당은 36.6퍼센트의 득표율을 기록하여 제1당이 됩니다. 개정된 비례대표 선거제도의 결과입니다. 1929년에는 보다 압도적인 지지로 권력을 장악하는데, 대공황의 여파로 인해 실업문제가 심각한 상황이었습니다. 영국은 덴마크 농산물에 15퍼센트의 관세를 부과했으며 이로 인해 1932년에는 실업률이 무려 50퍼센트까지 치솟습니다. 고용주단체는 임금 20퍼센트 삭감을 요구하고 노동조합은 이를 전면 거부하는 상태. 결국 사회민주당 정부가 직접 개입하여 임금 협상을 1년 연장하는 형태로 상황을 수습합니다.

몇몇 원칙들을 희생시켰을지는 모르지만 우리는 나라를 구한 것이다!

수상 스타우닝의 선언입니다. 별 것 아닌 미봉책으로 보일지 모르겠지만 정부가 최초로 고용주단체와 노동조합 사이에 직접 개입하여 문제를 해결한 사건입니다. 이후 보수정당인 자유당과 '칸슬레르가데협약'을 맺게 되는데, 이 또한 중요합니다. 실업보험법, 상해보험법, 국민보험법, 복지법 등 네 가지 입법조치에 타협하면서 사회복지제도의 중요한 전거를 마련한 것입니다. 또한 신규 주택 건설, 공공근로사업에 대한 예산 확충까지 포함되었기 때문에 복지제도를 만들어가는 중요한 기반까지 보장받은 셈입니다.

노르웨이 · 스웨덴의 적녹연합

노르웨이의 경우는 농민정당인 중간당의 세력이 강했습니다.

노르웨이의 사회민주당인 노동당은 1935년 중간당과 중요한 합의를 도출하였고 요한 뉘고르스볼이 수상이 됩니다. 노동당은 대규모의 적자재정을 편성하며 농업부문의 채산성을 보장해줄 수 있는 국가보조금을 지원합니다. 또한 농작물 수입 보전에 대한 국가의 보증까지 얻어냅니다. 동시에 재계에 대한 규제를 강화하고 1퍼센트의 부가가치세 도입을 승인합니다. 결국 노동자와 농민의 연합을 통해서 보다 강고한 사회민주당 정권이 창출된 것입니다.

무엇보다 이 시기 노르웨이에서는 올레 콜비에른센, 랑나르 프리슈 같은 경제학자들이 등장하여 사회민주주의 경제를 위한 중요한 이론적 기초를 놓습니다. 콜비에른센은 국가 주도의 경제계획과 공공투자를 학문적으로 뒷받침했으며 프리슈는 공공지출과 민간기업 사이의 구조적인 관계에 대한 이론을 발전시킵니다. 정부지출의 조정과 이자율에 따른 신용 공급 조정이 경제지표에 미치는 영향을 연구했으며, 이를 통해 영국의 케인스이론이나 루스벨트의 뉴딜정책 혹은 소련의 계획경제정책 등과 유사한 경제정책을 마련했습니다.

스웨덴의 경우도 비슷한 과정을 거칩니다. 스웨덴 역시 대공황기에 농산물 가격 하락 문제가 심각했습니다. 스웨덴 사민당의 지도자 비그포르스는 정부가 적극적인 경제개입을 통해 노동자의 일자리와 임금을 보장해야 하며 그렇게 된다면 노동자의 구매력이 유지되기 때문에 농민들에게도 유리하다는 논리로 농민당을 설득합니다. 또한 관세와 비관세 장벽을 적절히 활용하는 보호무역정책을 강구하는데, 이 또한 농민당의 입장에서는 매력적인 정책이었습니다. 당시 농민당의 당수는 쿨렌베리스트로프였는데, 비그포르스는 그를 제치고 젊은 지도자 베스트만과 담판을 벌입니다.

기존에 공약했던 경제정책을 대폭 수정하겠다! 정부지출을 큰 폭으로 줄이겠으며 특히 1억 6,000만 크로나인 공공근로사업 예산을 1억 크로나로 줄이겠다. 실업위원회 역시 폐지하고 계획했던 실업보험 도입을 철회하겠다. 대신에 낙농품 수입 제한, 농산물 가격 유지를 위한 비관세 장벽, 대규모 농업 지원을 존속시키겠다.

결국 농민당은 전격적으로 사민당과 연합하게 됩니다. 또 하나의 '적녹연합'이 달성되며 이해관계의 동맹이 구축된 것입니다. 그리고 이 시점에서 노동운동은 사민당에 의해 능동적으로 제어됩니다. 이전의 사회주의운동에서 노동운동의 목표는 궁극적으로 '자본주의 타도'였습니다. 그랬기 때문에 사민당은 강성노조의 극단적인 투쟁을 용인하는 입장이었습니다. 하지만 상황이 바뀌었습니다. 사민당은 집권당이 되었고 이제 농민당은 물론 보수당과 재계까지 포괄하는 집권세력이 되어야만 합니다. 비그포르스가 발표한 '나라 살림의 계획'이라는 경제강령의 핵심은 산업 합리화 계획이었습니다. 사회민주주의가 공산주의와 근본적으로 다른 점은 의회에 진출하여 평화적으로 사회주의의 이상을 달성한다는 측면도 있겠지만 그보다 중요한 것은 자본주의 자체를 용인한다는 점입니다. 자본주의의 생산능력과 효율성을 수용하여 국민경제를 지속적으로 발전시키는 가운데 사회주의적인 평등을 달성하겠다는 것이 사회민주주의의 본질이라고 보아야 합니다.

그러나 자본주의식 경제성장은 합리적인 경제정책만으로 달성되지 않습니다. 다양한 부문의 산업이 재조정되어야 하며 적절한 구조조정이 뒤따라야 합니다. 자본가들을 통제하는 것도 중요한 문제이지만 노동구조를 개선하며 그에 따른 실업문제에도 대처해야 한다는 말입니다.

노동자와 사용자, 서로 손잡다

노동구조에 관한 문제의식은 스웨덴노동조합총연맹 내에서
도 금속노조를 중심으로 고민되었습니다. 결국 스웨덴노동조합
총연맹 산하 산업평화위원회가 설치되었고, 산업 합리화 정책에
노동조합이 스스로 참여하는 형태를 만들었으며, '연대임금정
책', 즉 직종 간 임금 격차를 시정하는 과정을 통해 산업 합리화
정책에 자발적으로 협력하는 구조를 만든 것입니다.

이 흐름은 1938년 '살트셰바덴협약'을 통해서 중요한 결실을
맺습니다. 상황이 근본적으로 바뀐 것입니다. 적녹연합 이후 사민
당은 총선에서 대승을 거두었으며 사민당의 장기집권이 예상되
는 상황이었습니다. 스웨덴사용자연합, 즉 스웨덴 재계는 보수당
이나 자유당이 아닌 사민당을 경제 협력 파트너로 인정할 수밖에
없었습니다. 더구나 정부에 의한 적극적인 경제 개입이 이루어지
고 있는 상황에서 재계와 노동조합은 자율성과 주체성을 확보해
야 한다는 공통의 문제의식을 갖게 됩니다.

재계와 노조가 중심이 되어 '중앙화·집중화된 자율' 노사 관계를 구축하겠다.

국가 개입을 배제하며 노동조합총연맹은 고용·해고·재배치
를 사용자연합의 고유 권한으로 인정합니다. 반대로 재계는 노동
조합총연맹을 동등하고도 최종적인 파트너로 인정한 것입니다.
노사 대타협이 확립되는 순간입니다.

이 시점에 사민당은 중요한 법안을 통과시킵니다. 법인세에 대한 대대적인 개혁, 특히 감가상각에 면세를 허용합니다. '자본을 위한 주요한 승리'라고도 기록된 이 법안은 대기업이 내부 유보금을 축적할 수 있게 허락했으며 이를 통해 기업은 주식시장에 의존하지 않는 새로운 자본금을 확보하게 됩니다. 또한 상업은행의 주식자산을 지주회사에 투자하는 것을 허용하는 형태로 은행법이 개정됩니다. 따라서 스웨덴의 대기업들은 상업은행을 매개로 거대한 기업 피라미드를 구축합니다. 발렌베리 가문은 스톡홀름상업은행을 소유하고, 이 회사를 이용하여 투자회사를 설립, 기업 피라미드를 구축합니다. 다른 대기업들은 주로 스웨덴상업은행을 통해 비슷한 행태를 벌입니다.

이 조치는 여러모로 중요합니다. 우선 사회민주주의든 공산주의든 범사회주의진영이 이상처럼 생각해왔던 '주요 기업의 국유화'를 포기하는 행위입니다. 자본가들에 의한 경제성장을 인정하고 동시에 노동자의 임금 및 노동조건 개선을 이루어내는 전혀 다른 형태의 평등을 구체화한 것입니다. 또한 자본의 적극적인 활동을 사민당이 지원하고 통제해야 하는 상황이 된 것입니다. 1951년 노동조합총연맹 총회에서는 렌-마이드너Rehn-Meidner 모델로 불리는 「노동조합운동과 완전고용」이라는 보고서를 채택합니다. 핵심 내용은 '연대임금제'입니다. 즉 기업의 이윤이나 생산성과 상관없이 동일한 노동에는 동일한 임금을 지급해야 한다는 내용입니다. 어차피 스웨덴은 살트셰바덴협약 이후 임금과 근로조건을 중앙 단위에서 결정하는 구조입니다. 1956년부터 1960년대 후반까지 연대임금제가 시행되면서 스웨덴의 모든 산업에서 임금 격차가 상당히 줄어듭니다. 사용자연합 역시 경제성장에 따른 경

쟁적인 임금 인상 요구를 통제할 수 있기 때문에 반대할 사안이
아니었습니다.

하지만 새로운 문제가 발생합니다. 사양 산업의 임금을 인상하
고 성장 산업의 임금을 억제해야 하는 상황이 발생한 것입니다. 이
를 해결하기 위해서 사민당 정부는 적극적인 노동시장정책을 추
진합니다. 직업 훈련과 알선 등을 통해 완전고용을 달성하고자 한
것입니다. 노동시장정책을 주관한 노동시장위원회는 정부 행정기
관임에도 불구하고 의사결정 과정에 노동조합총연맹과 사용자연
합은 물론 화이트칼라노동조합 대표 각 3인이 참여하여 정책을 합
의 결정하였습니다. 이 밖에도 여러 경제정책이 사민당 중심으로
추진됩니다. 사용자가 피고용인이 납부하는 연금 전액을 급여세
로 부담하는 일반보충연금을 통과시켰으며 이를 바탕으로 연금펀
드를 운영합니다. 그 결과 정부가 기업운영에 개입을 한다든지, 외
국자본의 진입을 차단하는 등 다양한 경제효과를 내기도 합니다.

적응, 새로운 변화를 낳다

이쯤 되면 두 가지 고민이 생깁니다. 북유럽의 경제구조에서
정부는 어디까지 관할하며, 얼마나 복잡한 과정을 책임져야 하는
것일까요. 북유럽 모델은 정부가 주도한 경제성장기를 거쳐 자유
무역·민영화·신자유주의로 이동한 우리에게는 매우 낯선 장면
입니다. 다양한 형태의 정부실패가 우려되기도 합니다. 실제로 사
민당이 주도한 북유럽의 경제 모델은 신자유주의 시대에 새로운
대안을 내놓고 있지 못한 상태입니다.

정경유착을 비롯하여 다양한 형태의 '재벌의 배반'을 해결하

지 못하고 있는 한국의 경제 현실에는 북유럽 모델이 몸에 맞지 않는 옷일 수 있습니다. 한국의 재벌은 지속적으로 노동시장을 억압해왔으며, 국가 지원으로 사적 재리를 축적했습니다. 또한 고용 없는 성장, 노조 파괴적인 임금정책 등의 행태를 반복해왔습니다.

비슷한 시기에 노르웨이는 '기본협정'(1935)을 통해서 계급정당의 틀거리에서 완전히 벗어납니다. 제헌절 때마다 따로 행진을 했던 노르웨이의 노동당은 이 관례를 철폐했으며, 노동절 행진 때 '노르웨이 국기'와 '노르웨이 전통의상'까지 등장합니다. 국가 행사, 국기, 전통의상 등이 우리에게는 익숙하지만 민족보다 계급을 중요시하며 계급 간의 국제적 연대를 강조해온 유럽의 전통에서 노르웨이의 문화적 변화는 상당한 의미를 지닐 수밖에 없습니다.

덴마크 역시 비슷한 시점에 강령을 '인민을 위한 덴마크'로 바꿉니다. 이 변화는 농민을 비롯한 국민 다수의 지지를 받았고 강력한 입법조치를 통해 대대적인 사회개혁을 추진하게 됩니다. 강제노동에 관한 법률 철폐, 도제들의 조건 개선, 2주간의 유급휴가, 초과근무 제한, 정년퇴임 연령 하향 조정, 실업 해소를 위한 다양한 법적 장치들이 모두 이때 만들어진 것입니다.

1933년 스웨덴의 군나르 뮈르달과 그의 아내 알바 뮈르달은 「인구 문제의 위기」라는 논문을 발표합니다. 당시 스웨덴은 출생률이 급격히 감소하면서 인구가 줄어들기 시작했습니다. 특히 도시 지역의 출산 기피가 문제였습니다. 보수파는 이를 성윤리와 가족윤리의 붕괴로 분석하였고, 사민당은 '과도한 정치 쟁점화를 경계한다'는 태도를 보였습니다. 보수파의 경우 피임기구 사용을 제한하고 독신자나 무자녀 부부에게 새로운 세금을 부과할 것을 주장했는데, 이것은 개인의 자유를 제한하는 등 다양한 문제점을

인민을 위한 덴마크(1934)

양산하며 무엇보다 실효성 자체가 없습니다. 이에 비해 사민당은
인구 감소가 사회 전체의 부와 풍요를 어떻게 파괴하는지에 대한
깊은 성찰이 부족했습니다.

뮈르달 부부의 해법은 '예방적 사회정책'입니다. 중장기적으
로 사회 전체의 건전한 발전과 지속적인 생산성 강화를 꾀할 수
있는 방안을 연구해서 대비책을 마련해야 한다는 것입니다. 당시
인구문제의 핵심은 산업화와 도시화에 따른 사회의 복합적인 변
화입니다. 주택문제, 청년실업, 출산 및 육아 비용, 여성의 사회 진
출 등을 고려해야 했으며 무엇보다 25세 이하 젊은 노동자들의

고용시장이 극히 불안했습니다. 더구나 새로운 인생관, 특히 여성들의 교육 수준 상승과 사회 진출에 따른 육아 인식 변화 등이 중산층의 출산율 감소로 이어지고 있었던 것입니다.

뮈르달 부부는 출산율 감소의 구조적인 원인을 규명했으며 그에 따른 중장기적인 대책을 제안한 것입니다. 그리고 사민당은 이를 사회정책으로 승화시킵니다. 변화하는 산업사회에서 반드시 갖추어야 할 높은 수준의 생산력뿐 아니라 개인의 자유와 풍요롭고 행복한 삶까지 고려한 국가 주도의 프로그램, 주택정책 및 출산과 육아 지원책, 여성의 취업 조건 정비, 노동시간 단축을 포함한 다양한 형태의 노동정책 등을 마련한 것입니다. 그 밖에도 기혼과 미혼, 독신 유무를 따지지 않고 모든 임산부에게 지급하는 출산수당과 모든 아이들에게 지급하는 아동수당은 물론 이러한 흐름을 뒷받침할 수 있는 국민연금과 건강보험체제의 개혁도 함께 진행합니다.

결국 사회민주주의로 시작한 북유럽 국가들은 고도의 사회복지국가로 재편됩니다. 1945년 노르웨이 재정지출 중 사회급여는 무려 20퍼센트, 15년 후에는 30퍼센트로 늘어납니다. 같은 기간 동안 노르웨이의 경제규모가 성장했다는 점까지 고려하면 엄청난 지출 확대입니다. 자본주의 특유의 기업가 정신과 자유로운 경제발전을 보장하는 종합적이고 보편적인 사회복지국가가 역사에 등장한 것입니다. 사회주의는 결국 자본주의를 타도하는 것이 아니라 자본주의에 적응하는 것으로 생존하게 됩니다.

1980년 10월 27일. 국보위개헌
1987년 10월 29일. 직선제개헌

우리 역사에서 1980년대만큼 극적인 변화를 경험한 시기는 없을 것입니다. 쿠데타를 통해 권력을 장악한 신군부는 1980년 10월 27일 새 헌법을 발효함과 동시에 국회를 해산하며 입법회의를 신설합니다. 불행한 헌정사가 반복된 것입니다. 치열한 시민의 도전과 권력의 응전. 변화를 향한 시대정신은 1987년 6월 절정에 도달합니다. 그리고 대통령의 권력 확대나 편법적인 개헌이 아닌 정상적인 개헌 논의가 이루어집니다.

헌법은 국가운영과 국민의 생활세계의 방향성을 규정하는 문서입니다. 모든 것이 헌법대로 흘러가지는 않으며 헌법이 세상의 변화를 따라가는 경우도 많습니다. 마지막으로 오늘 우리 헌법이 어떤 모습인지 살펴볼 차례입니다.

유신의 재생산

박정희 사후 권력을 장악한 신군부는 1980년 8월 27일 유신 헌법에 따라 통일주체국민회의에서 대통령 선거를 실시했고 단독 후보 전두환이 11대 대통령이 됩니다. 1979년 10월 26일 박정희 암살에서 12·12사태와 1980년 5·17군사쿠데타까지 이어진 치열한 권력 다툼의 결과입니다. 9월 1일 전두환의 취임사는 1961년의 박정희와 꼭 닮았습니다.

위기에 처한 국가와 민족을 사심 없는 군인정신으로 신명을 바쳐 구해야 했다.
선동, 비리, 파쟁, 권모, 사술, 부정부패 등의 폐습에 물든 정치인들을 정리했다.
국가보위비상대책위원회를 설치해 청렴하고 양심적인 인사들을 등용하겠다.

그리고 10월 22일 또다시 국민투표를 통해 헌법 개정이 확정됩니다.

유신시대가 끝났다.
유신헌법에서 파생된 숱한 문제들을 역사의 물결 아래로 흘려보내게 되었다.
장기집권의 시대는 끝났고 평화적 정권교체를 위한 새 헌법을 만들었다.
비로소 비생산적인 정쟁과 비리의 시대가 끝났다.

10월 27일 새 헌법을 발효함과 동시에 국회를 해산하고 입법회의를 신설합니다. 쿠데타를 통해 권력을 장악하고 비상조치를 통해 기존 헌법을 무력화시킨 뒤 입법부를 와해시키는 행태. 5·16군사쿠데타와 국가재건최고회의는 10월유신과 비상국무회의의 판박이입니다. 박정희에 의해 감행되었던 방식이 또다시 반복된 것입니다. 국가재건최고회의나 비상국무회의처럼 입법회의 역시 다양한 형태의 면책특권을 보장받으며 무소불위의 권한을 행사합니다. 입법회의는 정치풍토 쇄신에 관한 특별조치법, 정당법, 정치자금법, 대통령 선거법, 국회의원 선거법 등 정치제도 관련법을 무려 8개나 통과시킵니다. 기존 정당을 해산하고 정치인의 정치 활동을 규제하는 것 역시 박정희 시대의 반복에 불과합니다. 권력은 너무나 뻔하게 독점되며 민주주의는 너무나 쉽게 우그러지고 맙니다.

정치풍토 쇄신에 관한 특별조치법을 통해 김영삼, 김대중, 김종필을 포함한 835명이 정치 활동 규제 대상자로 분류됩니다. 1978년 10대 국회에 입성한 210명의 국회의원이 포함된 숫자입니다. 깨끗한 정치가 실현되도록 합리적인 장치를 마련했다는 설명은 잠재적인 경쟁자들을 통제하며 확실하게 권력을 장악하는 수단에 불과합니다.

정당법의 핵심은 '1구2인 선거제도'를 관철시키는 것입니다. 모든 선거구에서 2명의 의원을 뽑으며 비례대표제도 부활합니다. 유신체제와 거의 동일한 제도인데, 이 역시 여당의 과반 의석 확보를 위해 마련됩니다. 이번에도 명분은 건전한 민주정치 풍토 조성이었습니다. 정당 등록 취소 사유를 늘리고 당원 자격이 없는 사람의 정당 활동을 배제하며, 해산되거나 등록 취소된 정당의 이름을 다른 정당이 사용하지 못하도록 하는 등 다양한 제약을 만들기도 합니다.

투명한 구조적 모순

눈에 띄는 부분은 정치자금법 개정입니다. 전두환은 마냥 박
정희를 모방하지 않았습니다. 필요한 것은 취했고, 한편으로는 창
의적인 모습도 보입니다. '맑고 깨끗한 정치 풍토를 정착'시키는
것을 명분으로 개정된 정치자금법의 핵심은 합법적으로 정치자
금을 모으되, 자금의 유통을 여당이 장악하고 야당을 경제적으로
종속시키는 것입니다. 정부는 정당 운영을 위한 예산으로 8~10억
원을 편성하여 각 당에 배분합니다. 국회의 심의를 거쳐야 했고 반
드시 여당의 동의가 있어야 했기 때문에 구조적으로 야당은 종속
될 수밖에 없습니다.

정치자금은 지정기탁금과 비지정기탁금으로 나뉩니다. 즉 애
초에 정당을 선택해서 후원할 수도 있고 그렇지 않을 수도 있습
니다. 대한상공회의소, 전국경제인연합회, 한국무역협회 등 주요
경제단체는 대부분 비지정기탁금을 제공합니다. 그리고 이 돈이
배분되어 야당까지 흘러갑니다. 하지만 비지정기탁금의 비중은
매우 낮은 수준입니다. 1982년 기준으로 여당의 지정기탁금은
72.8퍼센트였으며, 1986년에는 94퍼센트가 여당에 기탁됩니다.
투명해진 정치자금은 모조리 여당으로 몰렸고, 야당은 후원회조
차 구성하지 못하는 경우도 비일비재합니다. 투명한 구조적 모순
이 만들어진 것입니다.

그리고 민주정의당, 약칭 민정당이 창당합니다. 1980년 11월
28일 권정달과 이종찬을 비롯한 15명의 발기인으로 시작한 민정
당은 1981년 1월 15일에 중앙당 창당대회를 엽니다. 그리고 현직
대통령 전두환을 총재 겸 대통령 후보로 추대하면서 집권당이 됩

니다. 정치인의 활동을 규제한 상태에서 신군부가 새로운 여당을 만든 것입니다. 5·16군사쿠데타 이후 공화당이 창당되는 과정과 동일합니다. 굳이 창의적인 구석을 찾는다면 관제 야당을 함께 만들었다는 점입니다. 정치 활동 규제 대상에서 제외된 유치송, 김은하 등 신민당 출신 국회의원 14명이 민한당을 만듭니다. 또한 공화당과 유정회 출신 의원들은 김종철을 준비위원장으로 한국국민당, 약칭 국민당을 만듭니다. 두 정당 모두 창당 과정에서 '의회정치의 상궤를 벗어나지 않을 것'이라고 천명했는데, 전두환 정권이 만들어놓은 정치 질서에 순응하겠다는 뜻일 뿐입니다. 신군부가 만든 강력한 여당, 그리고 여기에 충실한 관제 야당의 시대가 열린 것입니다.

1981년 1월 24일 길고 길었던 비상계엄령이 해제되고 2월 11일 대통령 선거인 선거, 2월 25일 12대 대통령 선거가 실시됩니다. 직선제 요소를 최대한 가미했다고 하지만 사실상 통일주체국민회의 간선제의 반복에 불과했습니다. 5,277명의 선거인을 뽑아 재적 과반수로 대통령을 선출하는 구조. 선거인단의 69.7퍼센트가 민정당 소속이었고 결국 90.2퍼센트의 득표로 전두환이 다시 12대 대통령이 됩니다. 그리고 3월 11대 총선에서 민정당은 276석의 과반이 넘는 151석을, 제1야당인 민한당은 81석을 얻습니다. 비례대표제로 뽑는 전국구가 전체 의석의 3분의 1인 상태에서 과반 달성은 너무나 수월했습니다.

전두환 정권의 헌법에는 특기할 사항이 별로 없습니다. 헌법 전문에서 '4·19의거와 5·16혁명의 이념'을 삭제하고 '조국의 평화적 통일과 민족중흥의 역사적 사명에 입각한 제5민주공화국의 출발'을 명시합니다.

302

제45조   대통령의 임기는 7년으로 하며, 중임할 수 없다.

제129조   ②대통령의 임기연장 또는 중임변경을 위한 헌법 개정은
그 헌법 개정제안 당시의 대통령에 대하여는 효력이 없다.

대통령 중임을 막은 것은 유신체제의 청산을 집권 명분으로 삼았기 때문입니다. 이것은 정치수에 불과합니다. 대통령간선제를 유지했으며, 집권 말기가 되면 일해재단을 통한 간접지배 방식을 획책합니다. 헌법 전문에서 '5·16혁명'을 삭제하고 '평화적 통일과 민족중흥'을 썼다고는 하지만 이것 역시 유신 때 강조하던 구호와 대동소이합니다.

6월항쟁 직전의 흐름

국회의 국정조사권(제97조)을 명시했지만 국정감사권은 부활되지 않았고, 위헌법률심사권을 헌법위원회에 구속시켰지만(제114조 제1항) 제대로 운영된 적은 없습니다. 여전히 대통령은 비상조치권(제51조 제1항)과 국회해산권(제57조 제1항)은 물론 사법부와 헌법위원회를 통제할 수 있는 수단까지 독차지합니다.

하지만 역사는 박정희 시대에서 본격적으로 벗어나고 있었습니다. GNP는 1983년 13.2퍼센트, 1984년 10.5퍼센트, 1985년 7.7퍼센트, 1986년 11.2퍼센트의 고도 성장을 보입니다. 1986년에는 46억 달러의 경상수지 흑자를 거두며 박정희 집권 후반기부터 지속되던 외채 위기에서 벗어납니다. 1인당 GNP는 1980년 427만 원에서 1987년 766만 원으로 증가합니다. 재벌은 본격적으로 정부의 통제에서 벗어나고 있었고 중산층이 사회구조 중심

부에 들어섭니다. 높은 인플레이션·낮은 금리·부동산 투기·경상수지 적자 누적이라는 박정희식 규모의 경제는 물가 안정·공정거래법 제정·내국세 및 관세 개편 등의 경제개혁으로 대체되었고, 무엇보다 은행 민영화와 금리 자율화로 대표되는 신자유주의 경제정책이 처음 시도된 것도 바로 이때입니다. 김재익으로 대표되는 전두환의 새로운 경제관료들이 국가 주도형 경제 모델의 내적인 요소를 재편하려 시도하였으며, 냉전의 붕괴라는 국제 환경과 겹치면서 대한민국 경제제도의 중요한 부분을 변화시킵니다.

학생운동은 탄압에도 불구하고 역동적으로 성장했고 학원자유화 조치 이후 극적으로 강력한 힘을 발휘합니다. 반면 노동 통제는 효과적으로 진행되었습니다. 노동관계 법률이 개정되었고 산별 노조 조직은 허용되지 않았으며, 개별 기업의 신규 노조 인가 조건도 강화됩니다. 이에 따라 1979년 110만 명이던 노조원은 1983년 75만 명으로 감소합니다. 하지만 1987년 6월항쟁에 이은 노동자대투쟁에서 알 수 있듯이 상황은 권력이 제어할 수 있는 수준을 벗어나고 있었습니다.

민주헌법 쟁취하여 민주정부 수립하자

1987년 6월 26일. 민주헌법쟁취 국민평화대행진에 전국 33개 시, 4개 군읍에서 180만 명이 참여합니다. 경찰의 시위 진압은 사실상 불가능한 수준이었고, 일명 '넥타이부대'가 참여하면서 시위는 대학생이 주도하던 애초의 범위를 훨씬 뛰어넘습니다. 하루 동안 3,467명이 연행되었으며 경찰서 2개소, 파출소 29개소, 민정당 지구당사 4개소가 투석과 방화를 당합니다. 6월항쟁 17일간

전국에서 2,145회의 시위가 열렸고 최루탄은 무려 35만 발이 쏘아졌습니다.

전두환 정부는 상황을 수습하지 못했고 안기부장 장세동과 민정당 대표 노태우는 각기 다른 방책을 내놓습니다. 박종철 고문치사 사건 이후 여론이 급속도로 악화되는 상황에서 장세동은 정면돌파를 조언했고, 그에 따라 4·13호헌 조치가 내려집니다.

일체의 개헌 논의를 중지하며 기존 헌법을 고수하겠다!

이에 앞서 1984년 민주화추진협의회가 만들어졌고 1986년에는 대통령직선제를 요구하는 각계각층의 목소리가 쏟아져 나오기 시작합니다.

총선 1주년을 맞아 김대중 김영삼 선생, 그리고 나와 부총재단, 개헌추진본부 시도지부장을 필두로 대통령직선제 개헌 서명을 시작하겠습니다.

신민당 총재 이민우는 1,000만 개헌 서명운동을 공식적으로 제안합니다. 이 자리에서 김영삼은 「1,000만 명 개헌 서명에 즈음하여」라는 성명서를 낭독하였으며, 김대중의 서명이 든 용지를 꺼내 공동 서명합니다. 얼마 뒤 추기경 김수환은 '정의와 평화를 갈구하는 9일 기도'를 마무리하는 정오미사에서 직선제 개헌을 촉구했으며 한국기독교교회협의회도 호응합니다. '민주헌법쟁취 범여성추진위원회'가 결성되었고, 29개 대학 785명의 교수들이 시국선언을 발표하기도 합니다.

1986년 대통령 전두환은 '서울 올림픽 개최'가 긴급한 과제이기 때문에 1989년 이후로 개헌 논의를 미루자고 제안합니다. 그리고 1987년 집권 마지막 해에 들어서면서 4·13호헌 조치를 통해 강경 대응한 것입니다. 하지만 호헌 조치는 역효과를 불렀고, 오히려 온건파 노태우의 입지가 강화되는 계기가 됩니다.

1987년 6월 10일은 6월항쟁이 시작된 날이자 여당인 민정당의 대통령 후보로 노태우가 공식 선출된 날이기도 합니다. 대통령 후보 노태우는 여야 정상회담을 추진하였으며 대통령 전두환과 통일민주당 총재 김영삼이 청와대에서 만납니다. 이 자리에서 4·13조치는 사실상 철회가 되지만 수년간 강력하게 요구되어온 직선제 개헌에 대해서는 확답을 받지 못합니다. 그리고 6월 26일, '국민평화대행진'을 통해서 6월항쟁은 절정에 달합니다.

사흘 뒤, 극도의 혼란 가운데 대통령 후보 노태우는 대통령 전두환에게 건의하는 형식을 통해 중요한 발표를 합니다.

대통령 선거법을 직선제로 개정하겠다.

김대중 사면, 복권은 물론 대부분의 시국사범을 석방하겠다.

국민의 기본권을 신장하겠으며 언론의 자유를 창달하겠다.

지방자치제를 실시할 것이며 대학 자율화를 보장하겠다.

정당의 자유로운 활동을 보장함은 물론 과감한 사회정화 조치를 통해 민주화를 달성하겠다.

이른바 6·29선언. 1960년 4·19혁명 이래 27년 만에 다시 민주혁명에 성공하는 순간입니다.

갈라지는 물결

하지만 역사는 순리대로 흘러가지 않습니다. 6월항쟁이 승리
한 순간부터 묘한 변화가 시작됩니다. 6·29선언 직후 야당은 개
헌 협상과 대통령 선거 일정을 요구합니다. 김영삼은 담화문을 통
해서 '정치 일정은 여야 합의로 운영'할 것을 요구했고 민추협 공
동의장 김대중 역시 '연내에 대통령 선거를 실시, 민주화가 연내
에 달성될 수 있을 것으로 본다'고 발언하여 민주화와 정권교체를
등치시킵니다. 통일민주당은 '헌법개정안 시안 마련을 위한 특별
위원회'를 구성하여 본격적으로 개헌 협상을 추진합니다. 그리고
이 지점에서부터 항쟁을 함께 이끌었던 야당과 재야·시민세력이
분리됩니다.

김대중과 김영삼은 본격적으로 경쟁합니다. 김영삼은 당내 경
선을 통해서 대통령 후보를 뽑길 원했고 김대중은 국민 참여를 요
구하면서 야권 분열이 가시화됩니다. 김대중은 광주와 목포에서
50만 명 이상의 군중을 모았고, 김영삼은 부산에서 100만 이상이
참여한 집회를 엽니다. 지역주의까지 동원한 것입니다. 사실 당시
기준으로 본다면 김영삼과 김대중은 위대한 민주투사였으며 이
념이나 노선에서 큰 차이를 발견하기 어려웠습니다. 그럼에도 불
구하고 양김 진영은 감정적으로 대립하기 시작했으며, 재야·시
민세력의 지위는 애매해집니다.

'민주헌법쟁취국민운동본부'라는 이름으로 집결한 재야·시
민세력은 대통령 선거가 본격화되자 '거국중립내각'과 '후보 단
일화'를 주장합니다. 거국중립내각은 국민적 반향을 얻지 못했고,
후보 단일화는 너무나 당연한 말이었을 뿐입니다. 오히려 후보 단

일화 문제는 재야·시민세력을 분열시킵니다. 양자의 갈등은 해결되지 못했고 결국 김대중이 평화민주당을 창당하며 대통령 후보로 나서고 맙니다. 재야·시민세력은 '비판적지지 그룹', '후보단일화 그룹', '독자후보 그룹'으로 나뉘어서 격렬하게 갈등했으며 민주헌법쟁취국민운동본부는 결국 야당과 분리를 선언합니다. 김영삼 역시 통일민주당 전당대회를 통해서 대통령 후보로 나섭니다. 6월항쟁 이후 불과 5개월 만에 심각한 분열이 일어난 것입니다. 그리고 1987년 11월 5일, 민주헌법쟁취국민운동본부는 공식적으로 해체됩니다. 이후 재야·시민세력의 일부는 야당에 흡수되었고 나머지는 주로 '전국민족민주운동연합'으로 모이는데, 당시의 진보세력이 집결한 단체라고 보면 됩니다.

민주헌법쟁취국민운동본부 내 '노동자공동위원회', '전국농민공동위원회' 등의 진보 노선은 직선제 개헌 이상의 적극적인 민주화를 촉구합니다.

> (통일민주당은) 미국과 군부독재의 기만적인 직선제 수용을 환영하면서 노동자와 민중의 진정한 열망을 충분히 대변하지 못하는 정당이다.

민주헌법쟁취국민운동본부에는 보다 급진적인 주장을 내세우는 진영도 있었습니다. '제헌의회' 혹은 '헌법제정 민중의회'의 수립을 주장하며 6·29선언을 비판하고 지속적인 민중혁명을 강조한 것입니다. 진보적이며 급진적인 흐름에서 주목해볼 부분은, 무엇보다도 이들이 '민중의 사회경제적 권리 실현'을 주장했다는 점입니다. 야당을 비롯하여 대부분의 재야·시민세력이 '국민의 기본권 쟁취'를 목적으로 했다면, 이들은 그 이상의 사회경제적 변화를 요구했습니다. 그러나 타협을 모르는 투쟁 일변도의 행태와, 무엇보다 사회경제적 요구의 구체성이 결여되었다는 점에서 한계가 분명했습니다. 구호만으로는 변화를 이룰 수 없기 때문입니다.

1987년 8월 4일, 120여 명의 기독교계 인사들이 '선거를 통한 민주혁명' 결의를 감행합니다.

'선거를 통한 민주혁명'으로 군부독재정권을 종식시킨다.

'선거를 통한 민주화'에 성공하기 위해 언론자유를 쟁취하자.

6·29선언의 실질적 실현을 촉구한다.

'선거를 통한 민주화'에 동의한다면 정권은 거국중립내각을 구성해야 한다.

10월 29일 결성된 민주헌법쟁취국민운동 천주교공동위원회 역시 '선거를 통한 민주혁명'에 공명합니다. 하지만 지도부와 종교계를 중심으로 한 이 결정은 진보·급진진영과의 갈등을 심화시킵니다. 물론 진보·급진진영은 구체적인 대안을 제시하지 못했고, '선거를 통한 민주혁명' 역시 특별한 대안이 아닙니다. 6·29선언 자체가 대통령직선제를 통해 민주화로 나아가겠다는 선언이었으며, 야권의 유력한 대권 주자들이 모두 선거전에 뛰어든 상황에서 이런 식의 주장은 지속적인 영향력을 행사할 수도 없습니다.

가장 큰 문제는 개헌 과정에 제대로 된 영향력을 행사하지 못했다는 점입니다. 지난 수십 년간, 심지어 4·19혁명 이후에도 개헌은 정치가들에 의해서 알아서 조정되는 과정이었습니다. 국민이든 재야·시민세력이든 개헌 과정에 깊은 관심을 보이지 않았고 주도적인 영향력을 행사하려고도 하지 않았습니다. 이번에도 개헌은 민정당과 통일민주당의 여야 협상으로 진행됩니다. 뒤늦게 '민주헌법 실현을 위한 개헌안 쟁점 토론회'를 개최하기도 했지만 여야의 협상 과정에 별다른 영향력을 행사하지 못합니다.

재야·시민세력의 개헌안은 야당의 개헌안에 비해 특별한 내용이 없을뿐더러 모호한 부분도 많았습니다. 헌법 전문에 3·1운동과 4·19혁명뿐 아니라 '갑오농민혁명, 5·18광주민주항쟁, 6월항쟁'을 넣고 '통일 의지'를 분명히 하자, 총강에서 군의 정치 개입을 금지하고 대통령 임기를 4년 1차 중임으로 하며, 대통령의 국회해산권을 없애자는 주장은 야당안과 별반 차이가 없습니다. 야당의 '노동3권 제한조항의 삭제'와 '균형발전을 위한 독과점 규제'에 비해서 '기본권에 대한 유보조항 자체를 삭제'하고 '규제를 강화'하자는 주장은 의미는 있지만 현실적인 구체성이 부족합니다. '자주적이고 평화적인 통일에의 의지', '자주적이고 자립적인 국민경제'는 급변하는 세계 정세에 대한 이해와 국민경제의 질적인 변화에 대한 성찰이 결여된 주장입니다. 결국 재야·시민세력은 민주화투쟁에서 가장 중요한 역할을 했음에도 불구하고 개헌을 중심으로 새로운 사회를 구성하는 데 실패합니다.

6월 이전의 개헌 논의

개헌 협상은 6월항쟁 이전과 이후로 구분할 수 있는데, 결과적으로는 6월항쟁 이후에 진행된 논의를 통해서 오늘 우리나라

의 헌법이 만들어집니다. 하지만 1986년에 벌어졌던 개헌 논의
에도 관심을 둘 필요가 있습니다.

호헌과 개헌으로 국론은 분열되었고 학원가와 재야 일각에서는 개
헌운동에 편승하여 용공적인 구호가 난무하고 대한민국의 민주적
기본질서를 '반동보수세력'으로 규정하고 이러한 국가의 민주적 기
본질서는 민주공화국을 말하기 때문에 공화국 자체를 타도하겠다고
외치며, 평양의 대남적화선전마저 그대로 옮기면서 바로 '민족혁명'
을 선동하는 일부 급진적인 반체제운동이 민주화의 순수한 운동과
한 덩어리가 되면서 혼란은 극도에 달하였던 것입니다.

민정당 이치호 의원의 발언입니다. 그는 헌법 개정특별위원
회에 나와서 "분단국가이자 개발도상국인 대한민국에서는 서구
식 민주주의가 하루아침에 실현될 수 없으며, 지난 독재정권의 폐
해를 민정당이 극복했다"고 장광설을 늘어놓습니다. 또한 야당의
장외투쟁도 비난합니다. 그리고 무엇보다 개헌 논의를 북한문제
와 연결합니다.

우리는 4킬로미터에 불과한 휴전선을 사이에 두고 남북이 첨예하게
대치하고 있는 분단의 현실을 똑바로 인식해야 합니다. 지난 십수 년
간 그토록 힘들여 쌓아올린 경제성장이란 공든 탑을 하루아침에 물
거품으로 만들 수 있는 군사력이 대치하고 있는 것입니다. 북한의 김
일성은 여야 대립이 격심했던 때를 언제나 호기로 삼아왔습니다.

개헌 논의 자체의 위험성을 강조한 것입니다. 북한과의 대치

가 심각한 위협이며 개헌을 주장하는 무리 중 일부는 북한과 연계된 상태에서 대남적화노선을 그대로 따르고 있다는 것입니다. '위험한' 개헌 요구는 지난 시절 대한민국이 이룩한 경제성장을 무너뜨릴 수도 있으며 북한의 적화통일에 큰 기회를 줄 것이라는 점도 상기시킵니다.

그럼에도 불구하고 개헌 이야기가 나왔으니 대승적인 입장에서 '합의 개헌'의 기회를 주겠다면서 놀랍게도 민정당은 '의원내각제안'을 들고 나옵니다. 개헌은 여야 합의를 통해 이루어져야 하며, 합의의 방안은 의원내각제라고 미리 선언한 것입니다.

이에 대응하여 당시 야당 총재 이민우는 개헌이 '대통령직선제'로 이루어져야 한다고 분명히 밝힙니다.

나는 현 정권이 구태여 민의를 거스르면서까지 직선제를 피하려 하는 이유가 이 제도하에서는 도저히 집권할 길이 없기 때문이라고 단언하는 바입니다. 당연한 논리적인 귀결이지마는 현 정권세력이 의원내각제를 주장하는 것은 국회의원 선거제도를 지극히 비민주적으로 만듦으로써 국민의 의사와는 관계없이 정권을 연장하려는 속셈이라고 해석할 수밖에 없는 것입니다.

또한 개헌의 목적과 이유를 단순한 권력구조의 재편이 아니라 기본권 보장이라고 못 박습니다.

최저임금제 실시는 온갖 구실로 계속 지연되고 있다는 것입니다. 우리 당은 또한 역대 독재정권에 의해 철저히 버림받아 왔던 도시 영세민과 영세농민들을 위해 사회보장예산의 계상을 의무화함으로써 (중

312

락) 인간으로서의 존엄을 지키는 데 필요한 최소한도의 보장을 받도록 조치했습니다.

역대 독재정권의 파렴치한 재벌 편애 때문에 설자리를 잃은 중소기업을 위해서는 정부의 협동조합 육성의무를 신설했으며 이것은 우리 사회에 내재하는 계층 간의 불균형을 해소해야 한다는 우리 당의 정책목표를 반영한 것입니다.

1,000명 이상의 양심수 석방, 중학교 의무교육, 군의 정치 개입 금지, 사법부 독립을 위한 법관추천회의, 투표구 조정 및 비례대표제 폐지, 국정감사권 부활, 일반적인 긴급명령권 외의 비상대권 폐지 등 이민우는 당의 노력과 역할 그리고 개헌의 방안을 구체적으로 설명합니다. 한국국민당의 이만섭 의원은 대통령직선제의 가치에 대해 외국 사례를 들어 보충합니다.

왕실을 존속시켜 왕을 국가의 상징으로 삼는 영국이나 천황제를 고수하고 있는 일본으로서는 대통령을 둘 수 없기 때문에 대통령중심제는 할 수 없고, 그래서 그 외의 방법으로서 불가피하게 내각책임제를 선택하고는 있으나, 이처럼 일종의 대통령제의 변형이라 할 수 있는 수상정부제로 변모하고 있다는 사실은 무엇을 의미하는 것입니까?

국회, 다시 헌법을 말하다

6월항쟁은 모든 것을 바꾸어놓았습니다. 국민적인 의지는 1년 만에 세상을 뒤집었고 결국 개헌 협상의 틀거리 자체를 바꾸어버립니다. 6·29선언 이후 여당 민정당과 야당 통일민주당은 8인 정치회담을 열었으며 별도로 민정당은 야당 신한민국당, 한국국 민당과 4인정치회담을 개최합니다. 8인정치회담은 110개의 쟁점을 놓고 중요한 합의에 도달합니다. 4인정치회담도 비슷한 합의에 이르게 됩니다.

1987년 8월 31일 제7차 헌법개정특별위원회의 의결에 따라 현경대·허청일·류상호·김종인·이치호(이상 민정당), 허경만·김봉호·박관용(이상 통일민주당), 신경설(신한민주당), 신철균(한국국민당) 등이 헌법개정안을 기초하는 절차를 거쳤고, 1987년 10월 12일 개헌안이 국회 본회의를 통과합니다.

이 과정에서 다양한 논쟁을 벌이긴 합니다. 야당은 '저항권·문민정치·정치보복 금지' 등은 물론 '군인의 정치 개입 금지'까지 명문화하기를 원했습니다. 선거연령은 여당이 20세, 야당이 18세를 주장합니다. '공무원의 노동3권'과 '노동자의 단체행동권' 제한 범위를 두고 야당은 제한 기준을 철폐하고자 합니다. 대통령 임기에 대해서 여당은 '6년 단임', 야당은 '4년 1차 중임'을 주장했고, 대통령의 '국회해산권'에 대해서 여당은 인정, 야당은 불인정을 주장합니다. 헌법재판기관에 대해서는 오히려 여당이 '헌법재판소' 신설을 주장하기도 합니다. 비로소 대통령의 권력 확대나 편법적인 개헌이 아닌 정상적인 개헌 논의가 이루어진 것입니다.

무엇보다 의미가 있는 것은 여야 합의에 의해서, 여당과 야당이 동등한 관계에서 개헌을 진행했다는 점입니다. 그 과정에서 여러 격론이 벌어졌던 것도 사실입니다. 특히 신한민주당 신경설 의원은 본회의에서 여러 차례 개헌안의 문제점을 격렬하게 지적하

314

기도 합니다.

가장 중요한 것은 근로자의 기업참여권입니다. 이것이 인정이 안 되었습니다. 또 근로자의 이익균점권도 인정을 못 받았습니다. 제헌헌법 18조에도 보면 법률의 정하는 바에 의해서 근로자의 이익을 보장받게 되어 있습니다. 그런데 오늘의 헌법 개정하는 데서 근로자의 이익균점권을 인정을 안 해! 노동3권을 인정 안 해! 이것이 큰 모순입니다.

제헌헌법 이후 누락된 이익균점권 조항, 즉 적극적인 경제조항의 부활과 적용을 수차례에 걸쳐 지적한 점은 반드시 기억해야 하는 부분입니다. 해방 이후 길고 긴 가난에서 벗어나 본격적인 경제성장과 선진국으로의 도약을 앞두고 있는 시점에 충분히 검토되고 적용되어야만 하는 사안이 끝내 배제되었기 때문입니다.

헌법, 비로소 시대를 기록하다

우리 대한국민은 3·1운동으로 건립된 대한민국임시정부의 법통과 불의에 항거한 4·19민주이념을 계승하고

헌법 제10호는 전문에 중요한 변화가 생겼습니다. 독립운동사의 정통성을 '대한민국임시정부의 법통'으로 보다 명확하게 규정했습니다. 역사학적으로 임시정부의 정통성을 어떻게 보아야 할 것인가는 고민이 큰 부분입니다. 3·1운동으로 대한민국임시

정부가 수립된 것은 사실이지만 임시정부의 활동이 독립운동사 전체를 포괄하지 못했을뿐더러, 사회주의진영의 독립운동사까지 고려하면 오히려 일제시대 우리 민족사에 대한 협애한 해석이 될 수도 있기 때문입니다. 하지만 임시정부가 해방 때까지 존속했으며 여러 난관에도 불구하고 결국 지도기관으로서의 대표성을 유지하며 지속되었기 때문에 보다 확고하고 적극적인 법문으로 해석할 수도 있을 것입니다.

무엇보다 특별한 것은 '4·19민주이념'입니다. 그간의 헌법 전문에서는 '시민혁명'에 대한 정의를 찾아보기 힘듭니다. 박정희 정부 당시 '4·19의거'라는 말이 들어가긴 했지만 사실상 군사쿠데타를 합리화하기 위한 수식어에 불과합니다. 근대 국민주권 국가로 발전하는 과정에서 시민혁명은 필연적입니다. 3·1운동과 임시정부로 대표되는 독립운동사의 정통성은 역사적 정통성으로는 손색이 없겠지만 국민주권으로 이행하는 국민국가의 법통으로는 부족한 감이 있습니다. 하지만 해방 이후 대한민국은 숱한 독재정권의 폭압에 저항하며 4·19혁명에서 부마항쟁, 5·18광주민주항쟁, 6월항쟁으로 이어지는 '시민혁명'을 이룩하였습니다. 그 혁명의 과정을 비로소 1987년 헌법에 정확하게 기록하게 된 것입니다.

개발독재국가의 유산

제23조　　①모든 국민의 재산권은 보장된다. 그 내용과 한계는 법률로 정한다.

②재산권의 행사는 공공복리에 적합하도록 하여야 한다.

제119조 ①대한민국의 경제질서는 개인과 기업의 경제상의 자유와 창의를 존중함을 기본으로 한다.

②국가는 균형 있는 국민경제의 성상 및 안정과 적정한 소득의 분배를 유지하고, 시장의 지배와 경제력의 남용을 방지하며, 경제주체 간의 조화를 통한 경제의 민주화를 위하여 경제에 관한 규제와 조정을 할 수 있다.

현행 헌법의 경제조항에 관해서는 좀 더 진지하게 생각해볼 필요가 있습니다. 개인의 소유권과 시장경제 질서에 관해서는 매우 명확하게 표현합니다. 그러나 그로 인해 발생하는 폐해에 대한 대책 혹은 자본주의 자체가 만들어내는 병폐에 대한 근본적인 대안은 모호하게 서술되어 있습니다. 기업과 노동자, 경영과 노동을 대등한 견지에서 바라보고 국가사회주의 혹은 사회민주주의적인 세계관으로 헌법을 만들고자 했던 제헌헌법의 시도는 수차례의 개헌을 통해 모조리 사라지고 말았습니다. 독재정권하에서 국가와 재벌이 주도하는 경제가 자리를 잡는 동안 경제조항이 보수화된 것입니다. 그 차이는 노동자의 근로 권리와 의무 조항에서도 두드러집니다.

제32조 ①모든 국민은 근로의 권리를 가진다. 국가는 사회적·경제적 방법으로 근로자의 고용의 증진과 적정임금의 보장에 노력하여야 하며, 법률이 정하는 바에 의하여 최저임금제를 시행하여야 한다.

제33조 ①근로자는 근로조건의 향상을 위하여 자주적인 단결

권·단체교섭권 및 단체행동권을 가진다.

근로의 권리는 고용의 증진, 적정임금, 그리고 최저임금 정도
만 보장받습니다. 형식상 노동3권을 보장하지만 당시의 노동관
계법은 문제점이 수두룩했습니다. '제3자 개입 금지 조항'이 존
속했고 복수 노조와 노조의 정치 활동 역시 금지되었습니다. '개
인의 기본권'인 재산권은 확실하게 보장받지만 '노동자의 사회
권'은 그보다 훨씬 제한적인 구조입니다. 결과적으로 재벌이나 기
업주의 재산권 행사, 그리고 기업의 경영 행위가 노동자의 근로권
이나 사회권보다 우월했습니다. 사회복지 조항 역시 근로의 권리
와 비슷한 수준으로 모호하게 정리되어 있습니다.

제34조　　①모든 국민은 인간다운 생활을 할 권리를 가진다.
　　　　　②국가는 사회보장·사회복지의 증진에 노력할 의무를
　　　　　진다.
　　　　　③국가는 여자의 복지와 권익의 향상을 위하여 노력하여
　　　　　야 한다.
　　　　　④국가는 노인과 청소년의 복지향상을 위한 정책을 실시
　　　　　할 의무를 진다.
　　　　　⑥국가는 재해를 예방하고 그 위험으로부터 국민을 보호
　　　　　하기 위하여 노력하여야 한다.

그런데 여기 또 다른 문제가 숨어 있습니다. 사회복지 관련 조
항이 모조리 '국가는'으로 시작된다는 점입니다. 물론 국가는 사
회복지의 주체입니다. 국민은 세금을 내고 국가공동체의 구성원

으로 국가의 지원을 받으며 인간적인 생활을 영위합니다. 소위 '적극적 국가'라는 현대 복지국가의 이상과도 상통하는 부분입니다. 하지만 다른 조항의 명문들까지 검토해보면 헌법의 주체가 국민이나 개인이 아닌 '국가'로 규정되어 있다는 사실을 발견할 수 있습니다.

제122조 국가는 국민 모두의 생산 및 생활의 기반이 되는 국토의 효율적이고 균형 있는 이용·개발과 보전을 위하여 법률이 정하는 바에 의하여 그에 관한 필요한 제한과 의무를 과할 수 있다.

제123조 ①국가는 농업 및 어업을 보호·육성하기 위하여 농·어촌종합개발과 그 지원 등 필요한 계획을 수립·시행하여야 한다.
②국가는 지역 간의 균형 있는 발전을 위하여 지역경제를 육성할 의무를 진다.
③국가는 중소기업을 보호·육성하여야 한다.
④국가는 농수산물의 수급균형과 유통구조의 개선에 노력하여 가격안정을 도모함으로써 농·어민의 이익을 보호한다.
⑤국가는 농·어민과 중소기업의 자조조직을 육성하여야 하며, 그 자율적 활동과 발전을 보장한다.

제119조부터 제127조까지 경제조항의 거의 모든 주어가 '국가'입니다. 결국 민주화운동은 독재권력은 분쇄시켰지만 그 시대가 만들어온 유산 자체를 없애지는 못한 것입니다.

불완전한 가능성

대한민국의 주권이 국민에게 있고 모든 권력이 국민으로부터 나온다면, 헌법의 경제조항은 물론 사회복지나 근로의 권리 같은 구체적인 조항도 주권자 중심으로 서술되어야 하며 그러한 방향으로 규정되어야 할 것입니다. 오랫동안 독재정권에 의해 압도당한 역사적 경험을 가지고 있다면 헌법의 단어와 문장에서부터 변화가 시작되어야 합니다.

또 한 가지, 현행 헌법은 여전히 대통령에게 강력한 권한을 부여합니다. 국가 주도형 경제성장, 행정국가적 경향, 그리고 대통령 우위의 삼권분립구조가 여전합니다. 헌법 개정 이후 6명의 5년 단임 대통령이 보여주었던 모습까지 고려한다면 현행 헌법은 '제왕적 대통령제'로 비판받을 수밖에 없는 측면이 있습니다.

제104조　①대법원장은 국회의 동의를 얻어 대통령이 임명한다.
②대법관은 대법원장의 제청으로 국회의 동의를 얻어 대통령이 임명한다.
③대법원장과 대법관이 아닌 법관은 대법관회의의 동의를 얻어 대법원장이 임명한다.

사법부 관련 조항을 보더라도 대통령의 영향력은 여전히 막강하며 국회는 견제하는 정도의 위치에 머무릅니다. 대법원장도 대통령에게 종속될 수밖에 없는 구조입니다.

물론 많은 부분에서 현행 헌법은 긍정적인 것들을 내포하고 있으며 알게 모르게 우리 생활 속에서 역동적인 영향력을 행사하고 있습니다. 국회의 국정감사권이 부활되었고 비례대표제 역시 개선되었습니다. 헌법재판소가 신설되면서 민주화 이후 대한민국 역사에서 수차례 중요한 역할을 담당하기도 했습니다.

마지막으로 지방자치 관련 조항이 부활했다는 것도 의미심장합니다. 제헌헌법 당시부터 지방자치 규정이 있었고 1952년에는 지방의회가 구성됩니다. 하지만 박정희 정권기에 지방의회는 해산되며 지방자치라는 개념 자체가 사라지고 맙니다. 1972년 유신 헌법은 '지방의회의 구성을 조국의 통일시까지 유예한다'라고 규정하여 지방자치의 가능성을 틀어막기까지 합니다. 1987년 6월 항쟁은 이것을 부활시킵니다.

> **제117조** ①지방자치단체는 주민의 복리에 관한 사무를 처리하고 재산을 관리하며, 법령의 범위 안에서 자치에 관한 규정을 제정할 수 있다.

그러나 이 조항에도 중대한 문제가 있습니다. 지방자치단체의 권한이 오롯이 중앙정부와 국회의 통제를 받는다는 점입니다. '법령의 범위 안에서'라는 규정 때문입니다. 법령의 통제가 없다면 지방자치를 빌미로 토호의 발호를 비롯한 온갖 문제들이 생길 수도 있습니다. 하지만 지방자치의 역량을 축적하려면 다양한 형태의 자율권이 부여되어야 하는데, 그런 부분에 있어서 현행 헌법은 제대로 된 버팀목이 되지 못합니다.

우리는 헌법이 만든 세계에 있다

헌법은 막연히 좋은 방향성을 규정한 문서가 아닙니다. 대통령과 국회의원을 뽑는 조항뿐 아니라 국가운영과 국민의 생활세계의 구체적인 지향을 규정하며 이끌어가는 문서입니다. 그렇기 때문에 오늘 우리 사회는 헌법재판소의 판결에 민감하게 반응합니다. 대통령을 합법적 절차에 따라 탄핵할 수 있는 이유도, 반대로 대통령이 엄청난 권한을 행사하면서도 국회를 해산시키지는 못하는 이유도 헌법이 존재하기 때문입니다. 노동자가 근로조건 향상을 요구하며 파업을 할 수 있는 것도, 미약한 지방자치제도가 천천히 뿌리를 내릴 수 있었던 것도 헌법이 그것을 보장하고 있기 때문입니다. 동시에 재벌의 재산권을 집요하게 보장하고 절대 다수의 노동자들이 경영상의 이유로 손쉽게 해고를 당해도 구제하기 어려운 것 역시 현재의 헌법 때문입니다.

모든 것이 헌법대로 흘러가지는 않으며 헌법이 세상의 변화를 따라가는 경우도 많습니다. 무상급식 이슈는 헌법의 사회복지 조항의 가치를 돌아보게 했으며, 건국절 논란은 헌법 전문이 부각되는 계기가 되었습니다. '대한민국은 민주공화국이다'라는 헌법 제1조 제1항이 다양하게 회자되는 것은 정치사회적 상황에서 기인합니다. 중요한 사실은 수많은 사회적 욕구들이 그 정당성을 헌법에서 찾기 시작했다는 점입니다.

1987년 이전도 그랬지만 1987년 이후의 세상은 더욱 복잡하고 기이하며 때로는 모순적인 형태로 발전하고 있습니다. 국가 주도의 경제발전과 신자유주의적인 변화가 동시에 진척되고 있습니다. 경제문제, 노동문제 등 헌법이 보장한 다양한 가치들이 여전히 사회적 논쟁이 되기도 하지만, 다문화나 성소수자 등 새로운 의제들이 쏟아져 나오며 헌법에서 당위성을 찾으려 하고 있습니다.

헌법은 그렇게 대한민국 생활세계의 중심에서 모든 것과 관계 맺고 있으며 관계를 맺어야만 합니다. 그것이 헌법이며 우리는 헌법이 만든 생활세계 속에 거주하고 있을 뿐입니다.

이곳에서 시간은 무한히 반복됩니다. 바로 이곳에서 사람들은 의미 있는 이야기를 일구어가며 역사를 만듭니다. 오직 인간만이 시간을 역사로 만들 수 있는 특권을 부여받았습니다. 역사 안에서 사람들은 나라와 공동체를 일구며, 국가와 사회라는 틀거리에 자신들의 이상과 의지를 관철시킵니다. 이상과 의지의 결합이 곧 헌법이며, 그렇기 때문에 헌법을 만드는 주체는 바로 국민입니다.

국민이 헌법을 만든다는 사실을 그저 교과서 속 구절로 치부해버리는 순간 위기가 시작될 것이며 반역과 패악이 우리의 모든 것을 할퀴고 망가뜨릴 것입니다. 위임받은 권력자들이 자신들의 합법적인 과정을 악용하여 독재나 과두정을 만들어서 국민을 억압했던 시간이 언제든 다시 돌아올 수 있습니다.

헌법 사이에 틈을 내주어서는 안 됩니다. 헌법을 악용하거나 왜곡하려는 시도를 봉쇄할 수 있는 유일한 길은 틈을 주지 않는 것입니다. 우리는 계속 헌법을 만들어가야 합니다. 문자로 표현된 이상이 우리의 생활 세계와 끊임없이 만나고, 우리의 생활세계가 문자에 영향을 주며 이상이 역사가 되는 세상. 이런 세상에서 헌법은 비로소 역사를 써내려갈 수 있습니다.

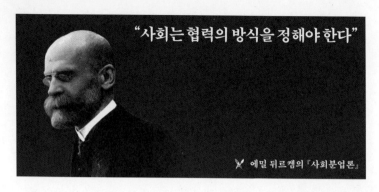

모든 규제가 강제의 산물이라는 주장은 거짓이다. 그러나 자유 자체
가 규제의 산물인 것은 사실이다. 자유는 사회적 영향력과 대립관계
에 있지 않고 사회적 영향력에서 생겨난다. 자유는 자연상태에 내재
해 있는 특징이 아니며, 오히려 사회가 자연을 정복함으로써 생겨난
다. 『사회분업론』 중에서

역사의 세 번째 단계

뒤르켐의 입장에서 사회는 그 자체로 개인에게 목적이나 욕망
이 될 수 있습니다. 이상주의자들에게는 이상이 될 수도 있습니
다. 왜냐하면 사회란 구성원들에 의해 조직화된 실체이며, 개인들
이 적극적으로 상호작용을 하면 더 큰 힘과 빠른 속도로 더욱 크
게 반응하기 때문입니다. 결국 개인들의 상호작용이 사회를 구성
하며 사회적 변화의 원인이 됩니다.

그러나 다른 한편으로 사회는 단순한 개인들의 합이 아닙니

다. 사회에서 일어나는 여러 가지 일들은 개인들의 생각·충동·행동이 그대로 반영되는 것이 아니기 때문입니다. 물론 개인의 입장에서야 스스로가 자유로우며 주체적이라고 생각할 수 있습니다. 하지만 '자유'나 '주체' 같은 개념들도 따져보면 사회에서 교육을 받으며 이입된 의식입니다. 개인의식은 사회 속에서 만들어졌으며 그렇기 때문에 개인의식을 설명할 수 있는 유일한 방법도 그 사회의 성격입니다.

최종적으로 17세기부터 노동계급의 역사에서 세 번째 단계가 시작되었는데, 그것은 바로 대규모 산업의 출현이었다. 이제 노동자는 고용주로부터 더 완벽하게 분리되었다. 그들은 일종의 거대 조직 속에 편입된 셈이었다. 각자는 자신의 기능을 갖고, 분업체계는 (중략) 발전하였다.

근대사회로 발전하면서 중요한 변화가 생깁니다. '분업체계'가 고도화되기 때문입니다. 중세 수공업장의 도제를 예로 들어보겠습니다. 그들은 동일한 상점이나 동일한 작업장에서 동일한 노동을 합니다. 그렇기 때문에 동일한 연대의식을 갖고 조합을 결성할 수 있었습니다. 장인과 도제의 관계라는 것이 작업장마다 유사하고 도제들이 겪는 어려움 역시 비슷합니다. 따라서 도제들끼리의 연대투쟁은 무척이나 쉬운 주제입니다. 파업을 하거나 심지어 격렬한 반란이 일어나지만 투쟁은 영구적이지 않습니다. 도제들의 목적은 임금 인상이나 노동조건 개선에 있었기 때문에 장인들이 조금 양보하면 투쟁은 바로 중단되었습니다. 하지만 사회가 고도화됨에 따라 산업혁명에 이르기도 전에 수공업장의 규모가 팽창하기 시작합니다. 일례로 방로베Vanrobais 수공업장은 무려 1,692명을 고용했습니다. 수레와 칼의 제조·세탁·염색·베틀 작업 등을 하는 다수의 특수 작업장이 있었고, 직물 작업장 역시 다양한 형태의 노동자들을 고용하면서 한 수공업장 안에 다수의 직업군이 존재하는 상황으로 변모합니다. 그리고 여기서 중요한 변화가 생깁니다.

공동체의 손을 벗어난 속도

삶을 위한 투쟁은 더 격렬해지지만 사회 연대의식은 전혀 증가하지 않는다.

분업이 진척될수록 개인은 자신의 과제에만 열중할 수밖에 없습니다. 그리고 본인의 특별한 활동 속에 고립됩니다. 공동작업을 하는 동료조차 협력자로 인식하지 못하고, 더 나아가면 자신의 작업이 공동작업이라는 생각조차 하지 않는 단계에 이르게 됩니다. 즉 분업이 극단적으로 발전할 경우 새로운 형태의 사회 해체가 시작될 수 있다는 말입니다.

산업혁명 이후 이런 흐름은 더욱 가속화되고, 전근대사회가 보여주었던 도덕과 윤리의 집단적 동질성은 근본에서부터 와해됩니다. 단순히 직업의 분화가 아니라 의식의 분화가 시작되는데 이를 통제하거나 관리할 수단은 없기 때문입니다.

하지만 반대편에는 오히려 사회적 연대가 강화되는 흐름 또한 존재합니다. 분업이 고도화되고 사회가 세분화될수록 사회는 더욱 상호의존적이며 복잡하게, 분리 불가능한 유기적 체계로 발전해나가기 때문입니다. 이제 사회는 보다 복잡한 법체계와 다양한 형태의 규제체계로 구성되며, 인간의 일상은 새로운 규제의 범주 안으로 들어가게 됩니다.

갈등이 끊임없이 반복되고 연대의식은 잠정적일 뿐이며 상황에 따라 빈번하게 새로운 논의를 해야만 하는 구조로 변화됩니다. '계약 관계'가 중요하다고 이야기하지만 모든 사회현상을 일일이 계약을 통해 해결할 수도 없는 노릇입니다. 따라서 사회는 새로운 내부투쟁에 직면할 수밖에 없으며 투쟁과 갈등은 일상이 될 수밖에 없습니다. 사회적 연대는 투쟁과 갈등을 소거하는 것이 아니라 단지 완화할 뿐입니다.

이 지점에서 문제가 발생합니다. 현대사회의 변화는 매우 빠릅니다. 그러나 사회 속에 끊임없이 생겨나는 이해관계의 갈등은 변화 속도만큼 빠르게 해결되지 못합니다. 고도의 분업은 사람들의 의식을 더욱 개인화시키고, 응당 참여해야만 하는 다양한 공적 영역에 대한 관심을 시들하게 만들어버립니다. 한편에서는 여러 논의를 거쳐 사회적 합의를 이루어내고 문제를 해결할 수 있는 방책을 만들지만, 곧바로 상황 자체가 바뀌어서 방책이 쓸모없어지거나 오히려 부작용이 나타날 수도 있습니다. 그 밖에도 정치적인 이해관계, 이권단체의 손익 계산, 다수 대중의 무능함과 지식인의 무책임함으로 일단의 사람들은 현실을 개탄하기에 급급합니다. 연대의식이 사라졌다느니 윤리가 땅에 떨어졌다느니 하지만, 이는 투정이며 감정의 발산에 불과합니다. 사회 발전과 분업의 고도화 과정에서 나타나는 전형적인 아노미 현상. 뒤르켐은 이것을 '분업의 비정상적 형태' 혹은 '아노미적 분업'이라고 정의합니다.

다시 답을 찾다

고도화된 분업체계는 현대사회의 필수불가결한 생산요소이며 사회조직 자체입니다. 개인의 의식은 이미 분업체계에 점령당했습니다. 자아실현이나 직업의 선택 등의 모든 행위는 사실상 분업화된 현대사회 속에서만 가능하기 때문입니다.

그렇다면 어떻게 할 것인가. 분업을 위한 규범체계를 강화한다? 결코 충분하지 않습니다. 왜냐하면 규범 자체가 '악의 원인'이 되기 때문입니다. 뒤르켐은 계급이나 카스트를 제도화하는 것을 분업의 조직화로 봅니다. 규제는 계급투쟁을 비롯한 사회 갈등을 촉발시키기 때문입니다. 어쩌면 마르크스가 지향했던 계급투쟁이나 자본가 타도는 고도화된 분업 혹은 규범체계에 대한 병리적인 반항에 불과할지도 모릅니다.

영국, 프랑스 그리고 독일과 미국 같은 선진국가들은 결국 같은 방향의 해결책을 추구합니다.

평등

그들은 '외적인 조건의 평등'을 위해서 부단히 노력합니다. 왜냐하면 결국 복잡한 현상을 해결할 수 있는 근본적인 힘은 사회 구성원들의 연대의식 자체이기 때문입니다. 같은 사회에서 '우리'라는 의식을 유지할 때 고도의 분업체제는 유지될 수 있습니다. 변화 가운데 생기는 여러 문제들 또한 협력하여 해결할 수 있습니다. 또한 이런 것들이 해결될 때 '개인적인 권리'를 규제받지 않고 누릴 수 있습니다.

328

연대의식을 방해하는 가장 심각한 문제는 외부적인 불평등입니다. 특권층이 생기고 불평등이 심각해지며, 납득할 수 없는 권력 행사가 횡행하고 용납할 수 없는 범죄와 비리가 넘실대는 사회에서는 연대의식이 형성될 수 없기 때문입니다.

모든 불평등은 자유를 훼손합니다. 자유는 결코 따로 떨어져 존재하는 독립적인 개념이 아닙니다. 정신적인 자유든 물질적인 자유든 혹은 함부로 접근할 수 없는 이상적인 상태이든, 자유는 본질적으로 한 사회가 지니는 역량에 종속될 수밖에 없으며 개인들은 사회적 역량에 의지하여 어떤 형태로든 자유를 향유합니다.

중요한 것은 자연상태가 아니라 사회상태입니다. 인간은 자신을 위해서 '법칙'을 만들었으며 그것에 의지해서 자연상태 위에 군림합니다. 자연세계의 우연적이고 무도덕적인 성격을 제거하고 사회적 존재가 될 때에야 비로소 인간의 자유는 가능해지며 그렇게 인류 역사는 진보해왔습니다. 결국 '사회정의'는 이러한 사회를 향한 개인들의 치열한 의지와 노력 가운데 만들어지는 것입니다.

체념한 시대에 남겨진 길

후진 사회의 이상이 개인을 동화시킬 수 있는 아주 강력한 공동체적 삶을 창출하고 유지하는 것이라면, 선진 현대사회의 이상은 사회적 관계에 더 많은 형평성을 도입함으로써 사회적으로 유용한 모든 힘들이 자유롭게 발전되는 것을 보장하는 것이다.

뒤르켐은 결코 낭만적으로 사회정의를 부르짖지 않습니다. 뒤르켐이 보기에 또 하나의 문제는 '비정상적 분업'입니다. 분업이 이루어졌지만 문제가 생기는 경우가 분명히 있기 때문입니다. 합리적 분업에서 중요한 요소는 지도력과 전문화 수준, 두 가지입니다. 결국 사회는 사람들로 이루어진 단체이며 인격에 영향을 받을 수밖에 없습니다. 모든 조직은 특성상 지도력에 의존할 수밖에 없습니다. 이는 특정한 규제 방식 혹은 촘촘한 계약과 운영원리로 해결될 수 있는 성질이 아니기 때문입니다. 전문화된 영역도 마찬가지입니다. 직접민주주의가 최고조로 발달했던 고대 그리스 페리클레스의 시대에도 군사와 재정 등의 특수 분야는 선출직에서 제외했습니다. 종합적으로 고도화된 현대사회에서는 전문 영역에 대한 의존이 필수불가결합니다. 따라서 적절한 지도력과 적합한 전문성은 비정상적인 분업체계, 즉 왜곡된 분업을 통제하며 정상적인 사회 발전으로 이어지는 가장 중요한 추동력이 될 수 있습니다.

어떤 의미에서 21세기는 체념한 시대입니다. 자본가를 타도하면 이상사회가 도래한다든지, 자본주의를 붕괴시키면 능력에 따라 일하고 필요에 따라 먹고사는 시대가 온다는 주장을 이젠 누구도 하지 않습니다. 대안 또한 요원한 시대입니다. 공산주의가 아니라 사회민주주의가 환영받는 이유는 결국 자본주의체제에 적응하는 것 말고는 다른 선택이 없기 때문입니다. 기술적인 복잡성과 극도의 정교한 사회 운영 원리에 의해서 모든 것이 조직되고 통제되는 방식만이 사회정의를 지키며 개인의 자유를 보존하는 유일한 길임을 역사가 증명했기 때문입니다.

꿈을 꾸기 힘든 시대이지만, 우리는 꿈을 꿔야 합니다

대한민국 역사 70년 동안 헌법은 9번 바뀌었고, 그 대부분은 정권 연장을 위한 수단으로 악용되었습니다. 그 결과 우리의 민주주의는 민주화운동의 범위를 벗어나지 못했으며, 헌법은 여전히 공정하게 대통령을 뽑고 삼권분립으로 국가를 운영해야 한다는 수준을 벗어나지 못하고 있습니다.

그동안 대한민국 헌법을 왜곡했던 주체는 대통령이었습니다. 하지만 국회 역시 기회주의적이었으며 헌법의 악용에 주도적이었거나 혹은 무책임했습니다. 이런 어려움 가운데 대한민국은 대통령중심제, 단원제 의회 그리고 지방자치제도 정도의 범위에서 운영되는 헌정 질서를 확보할 수 있었습니다. 한편에서 헌법은 국민의 기본권을 추상적으로 정의했으며, 경제질서를 비롯한 사회권은 오히려 퇴보하였고, 재벌문제를 해결하지 못하고 있습니다.

여전히 헌법은 어렵고 일반 시민과는 무관한 주제로 받아들여지는 경우가 많습니다. 헌법학자들은 어려운 말을 늘어놓고, 국회에서는 시민의 생활세계와는 먼 주제를 놓고 논쟁하는 데 많은 시간을 소진합니다.

거대한 역사의 흐름에 비추어볼 때, 대한민국의 시민혁명은 이제야 비로소 발돋움하고 있습니다. 1960년 4·19혁명을 통해서 변혁의 역동성을 경험했고, 1987년 6월항쟁을 통해서 자유민주주의의 제도적 합리성을 확보했으며, 2016년 촛불혁명을 통해서 민주주의의 질적인 성숙으로 나아가고 있습니다. 지나간 장기독재는 자치의 역량과 사회경제적 권리를 극도로 억압했습니다. 그 억압은 시민이 생활세계에서 누려야 하는 수많은 권리들을 마비시키고 망각시켰습니다. 따라서 지금 우리가 집중해야 하며, 반드시 관철시켜야 하는 헌법의 상상력은 바로 이 지점에서 시작해야 합니다.

헌법은 개정될 수 있습니다. 미국의 헌법이 단 한 차례도 바뀌지 않았다고 하지만 기본적인 틀이 그럴 뿐입니다. 역사의 수많은 풍파 앞에 수차례 수정조항을 만들었으며, 때로는 수정조항을 폐지하기도 했습니다. 프랑스의 경우 1960년대 이후 정치제도가 안정되면서 오히려 개헌이 활발해집니다. 유럽공동체를 비롯하여 격변하는 유럽 질서에 적응하기 위해서인데, '개헌의 일상화'라고 부를 정도로 안정적이지만 역동적으로 헌법을 개정하고 있습니다.

물론 헌법을 바꾸지 않고도 역사의 요구에 부응할 수 있습니다. 영국이나 미국은 사회권을 기본권으로 보지 않기 때문에 헌법에 사회권 조항이 없습니다. 하지만 페이비언주의Fabianism를 비롯하여 영국 노동당의 역사는 영국의 복지정책에 막강한 영향력을 행사했습니다. 미국에서도 루스벨트 대통령의 뉴딜정책 이후 케네디와 존슨이 빈곤퇴치정책을 시행하면서 그 나름의 역사적 맥락을 창출했습니다.

다른 나라의 역사에서, 다른 나라의 헌법에서, 그리고 아홉 차례나 바뀌어온 우리의 헌법에서, 그리고 그것을 가능하게 했던 우리의 역사에서 무엇을 배우며 무엇을 만들어가야 할까요.

사고의 전환이 필요합니다. 그동안 우리는 대한민국 현대사 70년이라는 짧은 시간을 놓고 각종 평가의 딱지를 붙이느라 정신이 없었습니다. 이제 먼 미래를 바라보며 지나온 시간을 다시 해석하고 설계해야 할 때입니다. 역사를 어떻게 이해하고 어떻게 바라보는지에 따라서, 그것으로부터 새로운 이상과 이야기를 써내려갈 수도 있기 때문입니다.

다시 상상을 해봅니다. 꿈을 꾸기 힘든 시대이지만, 우리는 꿈을 꿔야 합니다. 오늘의 현실이 허망하다면, 현실에 대한 구체적인 상상력으로 새로운 미래를 그려야 합니다. 그리고 그 상상을 반드시 헌법 속에 담아내야 합니다. 우리가 발을 딛고 사는 현실의 모든 곳에는 헌법, 그리고 그것에 기초한 법체계가 있으며, 우리 사회를 움직이는 가장 기본적인 원리도 결국 헌법입니다. 우리가 사는 세상을 헌법이라는 토양 위에서 우리의 의지와 기대에 따라 바꾸어갈 때 우리의 역사는 우리의 상상력을 통해 새로운 이야기를 써내려갈 것입니다. 우리의 역사와 그것을 바탕으로 만든 우리의 헌법, 미래를 여는 데 이보다 더 중요한 실마리는 없을 것입니다.

2016년 중순부터 계획하고 준비한 이 책은, '개헌의 역사를 돌아보면 어떨까?'라는 짧은 질문에서 출발했습니다. 무엇보다 책을 제안하고, 과정을 독려하며 부족한 부분을 채워준 사계절출판사의 이진, 이창연 두 사람에게 깊이 감사드립니다. 이들이 없었다면 이 책은 나올 수 없었습니다.

그리고 사랑하는 하나님, 나를 향한 아내의 사랑, 그리고 아이들. 이들이 있었기에 힘든 과정을 감당할 수 있었습니다. 앞으로도, 계속!

2017년 2월
심용환

참고문헌

원사료

법제처, 대한민국헌법, 국가법령정보센터

국회사무처, 「국회속기록」, 제헌 1회 17~28차 국회본회의

국회사무처, 「국회속기록」, 2대 12회 8차 국회본회의

국회사무처, 「국회속기록」, 2대 12회 9차 국회본회의

국회사무처, 「국회속기록」, 2대 12회 83~86차 국회본회의

국회사무처, 「국회속기록」, 2대 13회 2차 국회본회의

국회사무처, 「국회속기록」, 2대 18회 26~30차 국회본회의

국회사무처, 「국회속기록」, 2대 18회 34~35차 국회본회의

국회사무처, 「국회속기록」, 3대 19회 82~90차 국회본회의

국회사무처, 「국회속기록」, 4대 35회 1차 국회본회의

국회사무처, 「국회속기록」, 12대 130회 4차 헌법개정특별위원회

국회사무처, 「국회속기록」, 12대 136회 4차 헌법개정특별위원회

국회사무처, 「국회속기록」, 12대 137회 5차 국회본회의

단행본

강준만, 『한국 현대사 산책 1980년대편 3권』, 인물과사상사, 2003

구해근, 『한국 노동계급의 형성』, 창비, 2002

김동성, 『연방주의적 지방분권에 관한 연구』, 경기연구원, 2010

김영명,『한국 현대 정치사』, 을유문화사, 1996

니크 브란달·외이빈드 브라트베르그·다그 에이나 토르센, 홍기빈 옮김,『북유럽 사회민주주의 모델』, 책세상, 2014

다니엘 리비에르, 최갑수 옮김,『프랑스의 역사』, 까치, 1998

대한예수교장로회 총회 전도부 산업선교위원회 편,『교회와 도시산업선교』, 대한예수교장로회총회교육부, 1981

라인홀드 니버, 이한우 옮김,『도덕적 인간과 비도덕적 사회』, 문예출판사, 2004

레이몽 부동, 민문홍 옮김,『사회변동과 사회학』, 한길사, 2011

로베르트 미헬스, 김학이 옮김,『정당론』, 한길사, 2015

루이스 하츠, 백창재·정하용 옮김,『미국의 자유주의 전통』, 나남출판, 2012

마르쿠스 툴리우스 키케로, 김창성 옮김,『국가론』, 한길사, 2007

마르쿠스 툴리우스 키케로, 성염 옮김,『법률론』, 한길사, 2007

마틴 키친, 유정희 옮김,『사진과 그림으로 보는 케임브리지 독일사』, 시공사, 2001

미하엘 슈튀르머, 안병직 옮김,『독일제국 1871~1919』, 을유문화사, 2003

민주화운동기념사업회 연구소 편,『한국민주화운동사 3』, 돌베개, 2010

버나드 베일린, 배영수 옮김,『미국 혁명의 이데올로기적 기원』, 새물결, 1999

벤자민 킨·키스 헤인즈, 김원중·이성훈 옮김,『라틴 아메리카의 역사』(전2권), 그린비, 2014

서중석,『대한민국 선거이야기』, 역사비평사, 2008

서중석,『한국현대민족운동연구』(전2권), 역사비평사, 1996

서희경,『대한민국 헌법의 탄생』, 창비, 2012

성낙인,『대한민국헌법사』, 법문사, 2012

신카와 도시미쓰, 임영일 옮김,『일본 전후 정치와 사회민주주의』, 후마니타스, 2016

심지연,『한국정당정치사』, 백산서당, 2013

아르투어 카우프만, 김영환 옮김,『법철학』, 나남출판, 2007

앤드루 고든, 김우영·문현숙 옮김,『현대일본의 역사』(전2권), 이산, 2015

야마구치 지로·이시카와 마스미, 박정진 옮김,『일본 전후정치사』, 후마니타스, 2006

어빙 고프먼, 진수미 옮김,『상호작용 의례: 대면행동에 관한 에세이』, 아카넷, 2013

에밀 뒤르켐, 민문홍 옮김,『사회분업론』, 아카넷, 2012

위르겐 하버마스, 박영도·한상진 옮김, 『사실성과 타당성』, 나남출판, 2007

이순예, 『아도르노』, 한길사, 2015

이용재·박단, 『프랑스의 열정』, 아카넷, 2011

전재성, 『정치는 도덕적인가: 라인홀드 니비의 초월적 국제정치사상』, 한길사, 2012

조지형, 『미국헌법의 탄생』, 서해문집, 2012

지주형, 『한국 신자유주의의 기원과 형성』, 책세상, 2011

차병직·윤재왕·윤지영, 『지금 다시 헌법』, 로고폴리스, 2016

차성환 외, 『1970년대 민중운동 연구』, 민주화운동기념사업회, 2005

칼 디트리히 브라허, 이병련·한운석·이대헌 옮김, 『바이마르공화국의 해체』(전3권),
　　나남출판, 2011

코세키 쇼오이찌, 김창록 옮김, 『일본국헌법의 탄생』, 뿌리와이파리, 2010

콜린 존스, 방문숙·이호영 옮김, 『사진과 그림으로 보는 케임브리지 프랑스사』,
　　시공사, 2001

토머스 E. 스키드모어·피터 H. 스미스·제임스 N. 그린, 이성형 외 옮김, 『현대
　　라틴아메리카』, 그린비, 2014

프랜시스 세예르스테드, 유창훈 옮김, 『사회민주주의의 시대』, 글항아리, 2015

한국복지국가연구회 편, 『한국 복지국가의 정치경제』, 아연출판부, 2012

한국정치학회 편, 『한국현대정치사』, 법문사, 1995

홍기빈, 『비그포르스, 복지 국가와 잠정적 유토피아』, 책세상, 2011

논문

강경근, 「[헌법]양원제의 의의/제도적 보장」, 『고시계』 제523호, 2000

강경희, 「민주화 이후 라틴아메리카의 자유권적 인권: 아르헨티나, 칠레, 브라질의
　　사례를 중심으로」, 『라틴아메리카연구』 제19권 제3호, 2006

강원택, 「제2공화국 내각제의 불안정에 대한 정치제도적 평가」,
　　『한국정치외교사논총』 제30집 제2호, 2009

게오르그 옐리네크·김효전, 「헌법 개정과 헌법변천」, 『동아법학』 제36호, 2005

공보경, 「이원정부제의 역사와 실제: 독일과 프랑스」, 『사회과학연구』 13호, 1997

권혁태, 「일본의 헌법 개정과 한일관계의 비대칭성」, 『창작과 비평』 제33권 제3호,
　　2005

길상돈,「파벌정치와 매디슨의 민주공화국: 양원제의 정치이념을 중심으로」,
　『한국정치학회보 제48집 제4호, 2014

김대영,「87년 개헌협상과 국민운동본부의 정치행위」,『정신문화연구』제29권
　제1호, 2006

김동하,「독일 바이마르 시기의 '보수혁명' 담론에 나타난 시장, 국가, 민주주의:
　'청년보수주의자' 그룹을 중심으로」,『정치사상연구』제17집 제2호, 2011

김명배,「기억의 역사로 본 영등포산업선교회의 노동운동」,『숭실사학』제28집,
　2012

김명식,「미국 헌법상 사법제도가 한국헌법에 미친 영향」,『비교법연구』제13권 2호,
　2013

김명식,「사법권 독립과 민주주의의 조화」,『미국헌법연구』제22권 제2호, 2011

김무용,「1970년대 동일방직 노동운동의 조합민주주의와 젠더」,『1970년대
　민중운동 연구』, 민주화운동기념사업회, 2005

김민배,「유신헌법과 긴급조치」,『역사비평사』통권32호, 1995

김백유,「제1공화국 헌법의 성립과 헌법발전」,『서울법학』제22권 제3호, 2015

김선택,「위헌적 헌법 개정에 대한 위헌심사론: 유신헌법의 경우」,『공법학연구』
　제12권 제4호, 2011

김성수,「독일 분권형 내각제의 효율성 메커니즘」,『국제지역연구』제14권 제4호,
　2011

김성호,「헌법 개정의 정치이론: 미국 연방헌법 제5조를 중심으로」,
　『한국정치학회보』제40집 제3호, 2006

김왕식,「장면의 리더쉽과 제2공화국의 정치과정」,『사회과학연구논총』2, 1988

김용훈,「평등권의 미국 헌법상 논의: 미국 헌법상 성평등 논의와 우리
　성별영향분석평가법에의 시사점을 중심으로」,『미국헌법연구』제24권 2호,
　2013

김원,「1970년대 민주노조와 교회 단체: 도시산업선교회와 지오세 담론의 형성과
　모순」,『산업노동연구』제10권 제1호, 2004

김정용,「바이마르공화국 시기의 법과 문학」,『독어교육』14권, 1996

김진호,「아데나워와 수에즈 위기」,『역사학보』제225집, 2015

남창희,「일본의 해석개헌, 위협인가 자산인가?」,『국제정치논총』제54집 1호, 2014

마석한, 「바이마르공화국 헌법」, 『실학사상연구』 제12집, 1999

마인섭, 「남미 신자유주의 경제개혁과 복지개혁의 정치: 칠레, 아르헨티나, 브라질」, 『한국정치외교사논총』 제29집 제1호, 2007

문광삼, 「일본의 의원내각제 연구」, 『법학연구』 제44권 제1호, 2003

문병주, 「제2공화국 시기의 '좌절된' 민주주의와 현재적 함의: 국가-정치사회- 시민사회의 관계를 중심으로」, 『민주주의와 인권』 제5권 제2호, 2005

문지영, 「드골과 여성참정권」, 『한국프랑스학논집』 제26집, 2009

민경식·송태수, 「독일 연방헌법(Grundgesetz)과 사회적 시장경제 질서」, 『중앙법학』 제14권 제4호, 2012

박구병, 「아옌데, '좁은 길'로 간 칠레의 사회주의자」, 『내일을 여는 역사』 제30호, 2007

박명림, 「박정희 시기의 헌법 정신과 내용의 해석: 절차, 조항, 개념, 의미를 중심으로」, 『역사비평』 통권96호, 2011

박병수, 「민주주의 이행과 인권: 아르헨티나와 칠레」, 『라틴아메리카연구』 제15권 제2호, 2002

박상철, 「권력구조의 개헌 쟁점과 민주주의 논쟁」, 『정치정보연구』 제11권 제1호, 2008

박승관·주용범, 「제5공화국 말기 개헌 의제의 변동과정에 관한 미디어 프레임 분석: 조선일보를 중심으로」, 『언론정보연구』 제32호, 1995

박찬승, 「대한민국 헌법의 임시정부 계승성」, 『한국독립운동사연구』 제43집, 2012

배진영, 「한국 경제질서의 특징과 변천」, 『경상논총』 제28권 제2호, 2010

백경남, 「민주제도적 관점에서의 바이마르(Weimar)와 본(Bonn) 헌정체제의 비교연구」, 『한독사회과학논총』 제7호, 1997

백수원, 「투명성의 관점에서 본 대의제의 한계와 극복방안: 미국과 프랑스의 예를 중심으로」, 『미국헌법연구』 제22권 3호, 2011

변진석, 「미국 연방주의의 헌법적 구조. 1.수평적 연방주의」, 『한양법학』 제33집, 2011

서경교, 「중남미 여성의 정치참여: 칠레와 아르헨티나 비교연구」, 『국제지역연구』 제12권 제3호, 2008

서병훈, 「제3세계와 사회주의 변혁운동: 아옌데의 비폭력노선과 그 좌절」,

『사회비평』제2권, 1989

서병훈, 「칠레의 민주화」, 『라틴아메리카연구』 Vol.8, 1995

성낙인, 「프랑스 제5공화국 헌법상 정부와 의회와의 관계」, 『고시계』 378호, 1988

성낙인, 「헌법개정과 권력구조(정치제도)」, 『저스티스』 제134-2호, 2013

신용옥, 「대한민국 제헌헌법의 주권원리와 경제질서」, 『한국사학보』 제17호, 2004

신용옥, 「제헌헌법의 사회·경제질서 구성 이념」, 『한국사연구』 144호, 2009

아카사카 코이치, 「일본에 있어서의 의원내각제의 운용상의 문제점」, 『강원법학』
　　제32권, 2011

야노 히데키·김영환, 「개헌 세력이 3분의 2를 차지한 일본, 어디로 향하는가」,
　　『내일을 여는 역사』 통권제64호, 2016

양승태, 「한국 헌정이념사 연구 서설」, 『정치사상연구』 제14집 제2호, 2008

오문환, 「공화주의의 시각에서 본 제2공화국의 붕괴」, 『동양정치사상사』 제6권 2호,
　　2007

오제연, 「제2공화국 시기 윤보선 대통령의 헌법상 권한과 정치 관여 논란」,
　　『한국인물사연구』 제23호, 2015

오향미, 「독일 바이마르공화국의 국가건설사상 연방제와 의회민주주의 원칙」,
　　『국제정치논총』 제43집 4호, 2003

이국운, 「제헌헌법에 나타난 민주공화국 프로젝트의 모습」, 『내일을 여는 역사』
　　제51호, 2013

이기우, 「지방자치 기반강화를 위한 헌법개정」, 『한국지방자치학회보』 제17권
　　제4호, 2005

이남섭, 「신자유주의 시대 칠레 사회정책의 변화와 시민사회의 대응」,
　　『라틴아메리카연구』 제17권 제4호, 2004

이룡일, 「중심을 향한 독일의 근대적 열정과 그 통합이념체계들: 종족적 민족주의,
　　헌법애국주의/탈민족적 민주주의, 다문화주의」, 『역사학보』 제200집, 2008

이병규, 「영국헌법의 본질과 특색」, 『동아법학』 제48호, 2010

이병규, 「제2공화국 헌법상의 의원내각제」, 『공법학연구』 제11권 제2호, 2010

이병천, 「대한민국 헌법의 경제이념과 제119조의 한 해석」, 『동향과 전망』 통권83호,
　　2011

이상명, 「현행 정부형태의 문제점과 헌법개정에 관한 고찰」, 『한양법학』 제33집,

2011

이순주, 「남미 민주화 과정과 여성의 역할: 아르헨티나와 칠레의 사례를 중심으로」,
『국제지역연구』제9권 제4호, 2006

이승근, 「드골(De Gaulle)의 대유럽 안보전략: 프랑스 제5공화국에서의 논의를
중심으로」, 『한국프랑스학논집』26, 1999

이완범, 「박정희 군사정부 '5차헌법개정' 과정의 권력구조 논의와 그 성격: 집권을
위한 '강력한 대통령제' 도입」, 『한국정치학회보』제34권 제2호, 2000

이용삼, 「프랑스 제5공화국의 정부형태에 관한 고찰」, 『강원법학』제17권, 2003

이종광, 「프랑스 정치세력의 형성과 정치체제의 변화」, 『한국프랑스학논집』제74집,
2011

이진모, 「민주주의의 몰락과 독재국가의 출현: 바이마르공화국 몰락과 히틀러 독재
다시 보기」, 『역사비평』통권100호, 2012

이혜영, 「1950년대 후반 자유당 개헌 논의의 내용과 성격」, 『역사와 현실』통권80호,
2011

임송자, 「1970년대 도시산업선교회와 한국노총의 갈등과 대립」, 『사림』제35호,
2010

임지봉, 「미국헌법상 표현의 자유 법리가 한국헌법에 미친 영향: 사전억제 금지의
원칙을 중심으로」, 『미국헌법연구』제24권 2호, 2013

임지봉, 「유신헌법과 한국 민주주의」, 『공법학연구』제13권 제1호, 2012

장석만, 「한국 개신교의 또다른 모색: 기독교조선복음교회와 도시산업선교회」,
『역사비평』통권70호, 2005

전재성, 「프랑스 드골 대통령의 자주외교 연구」, 『한국정치외교사논총』제30집
제1호, 2008

전학선, 「프랑스 헌법재판제도의 개혁과 한국 헌법재판의 비교」, 『공법학연구』
제10권 제1호, 2009

정극원, 「헌법의 정당성: 헌법 제정과 헌법 개정을 중심으로」, 『공법학연구』제7권
제4호, 2006

정만희, 「이원정부제 정부형태의 검토: 이원정부제 개헌론에 대한 비판적 관점에서」,
『동아법학』제52호, 2011

정상호, 「제2공화국의 양원제 연구」, 『한국정당학회보』제11권 제3호, 2012

정영국, 「내각제 개헌을 해서는 안 되는 7가지 이유」, 『사회비평』 제20권, 1999

정재황, 「헌법 개정과 기본권」, 『저스티스』 제134-2호, 2013

정태욱, 「민주적 법치주의를 위하여: 바이마르공화국 법치주의논쟁의 교훈:
   공화국과 시민」, 『시민과 세계』 제6호, 2004

정한범, 「칠레의 민주화와 복지체제: 자본주의의 다양성 이론을 중심으로」,
   『라틴아메리카연구』 제26권 제3호, 2013

조돈문, 「칠레 민주정권의 신자유주의 경제정책: 다시 생각해보는 "성공신화"」,
   『라틴아메리카연구』 제17권 제4호, 2004

조병윤, 「[정부형태와 선거제도]프랑스 제5공화국의 대통령제」, 『고시계』
   통권제337호, 1985

조영훈, 「신자유주의 사회개혁 이후: 칠레 중도좌파 정부 사회정책의 한계」,
   『한국사회학』 제37집 제1호, 2003

조홍식, 「프랑스 대통령 임기 5년제 개헌: 부분적 개헌의 성공 사례」,
   『한국정치학회보』 제43집 제3호, 2009

조홍식, 「프랑스 제5공화국 헌법 개정의 정치」, 『한국프랑스학논집』 제65집, 2009

지성우, 「미국의 경제정책 변화와 경제민주화의 과정」, 『미국헌법연구』 제23권 3호,
   2012

최연식, 「권력의 개인화와 유신헌법: 권력 의지의 초입헌적 제도화」,
   『한국정치외교사논총』 제33집 제1호, 2011

최진혁, 「지방분권(개혁)을 위한 헌법 개정에 관한 연구: 프랑스 사례를 중심으로」,
   『한국지방자치학회보』 제20권 제2호, 2008

최진혁, 「프랑스의 지방분권 개혁과 헌법 개정」, 『한국지방자치학회 2005년도
   학술대회』, 2005

표명환, 「독일 기본법상의 기본권 제한의 구조와 체계에 관한 고찰: 우리 헌법과의
   비교를 중심으로」, 『공법학연구』 제14권 제4호, 2013

표명환, 「미국 연방헌법상의 재산권 보장에 관한 고찰: 공용수용의 법리를
   중심으로」, 『미국헌법연구』 제23권 1호, 2012

하명수, 「알제리 폭동과 드골의 재집권」, 『역사와 경계』 21호, 1991

허진성, 「지방분권 관련 헌법 개정 논의에 대한 연구」, 『공법학연구』 제16권 제2호,
   2015

헤르만 헬러·김효전, 「바이마르공화국 헌법론」, 『독일학연구』 제30집, 2014

홍석한, 「미 연방헌법과 복지권 논의」, 『미국헌법연구』 제23권 1호, 2012

홍현영, 「도시산업선교회와 1970년대 노동운동」, 『1970년대 민중운동 연구』,
　　민주화운동기념사업회, 2005

황태연, 「윌리엄 템플의 중국 내각제 분석과 영국 내각제의 기획-추진」,
　　『정신문화연구』 제38권 제2호, 2015

황태연, 「찰스 2세의 내각위원회와 영국 내각제의 확립」, 『정신문화연구』 제38권
　　제3호, 2015

인명색인